Kyss by rowohlt POLARIS

EMMA CHASE

PRINCE OF PASSION

NICHOLAS

ROMAN

Aus dem Englischen
von Sabine Längsfeld

KYSS

Die Originalausgabe erschien 2016
unter dem Titel «Royally Screwed».

Deutsche Erstausgabe
Veröffentlicht im Rowohlt Taschenbuch Verlag,
Hamburg bei Reinbek, Mai 2019

Published by Arrangement with Farrah Reilly
Redaktion Susann Rehlein, Berlin
Umschlaggestaltung ZERO Werbeagentur, München
Umschlagabbildung deckorator / shutterstock
Satz Trinité No 2 bei Pinkuin Satz und Datentechnik, Berlin
Druck und Bindung CPI books GmbH, Leck, Germany
ISBN 978 3 499 27391 9

PROLOG

Meine erste Erinnerung unterscheidet sich kaum von der anderer Menschen. Ich war drei Jahre alt, und mein erster Tag in der Vorschule stand bevor. Aus mir unbekannten Gründen ignorierte meine Mutter die Tatsache, dass ich ein Junge war, und steckte mich in ein grauenhaftes Outfit aus Latzhose, Rüschenhemd und Lacklederschuhen. Mein Plan war, diesen Aufzug schnellstmöglich mit Fingerfarben zu beschmieren.

Doch noch tiefer hat sich mir etwas anderes ins Gedächtnis gegraben.

Der Anblick einer auf mich gerichteten Kamera war für mich damals bereits so normal wie der eines Vogels am Himmel. Ich hätte daran gewöhnt sein müssen – und war es wohl auch. Doch an dem Tag war alles anders. An diesem Tag waren Hunderte von Kameras auf mich gerichtet. Gehweg und Straße waren überfüllt, und am Eingang zur Schule drängte sich eine dichte Traube einäugiger Monster, die nur darauf warteten, sich auf mich zu stürzen. Ich erinnere mich noch an die beruhigende, beständige Stimme meiner Mutter, die sanft auf mich einredete, während ich mich an ihre Hand klammerte, auch wenn ich nicht verstehen konnte, was sie sagte. Ihre Worte gingen im Gebrüll der Fotografen unter.

«Nicholas! Nicholas, hierher! Lächeln! Schau hoch zu mir, mein Junge! Nicholas! Hier drüben!»

Damals bekam ich zum ersten Mal eine Ahnung, dass ich – und meine Familie – anders war. Im Laufe der Zeit wurde mir klar, *wie* anders wir sind. Meine Familie ist international bekannt, wir werden immer sofort erkannt und fabrizieren mit allem, was wir tun und lassen, Schlagzeilen.

Normalerweise schwillt Ruhm an und ebbt ab wie die Gezeiten. Die Leute werden von ihm überschwemmt und mitgerissen, bis ihre Bekanntheit schließlich wieder abnimmt und das einstige Objekt der Begierde zu jemandem degradiert wird, der mal wer war und es heute nicht mehr ist.

Für mich gilt das nicht. Mich kannte man schon, ehe ich geboren wurde, und mein Name wird noch in den Geschichtsbüchern stehen, wenn ich selbst schon längst zu Staub zerfallen bin. Berüchtigt ist man vorübergehend, auch der Prominentenstatus ist flüchtig, aber Mitglied des Königshauses ist man für die Ewigkeit.

1

NICHOLAS

Jedes Klischee hat seinen Ursprung in einem winzigen Körnchen Wahrheit. Ich hege schon lange den Verdacht, dass das Klischee des selbstgefälligen, blasierten, streitsüchtigen Dieners in Fergus seinen Ursprung hatte.

Alt genug ist der faltige Bastard jedenfalls.

Er richtet sich neben meinem Bett zu voller Größe auf, zumindest, soweit sein gekrümmtes, uraltes Rückgrat es zulässt. «Das wurde auch Zeit. Glauben Sie etwa, ich habe nichts Besseres zu tun, als abzuwarten, bis Hoheit geruhen aufzuwachen? Ich war kurz davor, Sie zu treten.»

Er übertreibt. In Bezug darauf, dass er Besseres zu tun hätte – nicht, was den Tritt betrifft. Der ist ihm zuzutrauen.

Ich liebe mein Bett. Es war ein Geschenk zum achtzehnten Geburtstag vom König von Genovia. Ein Kunstwerk mit vier gedrechselten Säulen, im sechzehnten Jahrhundert aus einem einzigen Stück brasilianischen Mahagonis gefertigt, dunkel und warm glänzend. Die Bettdecke ist mit ungarischen Gänsedaunen gefüllt, der Bezug aus feinster ägyptischer Baumwolle – und ich habe nur den einen Wunsch, mich umzudrehen und mich darunter zu verstecken wie ein Schulkind, das sich weigert aufzustehen.

Doch Fergus' krächzende Zurechtweisung schabt an meinem Trommelfell wie Sandpapier.

«Sie werden in fünfundzwanzig Minuten im Grünen Salon erwartet.»

Mich unter der Bettdecke zu verstecken ist keine Option. Das rettet einen weder vor furchteinflößendem Personal noch vor einem prallen Terminkalender.

♛

Manchmal glaube ich, ich bin schizophren. Dissoziativ. Eine gespaltene Persönlichkeit. Das wäre nicht ungewöhnlich. In königlichen Stammbäumen tummeln sich alle möglichen Arten von Gestörten – Bluter, Insomniker, Wahnsinnige ... Rothaarige. Wahrscheinlich sollte ich froh sein, nicht in eine dieser Kategorien zu fallen.

Mein Problem sind Stimmen. Und zwar höre ich nicht fremde Stimmen – es sind eher Eigenproduktionen: Worte, die in krassem Gegensatz zu dem stehen, was ich sage. Denn ich sage im Grunde nie, was ich denke. Manchmal ist mein Kopf so randvoll mit fiesen Entgegnungen, dass es mir eigentlich zu den Ohren rauskommen müsste. Aber es ist vermutlich besser so. Ich denke nämlich, dass die meisten Menschen Vollidioten sind.

«Hier sind wir wieder für Sie, live aus dem Palast, und sprechen heute mit Seiner Königlichen Hoheit, Prinz Nicholas.»

Wo wir gerade von Idioten reden ... Der schmächtige Brillenträger mit dem schütteren Haar, der mir im Grünen Salon gegenübersitzt und dieses weltbewegende Fernsehinterview führt, ist Teddy Littlecock. Kein Witz. Er heißt wirklich Teddy *Kleiner Schwanz*. Und nach allem, was ich gehört habe, ist sein Name kein Oxymoron. Es muss schlimm gewesen sein, mit so einem Namen zur Schule zu gehen. Er könnte einem fast leidtun. Aber nur fast. Denn Littlecock ist Journalist – und gegenüber Journalisten hege ich ganz besonderen Abscheu. Die Medien glauben, es sei ihre Aufgabe, die Mächtigen vornüberzubeugen und ihnen ihre Verfehlungen in die adeligen Ärsche zu rammen. Was in gewisser Weise in Ordnung ist – die meisten Aristokraten sind wirklich Arschlöcher erster Güte; das ist allgemein bekannt. Aber oft genug passiert es unverdient und hat nichts mit der Wahrheit zu tun. Ist nirgendwo schmutzige Wäsche zu finden, zerren die Medien, ohne mit der Wimper zu zucken, ein frischgestärktes Oberhemd durch den Dreck und fabrizieren ihre Schmutzwäsche selbst. Journalistische Integrität ist auch so ein Oxymoron. So was gibt's nicht.

Der gute alte Teddy ist übrigens nicht irgendein Reporter – er ist offizieller Hofberichterstatter. Das bedeutet, der kleine Schwanz hat direkten Zugang zu uns – siehe dieses Interview – und stellt im Gegenzug die dümmsten, langweiligsten Fragen der Welt. Es ist nervtötend.

«Wie verbringen Sie Ihre Freizeit? Welchen Hobbys gehen Sie nach?»

Verstehen Sie, was ich meine? Es ist wie bei den Busenwunder-Interviews im *Playboy*: *«Ich liebe Schaumbäder, Kissenschlachten und ausgedehnte Nacktspaziergänge am Strand.»* Nein. Tut sie nicht. Aber die Fragen dienen ja auch nicht der Information, sondern dazu, die Phantasien der Typen anzustacheln, die ihre Fotos als Wichsvorlage benutzen.

Ich mache es genauso. Ich grinse und zeige meine Grübchen – Frauen werden bei meinen Grübchen ganz schwach.

«Ich lese gerne. Meistens abends.»

Ich ficke gerne. Eine Antwort, die meine Fans mit Sicherheit viel lieber hören würden. Doch wenn ich das sage, würde der sowieso stets besorgte Hof den Verstand verlieren. Aber zurück zum Ficken. Ich mag es lange, hart und oft. Die Hände um einen niedlichen, strammen Hintern gelegt, besorge ich es ihr so lange, bis ihr Stöhnen von den Wänden widerhallt und sie, mit meinem Schwanz in ihrer Muschi, zuckend kommt. Diese alten Gemäuer haben eine phantastische Akustik.

Während viele Männer Frauen suchen, deren Muschi rund

um die Uhr geöffnet hat, bevorzuge ich solche, die in der Lage sind, rund um die Uhr die Klappe geschlossen zu halten. Diskretion und eine absolut wasserdichte Geheimhaltungsvereinbarung halten die meisten schmutzigen Wahrheiten aus den Zeitungen raus.

«Außerdem mag ich Reitsport, Polo und nachmittags ab und zu ein bisschen Tontaubenschießen mit der Queen.»

Außerdem stehe ich auf illegale Autorennen, Freeclimbing, Fliegen, guten Scotch, B-Movies und ab und zu einen zynischen Wortwechsel mit der Queen.

Vor allem Letzteres hält die alte Schachtel bei wachem Verstand – meine scharfe Zunge ist ihr Jungbrunnen. Abgesehen davon ist es eine gute Übung für uns beide. Wessco ist eine konstitutionelle Monarchie, und im Gegensatz zu unseren auf zeremonielle Funktionen reduzierten Nachbarn ist die Königin neben dem Parlament gleichberechtigter Teil der Regierung. Das macht die Mitglieder der königlichen Familie automatisch zu Politikern. Und Politik ist ein schnelllebiges, schmutziges, schrilles Geschäft, bei dem jeder Schreihals sich dessen bewusst ist, dass er zum Faustkampf am besten ein gutgewetztes Messer mitbringt.

Ich verschränke lässig die Arme vor der Brust und bringe meine wohlgebräunten, muskulösen Unterarme unter den hochgerollten Ärmeln des blassblauen Maßhemdes zur Geltung. Es heißt, meine Unterarme hätten auf Twitter eine eigene Fangemeinde – so wie ein paar andere Körperteile von mir. Dann erzähle ich Littlecock die Geschichte meiner ersten Schießübung. Meine Fans lieben diese Geschichte. Ich könnte sie im Schlaf runterbeten, und so ähnlich fühlt es sich auch an. Am Ende lacht Terry verhalten – an der Stelle, als mein ungezogener kleiner Bruder Henry das Abschussgerät statt mit einer Tontaube mit einem Kuhfladen bestückte.

Danach rückt Littlecock die Brille zurecht und gibt damit das

Signal, dass es ernst wird. «Dieses Jahr im Mai jährt sich zum dreizehnten Mal der tragische Flugzeugunfall, bei dem der Prinz und die Prinzessin von Pembrook ums Leben kamen.»

Sag bloß. Ich nicke stumm.

«Denken Sie oft an Ihre Eltern?»

Das geschnitzte Teakarmband liegt schwer um mein Handgelenk. «Ich habe viele glückliche Erinnerungen an meine Eltern. Von größter Bedeutung ist jedoch für mich, dass sie durch ihr Wirken weiterleben, durch ihre Wohltätigkeit, durch die Stiftungen, die ihren Namen tragen. Das ist ihr Vermächtnis. Ich werde dafür Sorge tragen, dass meine Eltern über die Stiftungen, die sie zu ihren Lebzeiten gründen konnten, für immer im Gedächtnis der Menschen bleiben.»

Worte, Worte, Worte. Bla, bla, bla. Das kann ich wirklich gut.

Es vergeht kein einziger Tag, an dem ich nicht an meine Eltern denke. Aber emotional zu sein liegt uns nicht – stets aufrecht, lautet die Devise, immer wacker voran, der König ist tot – lang lebe der König. Doch während meine Eltern für die Welt das Thronfolgerpaar von Wessco waren, waren sie für Henry und mich schlicht und ergreifend Mum und Dad. Sie waren herzlich und lustig und sehr, sehr real. Sie nahmen uns oft in den Arm. Sie waren klug und freundlich und liebten uns sehr – und das ist in unseren Kreisen etwas sehr Besonderes.

Teddy hat wieder angefangen zu reden. Ich höre nicht zu, aber das muss ich auch nicht – es reicht, die letzten Worte mitzukriegen. «... Lady Esmerelda letztes Wochenende?»

Ich kenne Ezzy seit unserer Schulzeit in Briar House. Sie ist schwer in Ordnung – laut und rüpelhaft. «Lady Esmerelda und ich sind alte Freunde.»

«Nur Freunde?»

Nun, die Tatsache, dass Ezzy überzeugte Lesbe ist, will ihre Familie mit allen Mitteln aus der Presse heraushalten. Ich bin ihr Lieblingsalibi. Unsere Dates, von denen wir beide profitieren, werden über die Koordinierungsstelle des Palastes arrangiert.

Ich lächle charmant. «Ich bin der Diskretion verpflichtet.»

Teddy beugt sich vor, nimmt Witterung auf, ahnt eine Story. *Die* Story. «Gehe ich recht in der Annahme, dass sich da möglicherweise etwas Ernsteres zwischen Ihnen anbahnt? Damals hat das ganze Land an der Liebesgeschichte Ihrer Eltern Anteil genommen. Die Menschen warten gespannt auf Sie, Prinz Nicholas. Das Volk brennt darauf, dass ‹His Royal Hotness›, wie Sie in den sozialen Netzwerken genannt werden, endlich die Frau seines Herzens trifft und sesshaft wird.»

Ich zucke die Achseln. «Nichts ist unmöglich.»

Aber das schon. Ich werde in absehbarer Zukunft garantiert nicht sesshaft. Da kann Littlecock seinen kleinen Schwanz drauf verwetten.

♛

Sobald der heiße Strahl des Schweinwerfers erlischt und das rote Aufnahmelämpchen der Kamera blinkend ausgeht, stehe ich auf und nehme den Mikrophonclip vom Kragen.

Teddy erhebt sich ebenfalls. «Vielen Dank für Ihre Zeit, Hoheit.» Er deutet mit leichtgeneigtem Hals eine Verbeugung an – exakt nach Protokoll.

Ich nicke. «War mir ein Vergnügen, Littlecock.»

Das hat garantiert noch keine Frau zu ihm gesagt.

Bridget, meine Privatsekretärin – eine supertüchtige und bestens organisierte Frau mittleren Alters –, taucht mit einer Flasche Wasser neben mir auf.

«Danke sehr.» Ich drehe den Schraubverschluss auf. «Wer kommt jetzt?»

Die Palaststrategen waren der Meinung, die Zeit sei günstig

für eine kleine PR-Kampagne – das bedeutet Tage, randvoll mit Interviews, Reisen und Fotoshootings. Mein ganz persönlicher vierter, fünfter und sechster Ring der Hölle.

«Teddy war für heute der Letzte.»

«Dem Himmel sei Dank!»

Im Gleichschritt eilen die korpulente Frau und ich über den mit Teppich ausgelegten Flur, der zu Guthrie House führt – meinem Privatflügel im Residenzpalast von Wessco.

«Lord Ellington wird in Kürze eintreffen. Die Vorbereitungen für ein Abendessen im Bon Repas sind getroffen.»

Mit mir befreundet zu sein ist härter, als man glaubt. Mit mir kann man sich nicht einfach mal kurz auf ein Bier treffen oder an einem Freitagabend im neuesten Club aufkreuzen. Diese Dinge müssen genau geplant und strikt durchorganisiert werden. Spontanität ist der einzige Luxus, der für mich unerreichbar bleibt.

«Gut.»

Damit biegt Bridget in Richtung Verwaltungsflügel ab, und ich betrete meine Privatgemächer. Drei Stockwerke, eine ultramoderne Küche, ein Morgensalon, eine Bibliothek, zwei Gästezimmer, Dienstbotenquartiere, zwei herrschaftliche Suiten mit Balkonen und atemberaubendem Blick über die Ländereien. Alles vollständig restauriert und modernisiert – wobei Mauerwerk, Farbgestaltung, Tapeten und Einrichtung die historische Integrität bewahren. Guthrie House ist die offizielle Residenz des Prinzen oder der Prinzessin von Pembrook – der Nummer eins in der Thronfolge von Wessco. Vor mir war Guthrie House die Residenz meines Vaters und davor die meiner Großmutter. Royals sind grundsätzlich ganz groß im Vererben von abgelegten Dingen.

Ich gehe nach oben in mein Schlafzimmer und knöpfe mir in Vorfreude auf den prickelnd heißen Wasserstrahl aus acht Duschköpfen das Hemd auf. Meine Dusche ist der Knaller.

Doch so weit komme ich nicht.

Fergus erwartet mich am Ende der Treppe. «Sie wünscht, Sie zu sehen», krächzt er. *Sie* bedarf keiner weiteren Erklärung. Ich fahre mir mit der Hand über das Gesicht und den dunklen Fünf-Uhr-Bartschatten auf meinem Kinn.

«Wann?»

«Was glauben Sie denn?», spöttelt Fergus. «Gestern. Wann sonst?»

Natürlich.

♛

In den guten alten Zeiten galt der Thron als Symbol der Macht des Monarchen. Auf alten Gemälden ist er manchmal mit der aufgehenden Sonne im Hintergrund dargestellt, Wolken und Sterne darunter – der Sitz eines Abkömmlings von Gott persönlich. War der Thron Wahrzeichen der Macht, so war der Thronsaal jener Ort, an dem diese Macht ausgeübt wurde. Hier wurden Dekrete erlassen, Strafen verhängt und Todesurteile gesprochen.

Früher.

Heute wird die echte Arbeit im Royal Office erledigt – der Thronsaal wird nur noch für Touristenführungen geöffnet. Der Schreibtisch ist der Thron von heute. Je größer, desto mächtiger; daran zumindest hat sich nichts geändert. Im Augenblick sitze ich vor einem glänzenden, soliden Mahagonischreibtisch von grotesker Größe. Wäre meine Großmutter ein Mann, würde ich ihr unterstellen, dass sie versucht, etwas zu kompensieren.

Christopher, der Privatsekretär Ihrer Majestät, bietet mir Tee an, doch ich winke ab. Er ist jung, etwa dreiundzwanzig, und hat die Figur eines Actionfilmstars. Er macht sich als Sekretär nicht schlecht, auch wenn er nicht der Hellste ist. Ich glaube ja, meine Großmutter hält ihn sich vor allem zum Vergnügen – sie genießt seinen Anblick, das verdorbene alte Mädchen. Ich vermute, wenn sie ihm befehlen würde, für den Rest seines Lebens nichts als Fliegen zu essen, würde er fragen, Flügel dranlassen oder abmachen? Das ist echte Ergebenheit, Leute.

Mit einem Mal öffnet sich die Tür zum angrenzenden Blauen Salon, und Ihre Majestät Königin Lenora steht im Türrahmen.

Im kolumbianischen Regenwald existiert eine indigene Affenart, deren Vertreter zu den niedlichsten Tieren gehören, die man sich vorstellen kann – sie sind putziger als sämtliche Hamster und Hündchen, die das Internet zu bieten hat. Solange man nichts weiß von den verborgenen rasierklingenscharfen Zähnen und ihrem Appetit auf menschliche Augäpfel. Wer sich von dem entzückenden Äußeren der Biester blenden lässt, hat so gut wie verloren.

Meine Großmutter ist diesen bösartigen kleinen Äffchen ziemlich ähnlich. Sie sieht aus wie eine Großmama aus dem Bilderbuch. Klein und zierlich, mit weichem, fluffigem Haar, zarten Händen, schimmernder Perlenkette, feinen Lippen, die auch über schmutzige Witze lachen können, und einem faltigen Gesicht, das große Altersweisheit ausstrahlt. Es sind ihre Augen, die sie verraten.

Ihre geschützmetallgrauen Augen.

Augen, die früher ganze Armeen in die Flucht geschlagen hätten.

«Nicholas.»

Ich stehe auf und verbeuge mich. «Großmutter.»

Sie rauscht an Christopher vorbei, ohne ihn eines Blickes zu würdigen. «Lassen Sie uns allein.»

Ich setze mich, nachdem sie sich gesetzt hat, den Knöchel über das Knie gelegt, den Arm lässig um die Stuhllehne geschlungen.

«Ich habe dein Interview gesehen», sagt sie. «Du solltest mehr lächeln. Du warst früher so ein fröhlicher Junge.»

«Ich werde mich bemühen, daran zu denken, Fröhlichkeit vorzutäuschen.»

Sie wendet sich dem Computer auf dem Schreibtisch zu und fängt an zu tippen. «Hast du die Abendschlagzeilen gelesen?»

«Nein. Noch nicht.»

Sie dreht den Bildschirm zu mir herum. Dann klickt sie zügig durch die Nachrichtenwebsites.

PARTYPRINZ FEIERT IN PLAYBOY-VILLA
HENRY, DER HENGST
ROYAL AUF SEXTOUR
WILD, WOHLHABEND UND KEIN BISSCHEN WASSERSCHEU

Die letzte Schlagzeile ist mit einem eindeutigen Foto von meinem Bruder versehen, der gerade in einen Swimmingpool springt – nackt, wie Gott ihn geschaffen hat.

Ich beuge mich blinzelnd vor. «Henry wird ausrasten. Die Beleuchtung ist absolut unvorteilhaft – man kann seine Tätowierung kaum erkennen.»

Die Lippen meiner Großmutter werden schmal. «Findest du das etwa witzig?»

Vor allem finde ich es lästig. Henry ist unreif und unmotiviert. Er lässt sich durchs Leben treiben wie eine Feder. Wohin die Brise ihn weht, ist ihm völlig gleichgültig. Ich zucke die Achseln. «Er ist vierundzwanzig, er hat gerade seinen Wehrdienst hinter sich gebracht …» Jeder Bürger von Wessco – ob männlich, weiblich oder königlich – muss zwei Jahre Dienst an seinem Volk ableisten.

«Die Entlassung aus dem Dienst liegt *Monate* zurück», fällt sie mir ins Wort. «Und seitdem reist er mit achtzig Huren um die Welt!»

«Hast du versucht, ihn anzurufen?»

«Natürlich.» Sie schnalzt mit der Zunge. «Er geht ans Telefon, macht alberne Geräusche und behauptet, der Empfang sei schlecht und er könne mich nicht hören. Dann sagt er, er liebt mich, und legt auf.»

Ich muss unwillkürlich grinsen. Der Rotzlöffel *ist* witzig – das muss man ihm lassen.

Die Augen der Queen werden dunkel. «Henry befindet sich momentan in Las Vegas und plant offenbar, in Kürze nach New York weiterzureisen. Ich möchte, dass du in die USA fliegst und ihn nach Hause holst, Nicholas. Es ist mir gleich, ob du ihm dazu eins über den Schädel ziehen und ihn in einem Kartoffelsack herschleifen musst. Der Junge muss dringend zur Vernunft gebracht werden.»

Ich habe so gut wie alle Großstädte dieser Erde bereist – und hasse keine so sehr wie New York.

«Mein Terminkalender ...»

«Es ist bereits alles arrangiert. Du wirst dort ein paar Empfänge absolvieren. Ich werde hier gebraucht.»

«Ich vermute, du wirst inzwischen das House Of Commons bearbeiten? Die Typen da dazu überreden, endlich ihren Job zu machen?»

«Ich bin froh, dass du das Thema ansprichst.» Großmutter verschränkt die Arme. «Weißt du, was mit einer Monarchie passiert, die keine stabile Thronfolge hat, mein Junge?»

Ich kneife misstrauisch die Augen zusammen. «Ich habe Geschichte studiert – selbstverständlich weiß ich das.»

«Ich höre.»

Ich hebe die Schultern. «Ohne einen anerkannten Erben entsteht ein Machtvakuum. Unterschiedliche Adelshäuser könnten versuchen, es auszufüllen, die Gefahr eines Umsturzes besteht. Das kann bis zu einem Bürgerkrieg führen ...» Mir stellen sich die Nackenhärchen auf. Meine Hände werden schweißnass; dieses Gefühl, das man bekommt, kurz bevor man den ersten Gipfel der Achterbahn erreicht hat. «Worauf willst du hinaus, Großmutter? Wir haben eine eindeutige Thronfolge. Sollten Henry und ich durch irgendeine Katastrophe dahingerafft werden, gibt es immer noch Vetter Marcus.»

«Vetter Marcus ist ein Schwachkopf. Er hat eine Schwachsinnige geheiratet. Seine Kinder sind doppelt zum Schwachsinn verdammt. Sie werden dieses Land niemals regieren.» Sie rückt sich die Perlenkette zurecht und reckt das Kinn. «Es gibt Gerüchte, das Parlament strebe an, uns in eine parlamentarische Monarchie zu verwandeln.»

«Gerüchte gibt es immer.»

«Aber nicht in dieser Vehemenz», entgegnet sie scharf. «Diesmal ist es anders. Sie führen die Außenwirtschaft ins Feld, die steigende Arbeitslosenquote, zu niedrige Löhne.» Sie tippt auf den Bildschirm. «Da sind solche Schlagzeilen wenig hilfreich. Die Leute haben Zukunftsängste, während ihr Prinz fröhlich seinem Luxusleben frönt. Wir müssen der Presse dringend etwas Positives liefern. Wir müssen den Menschen Grund zum Feiern geben. Und wir müssen dem Parlament beweisen, dass wir die Dinge absolut unter Kontrolle haben.»

Ich nicke. Wie eine dämliche Motte, die direkt auf die Flamme zu taumelt. «Wie wäre es mit einem Feiertag zu Ehren des Königshauses?», schlage ich vor. «Wir könnten die Ballsäle fürs Volk öffnen und eine Parade abhalten. Die Leute lieben so was.»

Sie tippt sich gegen das Kinn. «Ich hatte etwas anderes im Sinn ... etwas Größeres. Etwas, das die Aufmerksamkeit der Weltöffentlichkeit auf sich zieht. Das Jahrhundertereignis.» Ihre Augen blitzen vor Vorfreude – sie sieht aus wie der Henker vor dem Schwingen der Axt.

Und dann fällt sie nieder, die Axt.

«Die *Hochzeit* des Jahrhunderts.»

2

NICHOLAS

Mein ganzes System verfällt in Schockstarre. Ich glaube, meine Organe versagen. Meine Stimme ist rau vor sinnloser, unlogischer Hoffnung.

«Will Großtante Miriam wieder heiraten?»

Die Königin verschränkt die Hände auf dem Tisch. Ein schreckliches Zeichen. Es bedeutet, ihre Meinung steht fest, und nichts kann sie von ihrem Kurs abbringen.

«Als du ein kleiner Junge warst, habe ich deiner Mutter versprochen, dass ich dir den Freiraum geben werde, dir deine Frau selbst auszusuchen, so wie deinem Vater einst. Den Freiraum, dich zu verlieben. Also habe ich zugesehen und gewartet, aber jetzt ist Schluss mit der Warterei. Deine Familie braucht dich. Dein Land braucht dich, Nicholas. Und deshalb wirst du auf einer Pressekonferenz den Namen deiner Verlobten verkünden ... und zwar am Ende dieses Sommers.»

Ihre Erklärung reißt mich aus der Schockstarre, und ich springe auf. «Das sind gerade mal fünf verfluchte Monate!»

Sie zuckt die Achseln. «Ich wollte dir dreißig Tage geben. Du kannst dich bei deinem Großvater bedanken. Er hat es mir ausgeredet.»

Ich blicke hoch zu dem Porträt ihres Mannes an der Wand hinter ihr. Mein Großvater ist seit zehn Jahren tot.

«Vielleicht solltest du dir weniger Sorgen um mein Privatleben machen», sage ich, «und stattdessen lieber darüber nachdenken, was geschieht, wenn die Presse herausfindet, dass du mit Gemälden sprichst.»

«Die Gespräche mit ihm trösten mich.» Sie erhebt sich ebenfalls. Die Hände auf den Tisch gestützt, fügt sie nach vorn gebeugt hinzu: «Außerdem spreche ich nur zu diesem einen Bild – sei nicht so garstig, Nicky.»

«Ich kann nicht anders.» Ich sehe sie herausfordernd an. «Ich hatte den allerbesten Lehrmeister.»

Sie ignoriert den Seitenhieb und nimmt wieder Platz. «Ich habe dir eine Liste geeigneter junger Damen zusammengestellt – einige kennst du bereits, andere nicht. Dies ist für uns die beste Vorgehensweise, es sei denn, du hast deine Wahl bereits getroffen.»

Tja. Mir fällt dazu nichts ein. Politisch und PR-mäßig hat sie recht – eine königliche Hochzeit schlägt sämtliche Fliegen mit einer Klappe.

«Ich will nicht heiraten.»

Sie zuckt die Achseln. «Ich mache dir keinen Vorwurf. Ich wollte die Tiara deiner Ur-Urgroßmutter Königin Belvidere an meinem einundzwanzigsten Geburtstag auch nicht aufsetzen – das Ding ist unförmig und viel zu schwer. Doch wir müssen alle unsere Pflicht tun. Das weißt du. Und jetzt ist die Reihe an dir, Prinz Nicholas.» Das ist nicht die Bitte einer Großmutter – es ist der Befehl einer Königin.

Pflicht ist ein Synonym für *Mist*, so viel weiß ich. Meine Erziehung, in der sich von Anfang an alles nur um Verantwortung, Vermächtnis, Geburtsrecht und Ehre drehte, macht jeden Widerspruch unmöglich. Ich brauche Alkohol. Sofort. Verfluchter Mist!

«Ist das alles, Eure Hoheit?»

Sie starrt mich ein paar Sekunden lang wortlos an, dann nickt sie. «Ja. Das ist alles. Ich wünsche dir eine gute Reise. Wir unterhalten uns, wenn du zurück bist.»

Ich erhebe mich, neige den Kopf und wende mich zum Gehen. Kurz bevor die Tür sich hinter mir schließt, höre ich ein Seufzen.

«Oh, Edward, sag mir, was haben wir falsch gemacht? Wieso sind sie nur so schwierig?»

♛

Eine Stunde später sitze ich im Wohnzimmer von Guthrie House vor dem Kamin und reiche Fergus das leere Glas zum Nachfüllen. Zum *wiederholten* Nachfüllen.

Nicht dass ich nicht wüsste, was von mir erwartet wird – das weiß die ganze Welt. Ich habe nur einen Job: meine königlichen Gene an die nächste Generation weiterzugeben. Einen Erben zu zeugen, der mich eines Tages ersetzen wird, so, wie ich meine Großmutter ersetzen werde.

Trotzdem hat sich das bis jetzt immer so theoretisch angefühlt. *Irgendwann, in ferner Zukunft.* Die Königin hat eine Rossnatur und wird in absehbarer Zeit nirgendwo hingehen. Aber nun das! Eine Hochzeit ... Jetzt ist der Mist plötzlich real geworden.

«Da steckst du!»

Die Menschen, denen ich wirklich vertraue, lassen sich an einer Hand abzählen – Simon Barrister, vierter Graf von Ellington, ist einer davon. Er begrüßt mich mit einer Umarmung, einem heftigen Schlag auf den Rücken und einem strahlenden Lächeln. Und das ist wörtlich gemeint: Sein Gesicht leuchtet tomatenrot.

«Was zum Teufel ist mit dir passiert?»

«Die verfluchte Karibiksonne hatte es auf mich abgesehen. Trotz höchstem Sonnenschutzfaktor hat sie mich gegrillt!» Er rempelt mich an. «Hat die Flitterwochen jedenfalls bereichert, Wund- und Brandgel hat nämlich durchaus sinnliche Seiten, wenn du weißt, was ich meine.»

Simon hat letzten Monat geheiratet. Ich war an seiner Seite – auch wenn ich vorher Himmel und Hölle in Bewegung gesetzt hatte, ihm die Sache auszureden.

Er verfügt über ein großes Herz und ein brillantes Gehirn, aber bei Frauen hatte Simon es nie leicht. Die roten Haare, der blasse Teint und der Rettungsring um die Taille, dem weder Tennis noch Radfahren etwas anhaben können, sind auch nicht unbedingt hilfreich. Doch dann kreuzte Frances Alcott seinen Weg. Franny mag mich nicht und ich sie nicht. Sie ist atemberaubend – das muss man ihr lassen: dunkle Haare, braune Augen, ein Engelsgesicht und die Haut einer Porzellanpuppe. Sie scheint mir eine dieser Puppen zu sein, deren Kopf sich einmal um die eigene Achse dreht, ehe sie dich unters Bett zerrt, um dich zu erwürgen.

Fergus bringt Simon einen Drink, und wir setzen uns.

«Was hab ich gehört? Hoheit hat in Sachen Heirat endlich den Hammer fallen lassen?»

Die Eiswürfel klimpern in meinem Glas, als ich den Inhalt hinunterstürze. «Das ging schnell.»

«Du weißt doch, wie es ist. Die Wände haben Ohren und riesengroße Mäuler. Und? Wie lautet der Plan, Nick?»

Ich hebe mein Glas. «Rapider Absturz in den Alkoholismus.» Ich zucke die Achseln. «Ansonsten? Kein Plan.» Ich drücke ihm die Unterlagen in die Hand. «Sie hat eine Liste potenzieller Kandidatinnen für mich zusammengestellt. Ist das nicht nett?»

Simon blättert durch die Seiten. «Könnte lustig werden. Du könntest sie vorsprechen lassen – wie bei *X Factor*: ‹Und wie steht es mit Ihren Doppel-D-Qualitäten?›»

Ich dehne meinen verspannten Nacken. «Zur Krönung des Tages müssen wir auch noch nach scheiß New York fliegen und Henry an die Leine legen.»

«Ich weiß wirklich nicht, weshalb du New York so hasst – gute Shows, tolles Essen, Models mit meterlangen Beinen.»

Meine Eltern waren auf dem Rückweg aus New York, als ihr Flugzeug abstürzte. Es ist kindisch und dumm, das weiß ich selbst – aber was soll ich sagen? Ich hege einen persönlichen Groll gegen die Stadt.

Simon hebt die Hand. «Moment mal. *Wir*? *Wir* müssen nach New York fliegen? Was willst du mir damit sagen?»

«Männerausflug. Geteiltes Leid ist halbes Leid.»

Außerdem schätze ich Simons Meinung und sein Urteilsvermögen. Wären wir bei der Cosa Nostra, er wäre mein Consigliere.

Versonnen blickt er in sein Glas, als enthielte es die Geheimnisse der Welt – und die der Frauen. «Das wird Franny aber gar nicht gefallen.»

«Dann bringst du ihr eben ein bisschen Glitzerkram aus eurem Laden mit.»

Simons Familie ist im Besitz von Barrister's, der größten Kaufhauskette der Welt.

«Außerdem habt ihr gerade einen ganzen Monat miteinander verbracht. Du musst die Nase voll von ihr haben.» Nicht dass ich diesbezüglich groß Erfahrung hätte, aber ich war immer schon der Meinung, das Geheimnis einer langen, erfolgreichen Beziehung besteht darin, sich regelmäßig rar zu machen. Das hält die Dinge frisch und lebendig – weil sich die ansonsten unausweichliche Langeweile gar nicht erst breitmachen kann.

«In einer Ehe gibt es keine Auszeiten, Nick.» Er kichert. «Wie du schon bald selbst feststellen wirst.»

Ich halte ihm den Mittelfinger hin. «Vielen Dank für dein Mitgefühl.»

«Dazu sind Freunde da.»

Ich leere mein Glas. Schon wieder. «Dinner ist übrigens gestrichen. Mir ist der Appetit vergangen. Ich habe den Leibwächtern gesagt, dass wir den Rest des Abends im Goat verbringen.»

Das Horny Goat ist ein Pub im ältesten, aus Holz erbauten Haus der Stadt. Einst war das Horny Goat das Freudenhaus des zum Schloss gehörigen Ortes, in dem Soldaten und Dienstboten lebten. Die Wände sind schief und das Dach undicht, doch für mich ist es das beste Pub im ganzen Land. Ich habe keine Ahnung, wie Macalister, der Besitzer, es anstellt, ob durch Erpressung oder Bestechung – jedenfalls ist nach einer Nacht, die ich oder mein Bruder im Goat verbrachten, noch nie eine Geschichte zur Presse durchgesickert.

Und die Nächte dort können ziemlich wild sein.

♛

Als der Wagen vor dem Goat vorfährt, sind Simon und ich bereits sturzbetrunken. Logan St. James, Chef meiner persönlichen Leibgarde, öffnet die Wagentüren und scannt gleichzeitig die Umgebung.

Im Goat stinkt es nach abgestandenem Bier und Rauch, doch auf mich wirkt dieser Geruch so tröstlich wie der von Plätzchen, frisch aus dem Ofen. Die Decke ist niedrig, und der Boden klebt. Auf der kleinen Bühne im hinteren Teil des Ladens steht eine Karaoke-Box, vor der sich ein blondes Mädchen zum neusten Adele-Song wiegt. Simon und ich setzen uns an die Theke, und Meg, Macalisters Tochter, wischt sie mit einem anzüglichen Lächeln für uns ab.

«Guten Abend, Hoheit.» Simon kriegt ein Nicken und ein nicht ganz so erotisches Lächeln. «Lord Ellington.» Dann ruhen ihre hellbraunen Augen sofort wieder auf mir. «Ich habe dich heute Nachmittag im Fernsehen gesehen. Du sahst gut aus.»

«Danke sehr.»

Sie schüttelt ganz leicht den Kopf. «Ich wusste gar nicht, dass du gerne liest. Lustig. Ich habe bei dir noch nie auch nur ein einziges Buch gesehen.»

Meg ist mehr als einmal mit meinem Schwanz in ihrer zuckenden Muschi gekommen. Eine von ihr unterschriebene Geheimhaltungsvereinbarung liegt sicher verwahrt in meinem Wandtresor. Ich bin mir eigentlich sicher, dass ich Meg niemals damit konfrontieren muss, aber man weiß ja nie. Das erste «Aufklärungsgespräch» zwischen meinem Vater und mir handelte nicht von Blümchen und Bienen, sondern davon, dass es immer besser ist, eine Geheimhaltungsvereinbarung zu besitzen, die man nicht braucht, als eine zu brauchen, die man nicht hat.

Ich grinse. «Du warst ja auch nicht zum Vorlesen bei mir, Süße.»

Frauen, die von Gehaltsscheck zu Gehaltsscheck leben, können besser mit unverbindlichem Sex umgehen als Frauen aus meinen Kreisen. Die weiblichen Mitglieder des Adels sind verwöhnt, fordernd – schließlich haben sie immer alles bekommen, was sie wollten – und reagieren auf Zurückweisung schnell mal mit Rachsucht. Mädchen wie meine hübsche Barfrau dagegen wissen, dass die Dinge nun mal so sind, wie sie sind.

Meg lächelt – warmherzig und wissend. «Was möchtest du trinken? Das Übliche?»

Gar keine so leichte Frage. Keine Ahnung, ob es an dem vollen Tag liegt oder an dem Scotch, den ich mir bereits reichlich hinter die Binde gekippt habe, jedenfalls schießt mir plötzlich das Adrenalin durch die Adern, und mein Herz schlägt schneller. Die Erkenntnis trifft mich wie ein Schlag: Die Königin hat mich an den Eiern, mir bleibt nur wenig Zeit.

Deshalb liegt die Antwort glasklar auf der Hand: «Nein, Meg. Ich möchte heute mal was anderes – was völlig Neues. Überrasch mich.»

Wenn die Welt, die ich kenne – das Leben, wie ich es kenne –, in fünf Monaten für immer vorbei ist, sollte ich aus der Zeit, die mir bleibt, das Beste machen. Solange ich noch kann, werde ich es treiben, so wild es geht – und zwar *mit allen*. Bis meine Zeit dann abgelaufen ist.

Sieht so aus, als hätte ich einen Plan.

3

OLIVIA

Tage, die das Leben verändern, passieren normalen Menschen so gut wie nie. Ich meine, kennen Sie etwa wen, der im Lotto gewonnen hat, beim Einkaufen von einem Schauspielagenten entdeckt wurde oder von einer lange verloren geglaubten, verstorbenen Großtante eine schuldenfreie, einzugsbereite Villa geerbt hat?

Ich auch nicht.

Die Sache ist nur die: Wenn für die wenigen vom Glück Geküssten tatsächlich so ein Tag anbricht, geschieht es unbemerkt. Wir wissen nicht, dass das, was in diesem Augenblick passiert, episch ist, monumental, *lebensverändernd*. Erst im Nachhinein – wenn alles perfekt ist oder endgültig in Stücke gebrochen –, wenn wir zurückschauen, erkennen wir den Augenblick, der unsere Geschichte und unser Herz in zwei Teile geteilt hat – in ein Vorher und ein Nachher. Im Nachher hat sich nicht nur unser Leben verändert. *Wir* haben uns verändert. Für immer.

Ich weiß, wovon ich rede. Der Tag, der mein Leben veränderte, war nämlich einer *dieser* Tage. Einer von den ganz miesen. Normale Menschen haben ständig solche Tage.

♛

Es fängt damit an, dass ich die Augen aufschlage – vierzig Minuten zu spät. *Mistwecker!* Der müsste ja wohl wissen, dass mit vier Uhr nicht vier Uhr nachmittags, sondern vier Uhr morgens gemeint ist. Wer zum Teufel darf bis vier Uhr nachmittags pennen?

Niemand. Google sollte lieber mal den Arsch hochkriegen und sich um selbstdenkende Wecker kümmern als um selbstfahrende Autos.

Die Abwärtsspirale meines Tages setzt sich fort, indem ich mich im Halbschlaf in die einzigen Klamotten stürze, die ich zurzeit überhaupt trage: meine Arbeitskluft. Weiße Bluse, verwaschener schwarzer Rock, fädenziehende Nylonstrumpfhosen. Ich zwinge meinen Schopf nicht zu bändigender Haare in einen Dutt und stolpere mit noch immer halbgeschlossenen Augen nach nebenan in unsere Miniküche. Dann schütte ich mir eine extragroße Portion Cinnamon Toast Crunch – die besten Frühstücksflocken der Welt – in die Schüssel, aber als ich mich umdrehe, um die Milch aus dem Kühlschrank zu nehmen, ergreift Bosco, unser Teufelsköter, die Gelegenheit und verschlingt mein Frühstück innerhalb von drei Sekunden.

«Du Mistvieh!», zische ich wütend und möglichst leise, weil meine Schwester und mein Vater erst in ein paar Stunden aufstehen müssen.

Bevor er zu uns kam, war Bosco ein Straßenköter, und so sieht er auch aus. Er hat den Körperbau eines Chihuahua, die weit auseinanderstehenden Augen eines Mops und das braune, struppige Fell eines räudigen Shih Tzu. Er ist so hässlich, dass er schon wieder niedlich ist. Ich frage mich manchmal, ob er das Ergebnis eines perversen Hundedreiers ist. Meine Mutter hat ihn als Welpen in der Gasse hinter unserem Coffee Shop gefunden. Damals war Bosco ein unfassbar verfressenes kleines Wollknäuel, und er würde sich heute noch zu Tode fressen, wenn man ihn ließe.

Ich greife nach der Schachtel, um die Schüssel neu zu füllen – sie ist leer.

«Sehr nett!», sage ich zu Bosco.

Der notorische Dieb sieht mich aus todtraurigen Augen an,

springt vom Tresen, auf dem er nicht sein dürfte, lässt sich zur Seite kippen und entblößt reuevoll seinen Bauch.

Die Masche zieht bei mir nicht, das könnte er inzwischen eigentlich wissen. «Los, steh auf! Hast du überhaupt keinen Stolz?»

Nach einem alternativen Frühstück aus Apfel und Toast greife ich nach Boscos rosaroter Glitzerleine – meine Schwester hat sie für ihn gekauft, als hätte das arme Geschöpf nicht schon genug Grund für Komplexe – und mache sie an seinem Halsband fest.

Unser Haus stammt aus den zwanziger Jahren. Es war ursprünglich ein Mehrfamilienhaus, doch um die Zeit, als JFK Präsident wurde, hat man das Erdgeschoss zu einem Restaurant umgebaut. Es gibt eine zweite Treppe, die direkt in die Küche des Coffee Shops führt, aber weil für Bosco dort der Zutritt verboten ist, gehe ich mit ihm zur Vordertür hinaus und die schmalen, grün gestrichenen Stufen zur Straße hinunter.

Heiliger Strohsack, ist das kalt! Damit hatte ich nicht gerechnet. Heute ist offensichtlich einer dieser fiesen Märztage, die immer dann kommen, wenn man sich bereits von milden Temperaturen hat einlullen lassen, in der falschen Annahme, der Winter wäre vorbei. Kaum hat man Pullover, Stiefel und Winterjacken weggepackt, sagt Mutter Natur «Sorry!» und knallt einem den eisigen Nordostwind um die Ohren. Der Himmel ist grau, und es weht ein fieser Wind. Dann springt mir zu allem Überfluss auch noch die hastig zugeknöpfte Bluse auf. Direkt vor den Augen von Pete, dem perversesten Müllmann von ganz Brooklyn. Mein weißer Spitzen-BH könnte durchsichtiger nicht sein, und meine Nippel bezeugen die arktischen Temperaturen in all ihrer Pracht.

«Siehst gut aus, Baby!», brüllt er mir zu und lässt obszön die Zunge wackeln. «Komm schon, lass mich an deinen süßen Dingern saugen! Ein Schuss warme Milch für meinen Kaffee käm mir jetzt gerade recht.»

Igitt!

Er hält sich mit der einen Hand an der Stange des Müllwagens fest und greift sich mit der anderen in den Schritt. *Mein Gott! Männer sind echt Schweine!* Wäre das hier ein halbwegs anständiger Trashfilm, würde er jetzt in die Klappe stürzen und von der Müllpresse genüsslich zermalmt werden. Leider ist das hier nur mein kleines persönliches Leben.

Aber ich bin New Yorkerin, hier geboren und aufgewachsen, und eine waschechte New Yorkerin kennt in so einem Fall nur eine einzige angemessene Reaktion: «Fick dich!», brülle ich und recke beide Arme mit gestreckten Mittelfingern hoch.

«Jederzeit, Süße!»

Während der Müllwagen weiter die Straße hochrumpelt, lasse ich jede obszöne Geste vom Stapel, die ich kenne. Den Daumen-Schneidezähne-Flip, den Kinnschnipser, die Hörner und den Bizeps-Ellbogen-Handkantenschlag, auch als italienischer Gruß bekannt – so, wie Oma Millie es immer gemacht hat.

Leider lasse ich beim Handkantenschlag die Leine los, und Bosco schießt davon wie ein Höllenhund. Während ich gleichzeitig versuche, mir die Bluse zuzuknöpfen und Bosco hinterherzurennen, habe ich nur einen Gedanken: *Misttag! Und dabei ist es noch nicht mal fünf Uhr morgens.*

Und das war erst die Spitze des scheiß Eisbergs.

Ich brauche drei Blocks, um den miesen kleinen Ausreißer wieder einzufangen. Als ich endlich zurückkomme, hat es angefangen zu schneien. Winzige Schneeflocken rieseln wie Schuppen vom Himmel.

Früher mochte ich Schnee – eigentlich liebe ich ihn immer noch. Der Schnee deckt alles mit einem Tuch aus funkelnden

Kristallen zu, und plötzlich sieht die Welt wieder neu und unberührt aus. Laternen werden zu Skulpturen und die Stadt zum magischen Winterwunderland.

Aber das war früher. Vor den Rechnungen, die bezahlt werden müssen, und vor der Verantwortung für ein Geschäft. Wenn ich jetzt Schnee sehe, denke ich nur daran, dass wieder nichts los sein wird und dass kein Geld in die Kasse kommt ... Das einzig «Magische» sind die weggezauberten Kunden.

An der Tür zum Coffee Shop klebt ein roter Zettel. Die Ankündigung einer Zwangsvollstreckung – schon die zweite. Shit! Von den unzähligen Anrufen und E-Mails ganz zu schweigen, die zusammengefasst nur eines sagen: *Her mit der Kohle!* Tja. Ich hab aber keine Kohle. Alles schon der Bank gegeben. Was jetzt noch reinkommt, geht für Personal und Lieferanten drauf. Ich pflücke den roten Brief von der Tür und bin nur froh, dass ich ihn entdeckt habe, bevor die ersten Kunden auftauchen. Dann gehe ich rauf, um Bosco zurück in die Wohnung zu lassen, und wieder nach unten in die Küche.

Jetzt fängt mein Tag richtig an. Ich schalte den uralten Backofen an und heize ihn auf 200 °C vor. Dann stecke ich mir die Kopfhörer in die Ohren. Meine Mutter war ein Riesenfan der Achtziger – Musik und Filme. So was kommt nie wieder, hat sie immer gesagt. Als kleines Kind saß ich hier in dieser Küche auf einem Hocker und schaute ihr zu. Sie war eine echte Künstlerin, kreierte ein köstliches Meisterstück nach dem anderen, während im Hintergrund dröhnend die Powerballaden von Heart, Scandal, Joan Jett, Pat Benatar und Lita Ford erschallten. Die gleichen Songs, die noch heute meine Playlists füllen und mir jetzt in den Ohren dröhnen.

In New York City gibt es über tausend Coffee Shops. Um uns gegen Schlachtrosse wie Starbucks und The Coffee Beanery zu behaupten und irgendwie über Wasser zu halten, brauchen wir kleinen Familienklitschen eine Nische – ein Alleinstellungsmerkmal. Hier bei Amelia's sind das unsere Pies. Jeden Tag frischgebackene, zu hundert Prozent hausgemachte gefüllte Obstkuchen. Die Rezepte hat meine Mutter von ihrer Großmutter und den Großtanten aus der sogenannten alten Welt geerbt.

Welches Land der alten Welt genau, ist nicht bekannt. Wenn ich nach unserer Herkunft fragte, sagte meine Mutter immer: ein bisschen was von allem und durchmischt wie ein gutgekneteter Kuchenteig.

Während Vixen über gebrochene Herzen singt, vermenge ich in einer Schüssel die Zutaten. Eigentlich ist es eher ein Kessel als eine Schüssel. Danach knete ich mit bloßen Händen den klebrigen Teig, presse, drücke und falte ihn immer wieder. Ein ziemlich gutes Workout gegen Schlabberarme. Sobald der Teig sandfarben ist und die richtige Konsistenz hat, kippe ich die Schüssel um und rolle die riesige Kugel auf dem mit Mehl bestäubten Küchenblock aus. Als der Teig gleichmäßig dünn ausgerollt ist, schneide ich perfekte Kreise aus, sodass es genau für sechs gefüllte Pies reicht. Diese Prozedur werde ich, ehe der Shop öffnet, noch viermal wiederholen. Dienstags, donnerstags und samstags gibt es zusätzlich zu den Stammsorten Apfel, Kirsche, Blaubeere und Pfirsich auch noch Schokolade, Bananencreme und Zitronenbaiser.

Nachdem die Böden in ihren sechs Formen liegen, wasche ich mir die Hände, gehe zum Kühlschrank und hole die sechs Pies heraus, die ich gestern vorbereitet habe. Sie kommen jetzt in den Ofen, um auf Zimmertemperatur aufgewärmt zu werden. Pies schmecken am zweiten Tag grundsätzlich am besten. Dann hatte die Kruste genug Zeit, sich mit dem mit braunem Zucker gesüßten Fruchtsaft vollzusaugen. Während die Pies aufwärmen, wende ich mich den Äpfeln zu. Ich schäle und schneide so schnell wie die japanischen Köche in einem Hibachi-Restaurant. Im

Umgang mit Messern besitze ich ziemlich irre Fähigkeiten – der Trick besteht in rasiermesserscharfen Klingen. Nichts ist gefährlicher als ein stumpfes Messer. Wer unbedingt einen Finger verlieren will, sollte es damit versuchen. Ich bestäube die Äpfel mit weißem und braunem Zucker, dann mit Zimt und Muskat und stelle den Topf auf den Herd. Sämtliche Handgriffe könnte ich mit geschlossenen Augen vollführen, seit Jahren habe ich weder ein Rezept nachgelesen noch Zutaten abgewogen.

Das Backen war mal Meditation für mich, aber es hat schon lange nichts Entspannendes mehr. Immer schwingt die Sorge mit, dass das Geschäft nicht läuft, dass der letzte funktionierende Boiler im Keller auch noch den Geist aufgibt, dass wir auf der Straße landen.

Ich kann förmlich spüren, wie sich hässliche Sorgenfalten in mein Gesicht graben. Ich weiß, dass man mit Geld kein Glück kaufen kann, aber Schuldenfreiheit und ein eigenes Haus würden mir definitiv Sorgenfreiheit bringen.

Als die dicke, buttrige Fruchtfüllung durch die blütenförmigen Löcher in den Pies blubbert, nehme ich sie aus dem Ofen und stelle sie auf den Küchenblock.

«Guten Morgen, Schwesterherz.» Ellie kommt in die Küche gehüpft. An Ellie hüpft eigentlich alles – der lange, blonde Pferdeschwanz, ihre energetische Persönlichkeit und ... die Silberohrringe mit den Perlen, die mir verdammt bekannt vorkommen.

«Sind das meine?», frage ich, wie nur eine Schwester fragen kann.

Sie klaut sich eine Blaubeere aus der Schüssel auf dem Tresen, wirft sie in die Luft und fängt sie mit dem Mund.

«*Mi casa es su casa.* Technisch betrachtet sind es *unsere* Ohrringe.»

«Die in *meinem* Schmuckkästchen in *meinem* Zimmer liegen!» Es sind die Einzigen, von denen ich keine grünen Ohrläppchen kriege.

«Tz. Du trägst sie doch nicht mal. Du gehst ja nie aus, Livvy.» Sie hat nicht die Absicht, gemein zu sein – sie ist einfach nur ein siebzehnjähriger Teenager. Da ist Gemeinsein unvermeidlich. «Außerdem müssen Perlen getragen werden. Das ist eine Tatsache. Sonst verlieren sie ihren Glanz.» Ständig wirft Ellie mit irgendwelchen schrägen Fakten um sich, die außer regelmäßigen *Jeopardy!*-Kandidaten kein Mensch kennt. Ellie ist die «Kluge» von uns beiden – Begabtenförderung, Stipendium, vorzeitige Zulassung zur Uni. Aber Faktenwissen und gesunder Menschenverstand sind zwei Paar Stiefel. Ich glaube nicht, dass meine Schwester, von der Bedienung der Waschmaschine mal abgesehen, irgendeinen Schimmer hat, wie die echte Welt funktioniert.

Sie schlüpft in einen abgetragenen Wintermantel und setzt sich eine riesige Strickmütze auf. «Ich muss los – hab in der ersten Stunde einen Mathetest.»

Ellie wirbelt zur Hintertür raus und gibt sich dort mit Marty, unserem Kellner, Spüler, Rausschmeißer und unübertrefflich kompetenten Hausmeister, quasi die Klinke in die Hand.

«Welcher Vollidiot hat vergessen, dem Winter zu sagen, dass er vorbei ist?» Er schüttelt sich einen Zentimeter weißen Schneematsch von den schwarzen Locken. Inzwischen schneit es wie verrückt – vor der Tür ist eine Wand aus weißen Punkten. Marty hängt seinen Mantel an den Haken, während ich den ersten Filter des Tages mit frischgemahlenem Kaffee fülle. «Liv, du weißt, dass ich dich liebe wie die kleine Schwester, die ich so gerne hätte ...»

«Du hast eine kleine Schwester. Drei sogar.»

Es sind Drillinge – Bibbidy, Bobbidy und Boo. Martys Mutter

stand angeblich noch total unter Drogen, als es ums Ausfüllen der Geburtsurkunden ging, eine kleine Fehldosierung der Medikamente während der Geburt. Und Martys Vater, ein Rabbi aus Queens, war klug genug, sich nicht mit einer Frau anzulegen, die soeben das Äquivalent zu drei Wassermelonen aus sich herausgepresst hatte.

«Ja, aber du nervst mich nicht so wie echte Schwestern. Und weil ich dich liebe, als wärst du Familie, kann ich dir auch sagen, dass du nicht aussiehst, als wärst du gerade aus dem Bett gefallen, sondern als wärst du gerade aus der Mülltonne gerollt.»

Genau das, was eine Frau am Morgen hören will.

«Ich hab verschlafen.»

«Du brauchst Urlaub. Dringend. Oder wenigstens mal einen freien Tag. Du hättest gestern Abend mitkommen sollen. Ich war in dieser neuen Bar in Chelsea und habe einen unglaublichen Kerl kennengelernt. Die Augen von Matt Bomer und das Lächeln von Shemar Moore.» Er wackelt mit den Augenbrauen. «Wir treffen uns heute Abend wieder.»

Bevor ich etwas dazu sagen kann, fährt der Lieferwagen rückwärts in die Gasse hinter dem Haus. Ich drücke Marty den Kaffeefilter in die Hand und verbringe die nächsten zwanzig Minuten damit, einem übergewichtigen Schwachkopf zu erklären, weshalb ich ihm die angeschimmelten Plunderteilchen, die er mir andrehen will, weder abnehmen noch bezahlen werde. Um Punkt 6:30 Uhr schalte ich die Außenbeleuchtung ein und wende das Türschild von GESCHLOSSEN auf OFFEN. Aus reiner Gewohnheit drehe ich auch den Knauf am Türschloss um, dabei ist es seit Monaten kaputt.

Anfangs sieht es noch gar nicht so aus, als würde der Schneefall für uns zum Desaster werden – die üblichen Stammgäste schauen auf dem Weg zur Arbeit kurz herein, um ihre Koffeinsucht zu befriedigen. Aber um neun starren Marty und ich bereits frustriert zum Fenster raus und sehen zu, wie sich der Schneefall zum Schneesturm und weiter zum Jahrhundert-Blizzard mausert. Kein Kunde weit und breit. Draußen ist alles tot. Ich schalte den Fernseher ein, damit wenigstens irgendwas los ist. Schließlich gebe ich auf.

«Hast du Lust, mit mir den Kühlschrank zu putzen und mal wieder hinter dem Ofen sauber zu machen?» Ein bisschen Hausarbeit schadet nie.

Marty hebt die Kaffeetasse. «Nach dir, Darling.»

Um zwölf Uhr schicke ich Marty nach Hause. Um eins wird der lokale Notstand ausgerufen – auf den Straßen sind ab sofort nur noch Einsatzfahrzeuge zugelassen. Um zwei kommt Ellie wie ein Wirbelwind zur Ladentür herein, hocherfreut, weil der Nachmittagsunterricht ausfällt, und wirbelt sofort wieder hinaus, um den Sturm bei ihrer Freundin auszusitzen. Nachmittags verirren sich ein paar vereinzelte Kunden in den Laden, um ihre Kuchenvorräte aufzustocken und damit den Sturm zu überleben.

Um sechs sitze ich über der Buchhaltung – das heißt, dass ich Rechnungen, Geschäftsbücher und Kontoauszüge auf einem der Tische ausbreite, mich davorsetze und sie anstarre. Die Zuckerpreise sind gestiegen – *Arschlöcher*! Kaffee ist auch raufgegangen – *Schweine*! Vom Obst ganz zu schweigen. Aber ich weigere mich, an den Früchten zu sparen. Jede Woche schicke ich Marty in den Norden zu Maxwell Farms – die bauen das beste Obst der Gegend an.

Um halb zehn kann ich die Augen kaum mehr offen halten, und ich beschließe, endlich Feierabend zu machen.

Ich stehe gerade in der Küche und verstaue einen in Frischhaltefolie gewickelten Pie im Kühlschrank, als die Ladenglocke klingelt. Ich höre zwei Typen, die sich streiten, auf diese unnachahmlich angeberische Weise, wie es nur Männer können.

«Meine Fingerspitzen sind halb abgefroren. Ich kann mir keine Erfrierungen leisten. Meine Finger sind Franny der drittliebste Teil an mir.»

«Dein Bankkonto ist Frannys liebstes, zweitliebstes und drittliebstes Teil an dir, du Weichei. Wir sind überhaupt nicht weit gelaufen.»

Beide Männer sprechen mit Akzent, aber die zweite Stimme ist tiefer und ungleich weicher als die erste. Sie macht mich neugierig. Vielleicht, weil sie wie eine warme Badewanne nach einem harten, langen Tag klingt.

Ich trete durch die Schwingtür – und bleibe überrascht stehen. Da stehen insgesamt vier Kerle. Der Mann mit der attraktiven Stimme trägt einen perfekt anliegenden Smoking, nur die schwarze Fliege hängt ihm offen um den Hals. Die beiden obersten Knöpfe des makellos gestärkten weißen Hemds stehen offen und geben den Blick frei auf seine bronzefarbene Brust. Er wirkt insgesamt athletisch, aber was mich umhaut, ist sein Gesicht: wohlgeformte Wangenknochen und eine Kieferpartie wie aus Marmor gemeißelt – ungelogen, wie gemeißelt! Das Kinn ist kräftig und so perfekt geformt, dass ein GQ-Model dafür morden würde. Die Nase ist gerade, und der vollkommen geschwungene Mund sieht aus, als würde er mit Vorliebe schmutzige, verdorbene Dinge flüstern. Männlich dichte Augenbrauen sitzen über den graugrünen Augen, die von üppigen Wimpern umrahmt sind. Er hat dunkles, dichtes Haar. Ein paar Strähnen sind ihm in die Stirn gefallen und verleihen ihm das lässige, völlig unbeschwerte Aussehen eines Typen, dem die Welt zu Füßen liegt.

«Hi!?» Meine Verwunderung ist deutlich zu hören.

«Hm ...» Sein Mundwinkel zieht sich kaum merklich nach oben, als würde ihm gefallen, was er sieht. Was für ein sexy Typ.

«Hallo, wen haben wir denn da!» Mit seinem Akzent klingen die Worte … beinahe unanständig.

Der etwas untersetzte Mann neben ihm – rote Haare, strahlend blaue Augen – sagt: «Bitte sagen Sie mir, dass es hier heißen Tee gibt. Ich zahle, was Sie wollen.»

«Ja, gibt es – kostet auch nur zwei Dollar fünfundzwanzig.»

«Sie sind meine Rettung.»

Die beiden suchen sich einen Tisch an der Wand. Der Dunkelhaarige bewegt sich mit großem Selbstverständnis – als würde ihm der Laden gehören. Nein. Er bewegt sich so, als würde ihm die Welt gehören. Er nimmt Platz, lehnt sich zurück und mustert mich wie mit Röntgenblick.

Die beiden anderen Männer in den dunklen Anzügen sind rechts und links der Ladentür stehen geblieben. «Setzen Sie sich nicht?», frage ich, obwohl das mit Sicherheit Bodyguards sind, darauf verwette ich meinen Trinkgeldkrug. Ich habe in dieser Stadt schon genug reiche und berühmte Leute erlebt, um ihr Gefolge zu erkennen – auch wenn die beiden ziemlich jung aussehen.

«Nein. Nur wir», sagt der Dunkelhaarige.

Wer der Kerl wohl ist? Vielleicht der Sohn eines ausländischen Investors? Oder ein Schauspieler? Gesicht und Körper dafür hat er jedenfalls. Und außerdem so eine unfassbare Präsenz. Dieses nicht genauer zu benennende Charisma, das besagt: Pass bloß auf – mich vergisst du nicht so schnell wieder.

«Ganz schön mutig, euch bei diesem Wetter vor die Tür zu wagen.» Ich lege zwei Speisekarten auf den Tisch.

«Oder dämlich», murrt der Rotschopf.

«Ich habe ihn rausgezerrt», sagt der Dunkelhaarige. Seine Aussprache klingt leicht verwaschen. «Die Straßen sind leer, und ich kann mich frei bewegen.» Er senkt verschwörerisch die Stimme. «Sie lassen mich nur ein paarmal im Jahr aus dem Käfig.»

Ich habe zwar keine Ahnung, wovon der Typ spricht, aber es ist trotzdem das Aufregendste, das mir den ganzen Tag passiert ist. Wie erbärmlich.

Der Rothaarige mustert die Karte. «Was ist Ihre Spezialität?»

«Unsere Pies.»

«Pies?»

Ich klopfe mit dem Bleistift auf den Block. «Obstkuchen. Von mir persönlich gebacken. Die besten der Stadt.»

«Mmmmh», macht der Dunkelhaarige. «Erzählen Sie mir von Ihrem Pie. Ist er köstlich?»

«Ja.»

«Saftig?»

Ich verdrehe die Augen. «Sparen Sie sich das.»

«Was meinen Sie?»

«Sparen Sie sich Ihre Anspielungen.» Ich senke die Stimme, imitiere ein paar der dämlichen Sprüche, die ich schon zu oft gehört habe. «‹Ist dein Pie extrafeucht?›, ‹Ich könnte deine Pie-Formen die ganze Nacht lang auslecken, Baby!› Alles schon gehört.»

Er fängt an zu lachen. Sein Lachen klingt noch aufregender als seine Stimme. «Und Ihre Lippen?»

Ich starre ihn an. «Was soll damit sein?»

«So was Köstliches habe ich seit Ewigkeiten nicht gesehen. Schmecken die so gut, wie sie aussehen? Ich wette, das tun sie.»

Mein Mund wird trocken. Meine berühmte Schlagfertigkeit ist wohl vor Schreck in Ohnmacht gefallen. Der Kerl ist nicht nur unverschämt, sondern auch verdammt heiß.

«Vergeben Sie diesem armen Tropf seine Unverschämtheit», sagt der Rotschopf. «Er war die letzten drei Nächte hackedicht.»

Der ‹arme Tropf› reckt einen silbernen Flachmann in die Luft. «… und er ist auf direktem Weg zu Nummer vier.»

Ich habe hier genug betrunkene Kerle auf ihren nächtlichen

Fressstreifzügen im Anschluss an die große Party erlebt. Der Typ kaschiert seinen Zustand ziemlich gut.

Sein Freund schlägt die Karte zu. «Ich nehme einen Tee und ein Stück Kirsch-Pie. Und Apfel. Ach, was soll's, und außerdem noch ein Stück Blaubeere.»

Sein Freund prustet verächtlich, aber der Rotschopf lässt sich davon nicht stören. «Ich mag Pie.»

Also wende ich mich dem Freund zu, um seine Bestellung aufzunehmen.

«Apfel», sagt er sanft. Aus seinem Mund klingt selbst dieses völlig harmlose Wort unanständig. Und ich bekomme doch tatsächlich weiche Knie wie die Heldin eines Liebesromans, die ihren Brad Pitt (etwa im Alter von *Legenden der Leidenschaft*) im Sonnenuntergang auf sich zu reiten sieht. Entweder steckt in seiner Kehle ein Erotik-Mikro, oder ich brauche dringend eine Affäre. Ach Gott, wem mache ich eigentlich was vor? Natürlich brauche ich eine Affäre. Mit siebzehn hatte ich zum ersten Mal Sex, mit Jack, meinem damaligen Highschool-Freund. Und seit ihm gab's keinen mehr – es ist also durchaus möglich, dass mein Jungfernhäutchen inzwischen nachgewachsen ist. Aber ich stehe einfach nicht auf One-Night-Stands, und wer hat schon Zeit für eine richtige Beziehung? Ich jedenfalls nicht.

Das Handy des Rothaarigen klingelt, und er stellt das Gespräch unbefangen auf Lautsprecher, sodass ich mühelos auch in der Küche noch alles mitkriege, als ich die Bestellung holen gehe.

«Hallo, Liebling!», sagt eine Frau. «Es fühlt sich wie eine Ewigkeit an, seit wir uns das letzte Mal gehört haben, und ich hatte Angst, ich schlafe schon, wenn du anrufst, deswegen habe ich angerufen.»

Seine Frau spricht mit demselben Akzent, außerdem redet sie unglaublich schnell. Sie klingt ziemlich überdreht.

«Wie viele Energy Drinks hast du intus, Franny?»

«Drei! Ich fühle mich phantastisch! Ich gehe jetzt noch in die Badewanne. Und weil ich weiß, wie sehr du mich in Blubberblasen magst, dachte ich, wir könnten FaceTimen.»

«Bitte nicht», erwidert die erotische Stimme sarkastisch.

«Simon? War das gerade Nicholas?»

«Ja. Wir sind kurz einen Happen essen.»

«Tja, dann müssen die Blubberblasen wohl warten. Übrigens habe ich dir zwei neue Hemden genäht – sie sind ganz toll geworden. Ich kann's kaum erwarten, sie dir zu zeigen.»

Die Stimme dieses Simon klingt fast entschuldigend, als er erklärt: «Sie hat ein neues Hobby. Sie liebt es, mir Sachen zu nähen.»

«Dann kann sie sich bestimmt auch einen Knebel nähen», erwidert sein Freund, was die Frau am anderen Ende natürlich mitbekommt.

«Fick dich, Nicky!»

Nachdem Simon das Gespräch mit dem Versprechen, bald virtuell gemeinsam in die Blubberblasen zu steigen, beendet hat, unterhalten die beiden Männer sich mit gesenkten Stimmen weiter. Ich bekomme gerade noch den Rest mit, als ich mit der Bestellung durch die Schwingtür trete.

«... auf die harte Tour gelernt. Alles ist käuflich, und jeder Mensch hat seinen Preis.»

«Wow, besoffen bist du wirklich ein echter Sonnenschein, Nicholas. Du solltest öfter trinken.» Simons Stimme trieft vor Sarkasmus.

Als ich die Teller auf den Tisch stelle, spüre ich wieder die graugrünen Augen auf mir. Ich glaube, jetzt, wo ich weiß, wie er heißt, finde ich ihn noch heißer. Nicholas – hübscher Name.

«Und, Täubchen? Was sagst du dazu?»

Ich stelle ihm sein Stück Apfel-Pie vor die Nase, während sich sein Kumpel über die Blaubeere hermacht.

«Was sage ich wozu?»

«Wir diskutieren gerade. Ich bin der Meinung, dass alles und jeder käuflich ist, sobald der Preis stimmt. Was meinst du?»

Damals, als ich noch jünger war, dümmer und viel naiver, was das Leben betrifft – so wie Ellie –, hätte ich nein gesagt, auf keinen Fall. Aber in der harten Realität geht Idealismus als Erstes flöten.

«Ich bin Ihrer Meinung: Geld regiert die Welt, der Rest ist heiße Luft.»

«Verflucht noch mal! Ihr deprimiert mich alle beide», sagt Simon. «Ich brauche vielleicht noch ein Stück Pie.»

Nicholas' Lächeln wird breiter – und ich bekomme weiche Knie. Zu allem Überfluss hat er auch noch Grübchen. Wie konnte mir das nicht vorher auffallen? Sie bilden den perfekten Kontrast zu seiner sexy, selbstbewussten Ausstrahlung. Durch die Grübchen bekommt er etwas Verschmitztes, Spielerisches, Jungenhaftes.

«Ich bin froh, dass du das sagst, Süße.»

Ich stehe haarscharf davor, loszukichern wie ein dämlicher Teenie. Ich muss sofort hier raus. Also drehe ich mich um und will in Richtung Küche verschwinden. Bis diese Wahnsinnsstimme mich zurückhält. Von dem Kerl würde ich mir sogar das Telefonbuch vorlesen lassen, falls noch irgendwo eins rumliegen sollte.

«Zehntausend Dollar.»

Ich drehe mich wieder herum, den Kopf fragend zur Seite geneigt.

«Verbring die Nacht mit mir, und ich gebe dir zehntausend Dollar», erklärt er.

«Um was zu tun?» Ich lache, denn das muss ja wohl ein Witz sein.

«Mein Bett ist leer und riesengroß. Lass uns da anfangen und schauen, was passiert.»

Ich lasse den Blick von ihm zu Simon schweifen und weiter zu den zwei Typen an der Tür. «Soll das ein Witz sein?»

Er nimmt einen Schluck aus dem Flachmann. «Über Geld und Sex mache ich keine Witze.»

«Du willst mir zehntausend Dollar dafür zahlen, dass ich mit dir Sex habe?»

«Mehr als einmal. In zig verschiedenen Stellungen. Ich könnte dir vorher auch», er setzt mit den Fingern Gänsefüßchen in die Luft, *«den Hof machen*, aber das braucht Zeit.» Er tippt auf seine Uhr. Eine Rolex, Diamanten und Platin – locker 130 000 Dollar wert. «Und Zeit habe ich im Augenblick leider lächerlich wenig.»

Der Schock ebbt ab, und ich schnaube verächtlich. «Ich steige nicht für Geld mit dir ins Bett.»

«Warum nicht?»

«Weil ich keine Prostituierte bin.»

«Natürlich nicht! Aber du bist jung und schön, und ich bin gutaussehend und reich. Die eigentlich interessante Frage lautet: Warum sind wir beide nicht schon längst bei der Sache?»

Die Frage ist berechtigt ... Moment mal ... nein! Nein, ist sie nicht. Das hier ist völlig daneben. Das ist übler, schmutziger, verächtlicher ... *Scheißdreck*!

Nicholas scheint es zu genießen, mir bei diesen Überlegungen zuzusehen.

Denn, Gott, ja, ich denke tatsächlich über sein Angebot nach. Und ich werde noch darüber nachdenken – bis hin zum kleinsten, schmutzigsten Detail –, lange, nachdem sie gegangen sind. Aber jetzt mal im Ernst. Phantasien beiseitegenommen, bin ich einfach nicht der Typ für so was.

«Nein.»

«Nein?» Er wirkt tatsächlich überrascht. Und enttäuscht.

«Nein», wiederhole ich. «Das wäre falsch.»

Er streicht sich über die Unterlippe und mustert mich nachdenklich. Er hat unglaublich schöne Finger. Lang, perfekt geformt, mit makellos gepflegten Nägeln. Und perverserweise kommt mir ein schmutziger Gedanke: *Wohin diese Finger sich verirren könnten!*

Verdammt! Mit mir stimmt doch was nicht. So viel steht fest.

«Hast du einen Freund?»

«Nein?»

«Bist du lesbisch?»

«Nein.»

«Dann wüsste ich beim besten Willen nichts, was weniger falsch wäre.»

Ich recke das Kinn und verschränke die Arme. «Meine Würde ist nicht käuflich.»

Nicholas beugt sich vor. Er verschlingt mich mit Blicken. «Ich habe nicht vor, meinen Schwanz irgendwo in die Nähe deiner Würde zu stecken, Liebes. An alle anderen irgendwie erreichbaren Stellen allerdings schon.»

«Hast du eigentlich immer auf alles eine Antwort?»

«Aber ja. Die Antwort lautet Zwanzigtausend.»

Heilige Scheiße! Mir bleibt der Mund offen stehen.

Der Blick aus diesen umwerfenden Augen bohrt sich tief in meine, saugt mich regelrecht in sich auf. «Du wirst es nicht bereuen. Garantiert nicht.»

Und plötzlich stellt der Gedanke an das Geld – an diesen Riesenhaufen Kohle – sämtliche Gedanken an Sex mit einem Fremden in den Schatten. Meine Güte, was ich damit alles machen könnte! Den Boiler ersetzen, die Schulden abzahlen, für Ellies Studium was auf die Seite legen ... Gott, es ist verlockend!

Tja, aber wenn das Geld dann weg ist – und das wäre es ziemlich bald –, muss ich trotzdem weiter in den Spiegel schauen. Und zwar jeden Tag.

«Ich glaube, ich habe mich geirrt.» Ich zucke die Achseln.

«Manche Dinge sind doch nicht käuflich, auch nicht für noch so viel Geld.»

Simon fängt an zu klatschen. «Sehr gut, Schätzchen. Du hast mir soeben den Tag gerettet. Die Pies sind übrigens sensationell – und du backst tatsächlich selbst? Du solltest Backbücher schreiben.»

Ich antworte nicht. Nicholas' Blick hält mich in Bann.

«Vielleicht habe ich nur versucht, das Falsche zu kaufen. Manchmal steht die Kuh zwar nicht zum Verkauf, aber deswegen muss die Milch ja nicht umsonst sein.»

Der Typ ist tatsächlich betrunken. Jetzt redet er endgültig wirr.

«Was soll das denn heißen?»

Er lacht. «Was ist mit einem Kuss?»

Mir bleibt die Spucke weg. Ich kriege keinen Ton raus. Und was er dann sagt, lässt mir den Atem stocken.

«Ich werde irre, wenn ich diese Lippen nicht bald zu spüren kriege.»

Ich habe noch nie ernsthaft über meinen Mund nachgedacht. Gut, meine Lippen sind voll und rosig, okay, und ich verwende mehrmals täglich Lippenbalsam, mit Himbeergeschmack, manchmal auch Shea Butter, aber ...

«Fünftausend Dollar.»

Der Typ ist so sexy, ich hätte ihn glatt umsonst geküsst. Aber irgendwie hat die Nummer mit der Kohle was Aufregendes. Es ist fast schmeichelhaft, dass er mich unbedingt küssen will und mir sogar Geld dafür bietet.

«Fünftausend Dollar? Für einen Kuss?»

«Ganz genau.»

«Mit Zunge?»

«Ohne ist es kein richtiger Kuss.»

Ich zögere noch einen winzigen Moment. Einen Moment zu lange. Denn plötzlich macht Nicholas ... alles kaputt.

«Nun sag schon ja, Kleine. Offensichtlich brauchst du das Geld.»

Ich keuche unwillkürlich auf. Ich hätte nie geglaubt, dass ein kleiner Satz aus dem Mund eines Fremden so weh tun kann. *Was für ein Arschloch.* Tausend verschiedene Dinge versetzen mir in diesem Moment einen Stich – die Demütigung, dass mir jemand meine Situation derart um die Ohren haut, die Enttäuschung darüber, dass dieser Kerl, dieser umwerfend aussehende Typ, in mir offensichtlich einen Fall für die Fürsorge sieht, die Scham wegen meines täglichen Kampfes ... Plötzlich sehe ich den Coffee Shop mit seinen Augen: die abgeblätterte Farbe, das kaputte Türschloss, die abgewetzten Stühle und die schäbigen Gardinen, die schon seit Jahren völlig out sind.

«Scheiße noch mal, Nicholas!», sagt Simon.

Und er? Sieht mich einfach nur an, wartet ab, und die arroganten grünen Augen funkeln vor gespannter Erwartung. Also gebe ich ihm, was er will.

«Hände unter den Tisch», befehle ich.

Er fängt an zu grinsen, schiebt den Flachmann in die Tasche und macht, was ihm gesagt wird.

«Augen zu.»

«Ich mag Frauen, die keine Hemmungen haben, die Kontrolle zu übernehmen.»

«Halt die Klappe.» Er hat schon mehr als genug geredet. Ich beuge mich zu ihm, die Augen weit geöffnet, um mir sein Gesicht ganz genau einzuprägen. Sein warmer Atem streift meine Wange. Ich bin ihm so nah, dass ich den feinen Bartschatten auf seinem Kinn sehen kann, und eine Sekunde lang frage ich mich, wie es sich anfühlen würde, diese kleinen Stoppeln über meinen Bauch, über meine Schenkeln kratzen zu spüren – sie überall zu spüren.

Dann nehme ich den Teller und klatsche ihm den Apfel-Pie in sein blödes, unglaublich gutaussehendes Gesicht.

«Küss das, Arschloch!» Ich richte mich auf und knalle die Rechnung auf den Tisch. «Lasst das Geld auf den Tisch. Da ist die Tür. Benutzt sie, ehe ich mit dem Baseballschläger zurückkomme und euch zeige, warum ich immer als Erste ins Team gewählt wurde.»

Ich verschwinde in die Küche, ohne mich noch mal umzudrehen, aber das Murmeln hinter mir entgeht mir nicht: «Köstlich.»

Eigentlich habe ich es heute Morgen schon gewusst, aber jetzt ist es mir endgültig klar: Männer sind Schweine.

4

NICHOLAS

In Anthorp Castle gibt es eine Schauwand mit Waffen, die der Königsfamilie über die Jahrhunderte dienten. Schwerter, Säbel, Dolche – manche noch mit Blut an den Klingen. Ein Flegel ist auch dabei, im Volksmund Morgenstern genannt – ein etwa fünfzig Zentimeter langer Holzgriff mit Kette, an der eine schwere, mit spitzen Dornen besetzte Eisenkugel montiert ist. Eine unhandliche Keule, die in der Schlacht nur selten zum Einsatz kam, weil die Gefahr für den Kämpfer zu groß war, sich selbst damit zu verletzen, und es unter Umständen sehr lange dauerte, bis er wieder kampfbereit war. Wurde der Flegel doch einmal benutzt, verursachte er tödliche Wunden – die Dornen durchschlugen Rüstungen und gruben sich tief in Schädel und Brustkörbe.

Dieser Flegel kommt mir in den Sinn, als ich versuche, die Augen aufzuzwingen – ich habe das Gefühl, mir hätte sich so einer ins Hirn gebohrt. Die grellen Lichtstreifen, die durch einen Spalt im Vorhang in mein dunkles Zimmer dringen, schmerzen unerträglich. Ich stöhne, und einen Augenblick später erscheint Simons Umriss in der Tür.

«Du lebst! Eine Zeitlang war ich mir nicht ganz sicher.»

«Deine Fürsorge ist zu gütig!», krächze ich. *Zu laut!* Das Flüstern bohrt sich durch meine Schädeldecke. Ich unternehme einen zweiten, noch leiseren Anlauf: «Was zum Teufel hast du mich letzte Nacht trinken lassen?»

Simon lacht spöttisch. «Dich *trinken lassen*? Du hast gesoffen, was du seit der Nacht im Goat ohne Unterbrechung säufst. Wodka – pur. Du Barbar!»

Nie wieder. Ich verspreche meiner Leber, sie ab sofort mit Liebe und Fürsorge zu behandeln, wenn sie mich nur noch dieses eine Mal rettet und heil hier durchbringt.

Mit Schrecken fällt mir die Charity-Veranstaltung ein, an der wir gestern teilgenommen haben, um eine von meinen Eltern gegründete Stiftung zu unterstützen. «Wie schlimm habe ich mich auf der Gala danebenbenommen?»

«Gar nicht. Du hattest dich bestens im Griff. Du warst schweigsam und zurückhaltend. Außer mir hat niemand gemerkt, dass du dich kaum noch auf den Beinen halten konntest.»

Gut. Eine Sorge weniger. Ich massiere mir die Schläfen. «Ich hatte einen sehr merkwürdigen Traum.»

«Was? Mal wieder fliegende rosarote Elefanten und Fergus im Tutu? Der macht mich jedes Mal nervös, weißt du?»

Ich lache – nicht sehr klug, der Schmerz vibriert in sämtlichen Knochen. «Nein», flüstere ich. «Ich habe von meiner Mutter geträumt.»

«Oh.»

«Sie ... sie hat mir die Leviten gelesen. Sie war total wütend auf mich. Sie hat mich sogar an den kleinen Nackenhärchen gezogen. Weißt du noch? Das hat sie immer getan, wenn wir uns in der Öffentlichkeit danebenbenommen haben.»

«Ich erinnere mich.» Simons Stimme wird sanft. «Bis Henry ihr vor versammelter Presse einen Strich durch die Rechnung gemacht hat, als er schrie: ‹Aua, Mum! Warum ziehst du mich an den Haaren?›»

Ich muss kichern, auch wenn's weh tut.

«Und warum war sie so sauer auf dich? Weißt du das?»

«Sie hat gesagt ... sie hat gesagt, ich hätte den Engel zum Weinen gebracht.» Ich lege mir den Unterarm über die Augen, um das Licht auszusperren.

«Stimmt. Sie sah aus wie ein Engel, und ihr Pie schmeckte

himmlisch. Tränen habe ich zwar nicht gesehen, aber du hast definitiv ihre Gefühle verletzt.»

Ich nehme den Arm vom Gesicht und setze mich mühsam auf. «Was faselst du da?»

«Die Kellnerin», sagt Simon. «In dem Coffee Shop, in dem wir gelandet sind, nachdem du mich im größten Schneesturm aller Zeiten durch die Stadt geschleift hast, weil du dich endlich mal unbeobachtet bewegen konntest. Erinnerst du dich nicht?»

Erinnerungsbilder flackern durch meinen Kopf. Eines bleibt hängen – ein Keuchen, Augen, die Tränen zurückdrängen. Augen so tiefblau wie der Himmel kurz vor Einbruch der Nacht.

«Das ... das war *echt?*»

«Ja, du Vollidiot, das war echt. Du hast ihr zwanzigtausend für eine Nummer geboten, und sie hat dir einen Korb gegeben. Kluges Kind.»

Ich fahre mir mit der Hand übers Kinn und ertaste Krümel und ein paar Zuckerkörner. Ich lecke mir den Finger ab und habe plötzlich den süßen Geschmack von Äpfeln auf der Zunge. Auf einen Schlag ist alles wieder da – jedes einzelne Wort.

«Verfluchte Scheiße! Ist die Geschichte schon im Netz?»

Ich sehe die Schlagzeile genau vor mir: NOTGEILER PRINZ AUF NÄCHTLICHEM BEUTEZUG.

«Nein. Kein einziges Wort.» Simon sieht auf die Uhr. «Es ist halb drei, wahrscheinlich bist du noch mal davongekommen. Hätte das Vögelchen singen wollen, wäre die Geschichte mit Sicherheit inzwischen online.»

«Glück gehabt.» Trotzdem ... ob es nun an meinem Traum liegt oder an meinem Benehmen, jedenfalls hüllt mich eine schwere Wolke aus Bedauern ein.

«Draußen schneit es immer noch wie aus Kübeln. Das ist ein Wahnsinnssturm. Du kannst also ebenso gut deinen Rausch zu Ende ausschlafen. Wir fahren heute nirgendwohin.»

«Gute Idee», murmele ich, schon fast wieder weg, während in meinem Kopf Phantasiebilder von köstlich prallen Lippen und wallendem, dunklem Haar herumschweben.

Am nächsten Morgen fühle ich mich fast wieder wie ein Mensch – auch wenn mir immer noch alle Knochen weh tun und mein Hirn benebelt ist. Ich habe einen Termin bei einer weiteren Wohltätigkeitsorganisation, und der Aufbruch ist noch vor Sonnenaufgang geplant. Je früher wir unser Ziel erreichen, desto geringer die Gefahr, dass wir von einer Menschenmenge erwartet werden. Zum Glück hat es endlich aufgehört zu schneien, und wenn ich an dieser Stadt eines schätze, dann die Fähigkeit, aufzustehen und weiterzumachen, ganz gleich, welche Katastrophe sie gerade hinter sich gebracht hat. Die Straßen wirken zwar schon wieder befahrbar, doch Logan tauscht die Limousine trotzdem gegen einen Wagen mit Allradantrieb. Ich sitze auf der Rückbank und bin gerade damit beschäftigt, mir die Krawatte zu binden und die Manschettenknöpfe zu befestigen, als Simon seinem Verlangen nach einer Tasse Frühstückstee und einem – oder auch zwei – Stückchen Pie Ausdruck verleiht.

Ich hatte selbst nach einem Grund gesucht, noch mal zu ihr hinzufahren. Die schöne Kellnerin ist mir nicht mehr aus dem Kopf gegangen – und mein Benehmen. Ich nicke, Simon beschreibt Logan den Weg, und ein paar Minuten später halten wir vor Amelia's. Die Straßenlaternen brennen noch, der Bürgersteig ist leer, doch die Ladentür ist bereits offen, und wir betreten den Coffee Shop. Über unseren Köpfen bimmelt eine misstönende Klingel.

Alles ist still. Anstatt mich zu setzen, bleibe ich zwischen den Tischen in der Mitte des Raums stehen.

«Wir haben geschlossen», sagt sie und kommt durch die Schwingtür. Sie reißt den Kopf hoch und bleibt wie angewurzelt stehen. «Oh. Ihr schon wieder.»

Sie ist noch niedlicher als in meiner Erinnerung. Als in meinem Traum. Tiefschwarze, große Locken umrahmen ein Gesicht wie aus dem Museum – mit umwerfenden nachtblauen Augen, die es verdient hätten, in leuchtenden Öl- oder weichen Wasserfarben auf Leinwand gebannt zu werden. Schon möglich, dass die schöne Helena eine Flotte von tausend Schiffen mobilisieren konnte; dieses Mädchen könnte locker ein Heer von tausend Ständern aufrichten.

Sie ist zierlich und reicht mir gerade mal bis zum Kinn, aber ihre Kurven sind göttlich. Herrliche, volle Brüste füllen die weiße Bluse bis zum Äußersten, der enge schwarze Rock umschmiegt gerundete Hüften, die nach oben hin in eine schmale Taille münden, die ich mit zwei Händen umfassen könnte. Straffe Schenkel in einer schwarzen Nylonstrumpfhose runden das Gesamtpaket ab.

In meinem Bauch meldet sich gurgelnd eine mir unvertraute Nervosität.

«Die Tür war offen», sage ich.

«Das Schloss ist kaputt.»

Logans Blick schießt zur Tür. Sicherheit ist sein Leben, und ein kaputtes Türschloss ist für ihn so unerträglich wie ein Puzzle, wo das letzte Teilchen fehlt.

«Was willst du hier?»

Sie hat keine Ahnung, wer ich bin. Das verraten ihre feindselige Haltung und der abwehrende Tonfall. Es gibt Frauen, die so tun, als hätten sie mich nicht erkannt, aber ich merke es immer. Ihre Ahnungslosigkeit ist … aufregend. Keine Erwartungen, keine Hintergedanken, kein Grund für irgendwelche Spielchen. Sie sieht wirklich mich.

Meine Kehle ist plötzlich wie ausgedörrt. Das Schlucken fällt mir schwer. «Na ja. Er wollte unbedingt ein Stück Pie», sage ich und deute mit dem Daumen auf Simon. «Und ich ... ich wollte mich entschuldigen. Eigentlich benehme ich mich nicht so daneben. Ich hatte wohl zu tief ins Glas geschaut ...»

«Meiner Erfahrung nach tun die Leute betrunken nichts, das sie nicht auch normalerweise tun würden.»

«Du hast recht. Das stimmt. Ich hätte das, was ich gesagt habe, gedacht, definitiv, aber ich hätte es niemals laut ausgesprochen.» Ich bewege mich langsam auf sie zu. «Außerdem ... wäre mein Eröffnungsangebot sehr viel höher gewesen, wenn ich nüchtern gewesen wär.»

Sie verschränkt die Arme vor der Brust. «Ist das ein Versuch, charmant zu sein?»

«Nein. Das muss ich nicht versuchen ... das passiert von ganz allein.»

Sie hebt ganz leicht die Augenbrauen, als wüsste sie nicht, ob sie sauer oder amüsiert sein soll. Ich muss unwillkürlich lächeln. «Wie heißt du eigentlich? Ich weiß nicht mehr, ob ich dich nach deinem Namen gefragt habe.»

«Hast du nicht. Liv.»

«Seltsamer Name. Warst du eine Risikogeburt? Ich meine, wollten deine Eltern so dringend, dass du am Leben bleibst, dass sie dich anflehten: ‹live!›?»

Sie presst die Lippen zusammen, als müsste sie sich ein Grinsen verkneifen. Eindeutig amüsiert, nicht sauer. «Liv. Livvy – die Abkürzung für Olivia. Olivia Hammond.»

«Ah.» Ich nicke. «Das ist ein schöner Name. Viel passender.» Ich kann den Blick nicht von ihr nehmen. Und ich habe auch keine Lust dazu. «Also, Olivia, ich bitte um Verzeihung für mein Benehmen bei unserer ersten Begegnung, und ich hoffe, du nimmst die Entschuldigung an.»

Ein kaum merkliches Zucken geht über ihr Gesicht – nur für den Bruchteil einer Sekunde –, aber ich sehe es. Sie läuft zu einem Tisch und nestelt an einem mit Frischhaltefolie verpackten Pie herum. «Schon okay. Ich bin drüber hinweg. Schließlich hast du nichts gesagt, was nicht stimmen würde. Dass ich Kohle brauche, ist offensichtlich.»

Der bittere Tonfall in ihrer Stimme – und das Wissen, dass ich daran schuld bin – macht meine Stimme scharf. «Olivia!»

Sie hebt den Blick, sieht mir direkt ins Gesicht. Und meine Stimme wird unweigerlich sanft. «Es tut mir leid. Wirklich.»

Der Blick aus diesen umwerfenden, dunkelblauen Augen hält meinen ein paar Sekunden lang gefangen, dann sagt sie leise: «Okay.»

«Okay», antworte ich genauso leise.

Sie blinzelt und reicht Simon den eingepackten Kuchen. «Den kannst du mitnehmen – ist zwei Tage alt, den verkaufe ich nicht mehr. Ist vielleicht ein bisschen trocken, dafür geht er aufs Haus.»

Simon grinst wie ein Wolf, dem man gerade ein verwundetes Schaf gebracht hat. «Du bist tatsächlich ein Engel.»

«Darf er sich eine Gabel mitnehmen?», frage ich. «Sonst muss ich mir auf der ganzen Fahrt seinen knurrenden Magen anhören.»

Grinsend reicht sie Simon eine Gabel.

Und ich gehe aufs Ganze. «Hast du Lust auf einen Kaffee, Olivia? Mit mir?»

Ich habe seit Jahren keine Frau mehr um ein echtes Date gebeten. Es fühlt sich seltsam an – erregend und gleichzeitig nervenaufreibend.

«Ich trinke keinen Kaffee. Das Zeug rühre ich nicht an.»

Ich lasse den Blick durch den Raum schweifen. «Du arbeitest in einem Coffee Shop!»

«Ganz genau.»

Ich nicke. «Aha. Verstehe. Dann also ein Abendessen. Hast du heute Abend Zeit? Ich könnte dich auf dem Rückweg abholen.»

Sie lacht unsicher. «Ich dachte, du hast keine Zeit, jemandem» – sie malt Gänsefüßchen in die Luft – *«den Hof zu machen.»*

«Es gibt Dinge, für die sollte man sich Zeit nehmen.»

Das bringt sie offensichtlich aus der Fassung. Sie fängt an zu stammeln. «Also … äh … ich gehe nicht aus.»

«Guter Gott! Warum denn nicht?» Meine Empörung ist echt. «Was für eine Verschwendung!»

«Verschwendung?»

«Du siehst umwerfend aus, du bist offensichtlich klug – du solltest ständig ausgeführt werden, und zwar vorzugsweise von einem Mann, der etwas davon versteht!» Ich lege mir die Hand auf die Brust. «Wie der Zufall es will, bin ich, was das Ausführen betrifft, unschlagbar. Das muss wohl Schicksal sein.»

Sie lacht, leicht und hell. Und ich fühle mich, als würde ich gerade die letzten Meter eines steilen Hangs hochklettern. Befriedigt. Mehr als nur ein bisschen siegreich. Doch ehe sie antworten kann, taucht plötzlich ein wildes Haarknäuel auf vier Pfoten neben ihr auf und gibt ein jaulendes Knurrgeräusch von sich.

«Ellie!», brüllt Olivia über ihre Schulter. «Hol Bosco wieder nach oben!»

«Was ist *das*?», will ich wissen.

«Das ist mein Hund.»

«Nein. Nein. Ich habe selbst Hunde. Hunde stammen vom Wolf ab. Das Ding da stammt im besten Fall von einer Ratte ab.» Ich wage einen zweiten Blick. «Einer sehr hässlichen Ratte.»

Sie nimmt das Minimonster auf den Arm, was es nicht daran hindert, weiter unablässig zu kläffjaulen. «Du beleidigst meinen Hund.»

«Das lag nicht in meiner Absicht – ich sage lediglich die Wahrheit.»

Zur Abwechslung. Und es fühlt sich phantastisch an. Trotzdem. Das Gekläffe muss aufhören. Sofort. Ich sehe dem Vieh in die winzigen Knopfaugen, schnipse mit den Fingern und sage: «Pst!»

Himmlische Ruhe flutet den Raum.

Olivias Blick geht von mir zu ihrem Hund. «Wie – wie hast du das gemacht?»

«Hunde sind Rudeltiere; sie fügen sich dem Anführer. Das da ist immerhin klug genug zu merken, wer hier der Boss ist.» Ich mache noch einen Schritt auf sie zu und atme ihren reinen, herrlichen Duft ein – sie riecht wie frischer Honig. «Mal sehen, ob das auch bei dir funktioniert.» Ich schnipse mit den Fingern. «Dinner. Wenn nicht heute, dann morgen.»

Sie setzt den Hund ab und stemmt die Hände in die Hüften, ärgerlich und gleichzeitig amüsiert.

«Ich bin kein Hund.»

Meine Augen – schmutzig und pervers, wie sie nun mal sind – gleiten genüsslich über jeden einzelnen erlesenen Zentimeter von ihr. «Nein ... definitiv nicht.»

Ihre Wangen färben sich rosa und lassen ihre schönen Augen fast violett wirken. Das macht mich unglaublich an.

Doch dann kommt noch jemand in den Raum geschossen – eine kleine Blondine, in einen giftgrünen Teddybademantel gehüllt und mit überdimensionalen SpongeBob-Schwammkopf-Puschen an den Füßen.

«Yessssss!!!! Die Schule fällt schon wieder aus.» Sie reckt eine Siegesfaust in die Luft. «Jippieh yeah!»

Dann sieht sie uns – und erstarrt. Sie weiß definitiv, wer ich bin.

«Hi? Wow!» Sie zeigt mit dem Finger auf Logan und sagt mit zitternder, horrorerstickter Stimme: «Nette Krawatte.»

Logan senkt den Blick auf das besagte Accessoire und nickt.

Sie sieht aus, als würde sie am liebsten im Erdboden versinken. Stattdessen nimmt sie den ‹Hund› auf den Arm und sagt mit erstickter Stimme: «Ich gehe nach oben und erschieße mich.»

Als sie weg ist, frage ich: «War das ein Witz?»

«Sie ist siebzehn. Hängt von der Tagesform ab.» Olivia wischt sich die zierlichen Hände an ihrem Rock ab. «Also. Das war sehr nett, danke fürs Vorbeischauen.» Sie winkt Simon zu. «Guten Appetit.»

Er lässt sich den Kuchen bereits schmecken und grinst ihr mit vollem Mund zu.

«Wir sehen uns … wahrscheinlich», sagt sie zu mir.

Ich trete auf sie zu, nehme ihre warme Hand in meine und lasse die Lippen sanft über ihre Knöchel gleiten. «Verlass dich drauf, Liebes.»

5

OLIVIA

Verlass dich drauf, Liebes.»

Wow! Was war das denn? Ich gehe nach oben in die Wohnung. Ich fühle mich wie ein Martini. Geschüttelt – und gerührt.

Die Typen, die ich kenne, Jack eingeschlossen, waren total entspannt und locker. Eher passiv. *Und? Was willst du heute Abend machen? – Keine Ahnung, und du? – Keine Ahnung.*

Nicholas ist ein völlig anderes Kaliber. Entschlossen. Männlich. *Ein Mann.* Ein Mann, der gewohnt ist, dass man tut, was er sagt. Jetzt, wo ich ihn nüchtern erlebt habe, ist dieser Unterschied nicht mehr zu übersehen. Schon allein seine Haltung – die breiten Schultern zurückgenommen, das Rückgrat aufgerichtet –, er hat die Präsenz von jemandem, der alles in seiner Umlaufbahn anzieht und in jedem den Wunsch weckt, ihm zu Willen zu sein.

Meine Güte, sogar Bosco hat aufs Wort gehorcht. Der Verräter. Aber ich kann's ihm nicht mal verdenken.

Verdammt, war der Typ heiß! Ich spüre jetzt noch seine Lippen auf meiner Hand. Das ging mir eben durch und durch. Ich meine, wer zum Teufel macht denn so was – einer Frau die Hand küssen? Jedenfalls keiner, den ich kenne, so viel steht fest. Die Stelle, wo er mich geküsst hat, fühlt sich heiß und kribbelig an. Wie gebrandmarkt. Auf gute Weise gebrandmarkt – markiert.

«Weißt du eigentlich, wer das war?» Ellie fällt kreischend über mich her.

«Pst! Dad schläft noch.»

Sie wiederholt die Frage im gebrüllten Flüsterton.

«Hm, irgendein reiches Arschloch und sein Freund, der echt auf Pies steht?»

Sie verdreht die Augen. «Sag mal, sind wir wirklich verwandt?» Sie zerrt mich in ihr Zimmer und knallt mir eine sechs Monate alte Ausgabe vom *People Magazine* um die Ohren. «Prinz Nicholas!»

Und da ist er, mitten auf dem Titelblatt – perfektes Lächeln, perfekte Grübchen, die perfekten Arme über der breiten Brust verschränkt, in dunkelblauem Kaschmirpullover über einem weißen Hemd. Der Typ sieht aus wie der feuchte Traum aller Oxfordstudentinnen. Ich will es nicht wahrhaben und reiße meiner Schwester trotzdem das Heft aus der Hand. Das erklärt auch den seltsamen Akzent, den ich nicht zuordnen konnte – weder britisch noch schottisch, sondern wessconisch. Und sein Auftreten – er ist nicht bloß Rudelführer, er ist der verdammte Thronfolger! Im Innenteil sind jede Menge Bilder. Ein Babyfoto, Nicholas an seinem ersten Schultag, mit weißem Rüschenhemd, eine Nahaufnahme als Teenager, mit direktem Blick in die Kamera, unglaublich mürrisch. Und auch jüngere Fotos – eines mit einer umwerfenden, hochgewachsenen blonden Schönheit im Arm, auf einer Dinnerparty, ein anderes in einem Sessel mit hoher Lehne während einer Parlamentssitzung.

Und – *oh Gott, oh Gott* – ein offensichtlicher Paparazzi-Schuss – grobkörnig, wie aus großer Entfernung mit dem Teleobjektiv aufgenommen, aber er ist es eindeutig. Irgendwo auf den Malediven kommt er gerade aus dem türkisblauen Wasser, mit glitzernder Haut, die nassen Haare zurückgestrichen ... und nackt. Seine Kronjuwelen zwar geschwärzt, aber die verheißungsvolle Linie aus dunklen Haaren vom Bauchnabel abwärts und die umwerfenden Muskeln sind unübersehbar. Meine Zunge kribbelt fast vor Verlangen, den Wölbungen zu folgen. *Oooh!* Ich würde am liebsten das Bild ablecken!

Eine kurze Textspalte wartet mit ein paar Fakten über sein Land und seine Herkunft auf. Er ist ein direkter Nachfahre von John William Pembrook, einem nordbritischen General, der sich im Schottischen Unabhängigkeitskrieg den südlichen Schotten anschloss. Er heiratete die Tochter von Robert the Bruce, dem schottischen König. Nach der schottischen Niederlage löste sich Pembrooks Koalition von beiden Mutterländern und gründete nach jahrelangen Kämpfen eine unabhängige Nation: Wessco.

Blut flutet meine Wangen, und mir wird furchtbar heiß. Mein Gott, er muss mich für unglaublich dämlich halten. Hat er gemerkt, dass ich ihn nicht erkannt habe? Was für eine dämliche Frage, natürlich hat er das gemerkt. *Ich habe ihm einen Pie ins Gesicht geklatscht! O Gott!*

Ellie reißt ihr rosa glitzerndes Handy vom Bett. «Das stelle ich aber so was von sofort auf Snapchat!»

Ich reagiere augenblicklich und völlig aus dem Bauch heraus. «Nein!» Ich nehme ihre Hände zwischen meine. «Mach das nicht. Dann kommen sie alle her und wollen ihn sehen. Das wird das reinste Irrenhaus!»

«Ja, genau!» Sie hüpft durchs Zimmer wie ein wildgewordener Flummi. «Das Geschäft wird laufen wie verrückt. Lass uns eine Kuchensorte nach ihm benennen. Den McHotty – König der Pies!»

Das wäre ziemlich schlau. *Los! Ran an den Speck!*, schreit der Teil in mir, der ernsthaft Schiss hat, bald auf der Straße zu sitzen. Trotzdem. Es fühlt sich falsch an. Ich bin mir zwar noch nicht sicher, ob Nicholas nicht doch das arrogante Arschloch ist, das er vorgestern hat raushängen lassen, und schuldig bin ich ihm auch nichts. Aber ihn deshalb ans Messer zu liefern, ihn zu benutzen, um mein Geschäft anzukurbeln und der Welt zu stecken, wo er höchstwahrscheinlich als Nächstes auftaucht, fühlt sich trotzdem an wie Verrat.

«Wenn du was postest, wird er nicht wiederkommen, Ellie.»

«Was? Was? WAS? Er kommt wieder?» Diese Möglichkeit entfacht ihre Begeisterung offensichtlich noch mehr als die Vorstellung von einer Million Likes.

«Ich ... ich glaub schon.»

Ein elektrisches Schaudern jagt mir den Rücken hoch. Weil ich *will*, dass er wiederkommt.

An Arbeit ist jedenfalls nicht zu denken. Ellie und ich nutzen den seltenen freien Tag zu einem improvisierten Spa Day. Wir nehmen ein Fußbad, rücken der Hornhaut an unseren Fersen mit dem Luffaschwamm zu Leibe und lackieren uns gegenseitig die Zehennägel. Wir klatschen uns Vaseline auf die Hände und schieben sie in dicke Baumwollsocken. Wir schmieren uns eine Mixtur aus Olivenöl und rohen Eiern auf den Kopf, wickeln die Haare in Frischhaltefolie und streichen uns eine Haferflockenmaske ins Gesicht – und all das, während im Hintergrund auf VH1 die *Big Eighties* laufen, ein Video-Marathon aus absoluten Kultklassikern: *Ghostbusters, St. Elmo's Fire, Dirty Dancing.* Zum krönenden Abschluss unseres Verschönerungsrituals zupfen wir uns gegenseitig die Augenbrauen – der ultimative Vertrauenstest.

Gegen vier Uhr nachmittags taucht Dad aus seinem Zimmer auf. Seine Augen sind müde und blutunterlaufen, aber wenigstens hat er gute Laune. Wir spielen ein paar Runden *Hearts*, ein Kartenspiel, das er uns beibrachte, als wir noch Kinder waren, dann kocht er für uns, Tomatensuppe und gegrillte Käsesandwiches. Für mich ist es das beste Abendessen seit langem – wahrscheinlich, weil zur Abwechslung mal jemand anderes für mich gekocht hat. Nachdem es dunkel geworden ist und ich mein

Spiegelbild im Fenster sehen kann, zieht Ellie ihre Stiefel an, wirft sich den Mantel über den Schlafanzug und geht ihre Freundin einen Block weiter besuchen. Dad folgt ihr kurz darauf – er will in die Bar, um sich mit den Jungs «das Spiel anzusehen».

Und ich? Kuschle mich in mein Bett und fühle mich im Schein der Sandelholz-Kokos-Aromakerze auf meinem Nachttischchen weich und entspannt und hübsch. Und dann widme ich mich endlich dem Vorhaben, das mir schon den ganzen Tag lang im Kopf herumgeistert.

Ich google Nicholas Pembrook.

Ich habe keinen Schimmer, ob das, was im Netz über ihn zu finden ist, tatsächlich stimmt. Und finden lässt sich wirklich alles, von seiner angeblichen Lieblingsfarbe (Schwarz) bis zu seiner Lieblingsunterhosenmarke (Calvin Klein). Selbstverständlich hat er einen eigenen Wikipedia-Eintrag. Er hat eine offizielle Website – und gefühlt zehntausend Fan-Sites. Sein Hintern hat einen eigenen Twitter-Thread (@HisRoyalArse) und mehr Follower als der Penis von Jon Hamm und Chris Evans' Bart zusammen.

Die Klatschseiten behaupten, er hätte praktisch jede Frau gevögelt, mit der er je gesprochen hat – von Taylor Swift (die ihm ein ganzes Album gewidmet hat) bis Betty White (die die beste Nacht ihres Lebens mit ihm hatte). Nicholas und sein Bruder Henry stehen sich offenbar sehr nahe und teilen ihre Leidenschaft für Polo und Philanthropie. Es heißt, Nicholas würde seine Großmutter, die Queen – eine freundlich wirkende, niedliche alte Dame –, anbeten und gleichzeitig die Tage zählen, bis sie endlich tot umfalle.

Ein paar Stunden später fühle ich mich wie eine Stalkerin. Außerdem bin ich mir inzwischen sicher, dass die meisten Artikel erstunken und erlogen sind. Ich will schon den Computer ausschalten, als mein Blick auf ein Video-Icon ganz oben in der Ergebniszeile fällt – den Ausschnitt einer Nachrichtensendung über die Beisetzung von Prinz Thomas und Prinzessin Calista. Ich klicke das Video an, und es beginnt mit einer Großaufnahme von zwei weißen, goldgefassten Särgen, die auf einer von Pferden gezogenen offenen Kutsche liegen. Weinende Menschen säumen die Straßen. Die Kamera macht einen Schwenk, und ins Bild kommen vier Menschen, die direkt hinter der Kutsche gehen. Die Queen und ihr Ehemann Prinz Edward sind in der Mitte. Neben ihnen schreitet ein Junge mit hellen Locken, Prinz Henry, und auf der anderen Seite Nicholas. Er trägt den gleichen schwarzen Anzug wie sein Bruder.

Nicholas war mit vierzehn schon so groß wie heute. Auf den Aufnahmen sind seine Wangenknochen noch nicht ganz so ausgeprägt, das Kinn wirkt weicher und die Schultern schmaler, trotzdem sieht er bereits sehr gut aus. Der Sprecher erklärt, in Wessco sei es Tradition, dass bei der Beisetzung eines Mitglieds des Königshauses der Herrscher sowie die Erben des Verstorbenen hinter dem Sarg zu schreiten hätten, während der Tote auf seinem letzten Geleit sämtliche Straßen der Stadt passiere, ehe in der Kathedrale der Trauergottesdienst abgehalten werde.

Meilenweit. Die beiden Jungen mussten meilenweit laufen, ehe sie ihre Eltern beerdigen durften.

Plötzlich bleibt Henry – damals zehn Jahre alt – stehen. Man sieht, dass ihm beinahe die Beine versagen. Er schlägt die Hände vors Gesicht und fängt an zu schluchzen.

Mir steckt ein dicker Kloß im Hals. Die Szene erinnert mich an Ellie, an dem Tag, als wir unsere Mutter beerdigten. Sie war untröstlich und hat so furchtbar geweint – und auf dem Bildschirm vor mir spielt sich dieselbe Verzweiflung ab. Mehrere quälende Sekunden lang scheinen die Menschen in Schockstarre zu verharren. Niemand bewegt sich; niemand versucht, ihn zu trösten. *Wasser, Wasser überall und doch kein Tropfen zu trinken.* Er könnte ebenso gut völlig allein mitten auf der Straße stehen.

Und dann, mit drei schnellen Schritten, ist Nicholas bei ihm, zieht seinen kleinen Bruder an sich und breitet wie einen Schutzschild die Arme um den kleinen Jungen. Henry reicht seinem Bruder nicht mal bis zur Brust – er birgt den Kopf an dessen Bauch, und Nicholas streichelt ihm sanft über die Haare. Dann hebt er den Kopf und starrt die Menschenmenge und die Kameras an, der Blick brennend vor Trauer und Bitterkeit. Nun winkt Nicholas einen Soldaten herbei. Offensichtlich hat der Fernsehsender tatsächlich einen Lippenleser an der Hand, denn sofort erscheinen Untertitel.

«Lassen Sie den Wagen vorfahren.»

Der Mann wirkt unsicher und macht Anstalten, sich an die Königin zu wenden – doch Nicholas' Tonfall hält ihn offensichtlich davon ab.

«Sehen Sie nicht zu ihr, sehen Sie zu mir! Ich bin Ihr Prinz – Sie tun, was ich Ihnen sage, und zwar sofort.» In dem Augenblick sieht Nicholas nicht aus wie ein vierzehnjähriger Junge. Er sieht überhaupt nicht aus wie ein Junge. Er sieht aus wie ein König.

Der Mann schluckt, verbeugt sich, und kurz darauf schiebt sich ein schwarzer Rolls Royce wie in Zeitlupe durch die Menschenmenge. Nicholas führt seinen Bruder zur Rückbank. Er geht vor der geöffneten Tür in die Hocke und wischt Henry mit einem Taschentuch über das Gesicht.

«Mum ist sicher schrecklich enttäuscht von mir», sagt Henry schluchzend.

Nicholas schüttelt den Kopf. «Nein, Henry. Niemals.» Er streicht seinem kleinen Bruder die blonden Haare aus dem Gesicht. «Ich werde für uns beide gehen. Wir treffen uns vor der Kathedrale und gehen gemeinsam hinein.» Er fasst Henry ans Kinn und versucht zu lächeln. «Wir schaffen das, wir beide. Du und ich. Okay?»

Henry schnieft und zwingt sich zu einem Nicken. Sobald Nicholas seinen Platz wieder eingenommen hat, setzt der Trauerzug sich erneut in Bewegung.

Ich klappe den Laptop zu. Mir bricht es fast das Herz vor Mitgefühl für diese beiden. Henry war ein kleiner Junge, und Nicholas – trotz Geld und Macht und dem ganzen vergoldeten Pipapo –, Nicholas Pembrook war an jenem Tag gar nicht so anders als ich. Nur ein Kind, das mit aller Kraft versucht, die Familie, die ihm geblieben ist, vor dem Zusammenbruch zu bewahren.

Am nächsten Tag scheint endlich wieder die Sonne, aber es ist eiskalt, und die Schneehaufen vor der Tür werden sicher nicht so schnell schmelzen. Der morgendliche Ansturm ist vorbei, und ich stehe an der Kasse und schlage eine Rolle Kleingeld auf, als jemand mit tiefer, melodischer Stimme eine Bestellung aufgibt.

«Einen großen Kaffee, bitte. Milch, kein Zucker.»

Ich hebe den Blick und sehe in graugrüne Augen. Ein Schauer läuft mir über die Haut, unmittelbar und unbezähmbar. «Du bist wieder da.»

«Im Gegensatz zu einer ziemlich schrägen, wenn auch sehr hübschen Frau, die ich neulich kennengelernt habe, mag ich Kaffee.»

Er ist lässig gekleidet, in eine stinknormale Jeans, dazu ein schwarzes Button-Down-Hemd. Außerdem hat er sich eine Baseballkappe tief in die Stirn gezogen. Der Anblick ist irgendwie witzig. Wahrscheinlich, weil er so *normal* wirkt. Ich muss lachen.

«Hübsche Kappe.»

Er ballt die Hand zur Faust. «Go, Yanks.»

«Glaubst du wirklich, das haut hin als Verkleidung?»

Die Frage überrascht ihn offensichtlich. Er sieht sich um – an den Tischen sitzen momentan nur zwei weitere Kunden, aber sie beachten ihn nicht. Er zuckt die Achseln. «Clark Kents Brille hat auch funktioniert.»

Die beiden Männer, die Nicholas nicht von der Seite weichen, haben heute noch einen dritten dabei. Sie setzen sich an einen Tisch in der Nähe der Tür. Zwar sind sie unauffällig gekleidet, doch ihre Wachsamkeit verrät sie.

«Und? Wer hat's dir verraten? Bist du von selbst drauf gekommen, oder ...» – er schnipst mit den Fingern dorthin, wo Ellie gestern Morgen ihren Freudentanz aufgeführt hat – «weißt du's von dem Früchtchen mit der Vorliebe für SpongeBob-Schlappen?»

«Ja, meine Schwester Ellie hat mich aufgeklärt.» Ich hätte gedacht, es wäre anders, jetzt, wo ich weiß, wer er ist. Aber das stimmt nicht. Bis auf den peinlichen Stich, den mir der Umstand versetzt hat, dass ich ihn nicht sofort erkannt hatte, provoziert sein Anblick in mir dieselben Gefühle wie gestern – kribbelnde, erregende Anziehung – und zwar nicht, weil er ein Prinz ist, sondern weil er ist, wie er ist. Umwerfend, sexy, atemberaubend.

Nicholas zahlt bar aus einer ledernen Brieftasche, und ich stelle ihm den Kaffee hin. «Du musst mich für komplett ahnungslos halten.»

«Nein. Gar nicht.»

«Muss ich jetzt einen Knicks machen oder so was?»

«Bitte nicht.» Die Grübchen treten in Erscheinung. «Es sei denn, du verspürst den Drang, es nackt zu tun. In dem Fall kannst du so viel knicksen, wie du nur willst.»

Er flirtet mit mir. Es fühlt sich an wie ein süßer, geschmeidiger, aufreizender Tanz – und es macht Spaß wie seit langem nichts mehr.

«Du kommst mir gar nicht vor wie ein ...» Ich senke die Stimme zu einem Flüstern. «... Prinz.»

«Das ist womöglich das schönste Kompliment, das ich jemals bekommen habe», flüstert er zurück. Er lehnt den Arm auf den

Tresen und beugt sich zu mir vor. «Hast du dir's anders überlegt, jetzt, wo du weißt, wer ich bin? Gehst du mit mir aus?»

Ich wette, einem Typen wie ihm – einem *Royal*, verdammt noch mal! – liegen die Frauen zu Füßen. Sprichwörtlich. Ich habe zwar wenig Erfahrung mit Flirts und Hinhaltetaktiken, aber eins haben mich meine Arbeit in diesem Laden und diese Stadt in Bezug auf Männer trotzdem gelehrt: immer schön den Ball flachhalten.

«Warum? Nur weil dir zufällig ein ganzes Land gehört? Soll mich das jetzt beeindrucken, oder was?»

«Die meisten Menschen sind tatsächlich beeindruckt.»

Und weiter geht der Tanz.

«Ich bin anscheinend nicht wie die meisten Menschen.»

Seine Augen sprühen Funken. Er grinst mich an. «Offensichtlich nicht.» Er deutet mit dem Kopf zu einem Tisch in der Ecke. «Also dann – ich sitze da drüben, falls du Lust hast, mir Gesellschaft zu leisten.»

«Willst du etwa den ganzen Vormittag hierbleiben?»

«So lautet der Plan. Ja.»

«Hast du nichts zu tun? Wichtige Dinge?»

«Wahrscheinlich schon.»

«Und weshalb gehst du dann nicht und tust, was ein Prinz tun muss?»

Er mustert mein Gesicht. Seine Augen bleiben an meinem Mund hängen, lange, als könne er sich von dem Anblick nicht losreißen. «Ich sehe dich gerne an.»

Wusch!, macht mein Magen, und alles dreht sich.

Lässig schlendert Nicholas zu seinem Tisch. Er sieht sehr zufrieden mit sich aus.

Kurz darauf kommt Marty aus der Küche. Mit plötzlich wildem Blick lehnt er sich zu mir und fängt an zu flüstern: «Schau nicht hin, aber da sitzt ein Promi!»

Als ich mich umdrehen will, packt Marty mich am Arm. «Nicht hinsehen, habe ich gesagt! Das da drüben ist Prinz Nicholas, oder ich heiße nicht Martin McFly Ginsberg.»

Ich glaube, Martys Mum war bei seiner Geburt auch auf Drogen.

Ich lege ihm fest die Hände auf die Schultern. «Ja. Er ist es – er war neulich Abend schon hier und gestern Morgen auch.»

Marty fängt an zu quietschen wie eine Sechzehnjährige, die gerade den Führerschein bestanden hat. «Wieso hast du mir nichts davon erzählt?»

Ich zitiere *Pulp Fiction*, in der Hoffnung, dass sein absoluter Lieblingsfilm die Macht hat, ihn vor dem völligen Ausflippen zu bewahren. «Bitch, be cool. Mach kein Drama.»

«Bitch, be cool? Weißt du, was du da von mir verlangst? Sein Poster hing jahrelang über meinem Bett. Ich hab immer gehofft, dass er insgeheim in meiner Mannschaft spielt.»

Ich werfe einen verstohlenen Blick über die Schulter, um nachzusehen, ob Nicholas uns beobachtet. Tut er. Er winkt.

«Ich fürchte, ich kann mit Sicherheit sagen, das ist nicht der Fall», sage ich zu Marty.

Er seufzt. «Das erklärt, weshalb seine Augen deinen Hintern verfolgen wie eine Katze den Laserstrahl.» Er schüttelt den Kopf. «Typisch – die Guten sind entweder hetero oder verheiratet.»

6

NICHOLAS

Es bereitet mir perverses Vergnügen, dabei zuzusehen, wie Olivia Hammond sich bewegt. Peepshows sind noch nie wirklich mein Ding gewesen, aber plötzlich kann ich dem Konzept etwas abgewinnen.

Einerseits ist es quälend – dieser neckische Hüftschwung, mit dem sie von Tisch zu Tisch schwebt, der aufreizende Anblick ihres niedlichen Hinterns, wenn sie sich nach vorne beugt, um Geschirr abzuräumen, dieser Hintern, der nur darauf wartet, geknetet und gebissen und verwöhnt zu werden. Aber es liegt auch ein leise schwelendes Vergnügen darin – wenn ihr umwerfender Mund ein herzliches Willkommenslächeln formt, die weiche Harmonie ihrer Stimme, das Gefühl, das diese exotisch dunkelblauen Augen in mir auslösen, wenn sie mich hin und wieder streifen. Ich breite mit großer Geste die Zeitung aus – um mir zumindest den Anschein von Höflichkeit zu geben –, aber den größten Teil der Zeit starre ich sie einfach nur an. Unverblümt. Nein. *Unverschämt* trifft es besser. Meine Etikettelehrerin dreht sich bestimmt im Grab um. Trotzdem. Es ist mir scheißegal. Ich kann nicht anders.

Ich will Olivia haben. In meinem Bett, auf meinem Schwanz, über meinem Gesicht. Und ich will, dass sie es weiß.

Außerdem kann man einiges über Menschen lernen, die man beobachtet. Olivia Hammond arbeitet hart. Das lässt sich an der Art ablesen, wie sie ihren Nacken massiert, wie sie den Rücken durchsteckt; sie ist erschöpft, aber sie macht weiter.

Olivia ist ein netter Mensch. Das wird deutlich, als sie sich meinen Leuten nähert und sich vorstellt. Ich muss innerlich lachen, als die Jungs ihr zögernd ihre Namen nennen – Logan, Tommy, James. Sie sind es nicht gewohnt, im Zentrum der Aufmerksamkeit zu stehen; es steht in krassem Widerspruch zu ihrer Jobbeschreibung. Aber dann zwinkert Tommy ihr zu, und mir bleibt das Lachen im Hals stecken.

Unverschämter Typ – ich werde ihn im Auge behalten.

Olivia ist warmherzig. Das zeigt sich, als sie die Medikamente über den Tresen reicht, die sie für ihre Nachbarin aus der Apotheke geholt hat, und sich dann sträubt, als die alte Dame darauf besteht, ihr die Auslagen zu ersetzen.

Und Olivia ist gutgläubig – zu gutgläubig. Das fällt mir bei der Auseinandersetzung mit einer unangenehmen, gutgekleideten Kundin auf, die wegen des Wetters eine Bestellung über fünfzig Pies storniert. Obwohl Olivia ihr erklärt, dass sie die Zutaten bereits gekauft hat – und dreißig der fünfzig Pies schon gebacken sind –, lässt die Frau sie eiskalt abblitzen mit dem Argument, ohne schriftliche Auftragsbestätigung sei das Olivias Problem, nicht ihres.

Um kurz nach zwei am Nachmittag betritt ein Kunde mit dickem Hals und vermutlich durch Doping aufgepumpten Muskeln den Coffee Shop. Durch die unnatürlich dicken Oberarme sieht sein Kopf winzig aus. Erbsenkopf, wäre ein guter Spitzname für ihn. Er trägt ein Rippentop und schwarze Radlershorts, die so eng sind, dass ich unwillkürlich mein eigenes Gehänge zurechtrücke. Er betritt den Laden, als sei er Stammkunde hier, mit einem weiß blondierten, umpa-lumpa-farbenen Mädchen im Arm, das zwischen aufgespritzten Lippen einen Kaugummi zerplatzen lässt.

«Jack», sagt Olivia zu ihm. «Hallo!»

«Liv! Na, alles fit im Schritt?»

«Ja, alles gut.» Olivia lehnt sich gegen den Tresen.

Er mustert sie eindringlich von Kopf bis Fuß, und ich würde ihm am liebsten die Augen rausreißen. «Mann, wie lange ist das her? Fünf Jahre? Ich hätte nicht gedacht, dass du immer noch hier bist.»

Olivia nickt. «Tja. Immer noch hier. Und du?»

«Läuft. Ich habe letztes Jahr an der Illinois State meinen Abschluss gemacht und bin wieder nach Hause gekommen, um in meinem alten Viertel ein Fitnessstudio zu eröffnen. Zusammen mit meiner Verlobten – Jade.» Er wendet sich der Frau zu, die an seinem Arm klebt. «Jade, das ist Liv.»

«Hallo.»

«Hi», antwortet Olivia. «Wow! Freut mich für dich, Jack.»

Er streckt ihr einen Stapel Visitenkarten hin. «Ja, also, ich bin unterwegs, um die Dinger hier zu verteilen. Könntest du die bei dir auf die Theke legen? Mach ein bisschen Mundpropaganda für uns – in ein paar Wochen ist Eröffnung.»

Olivia nimmt die Karten. «Klar. Kein Problem.»

«Danke, Liv. Bist die Beste.» Sie sind schon in der Tür, als er sich noch einmal umdreht und sagt: «Schön, dich zu sehen. Ich dachte echt, du hättest es inzwischen woandershin geschafft. Aber na ja – manche Dinge ändern sich wohl nie, oder?»

Was für ein widerliches Arschloch.

Olivia lächelt gezwungen. «Stimmt wohl. Also. Mach's gut.»

Seine Flamme im Arm, wankt Jack breitbeinig zur Tür raus.

Olivia schüttelt den Kopf, unbewusst wahrscheinlich. Dann kommt sie mit der Kaffeekanne zu mir an den Tisch. «Nachschub?»

Ich schiebe ihr die Tasse hin. «Ja. Danke.»

Ich lehne mich zurück und beobachte sie beim Einschenken.

«Also ... Jack. Dein Exfreund?»

Eine leichte Röte überzieht ihre Wangen. Was für eine niedliche Reaktion – mein Schwanz ist ganz meiner Meinung und wird steif.

«Ja. Jack und ich waren mal zusammen, auf der Highschool.»

«Also, wenn Jack in Sachen Dates alles ist, worauf deine Erfahrung basiert, verstehe ich, weshalb du nicht ausgehst. Auf mich wirkt er wie ein Volltrottel.» Ich sehe in ihr hübsches Gesicht. «Du kannst definitiv was Besseres haben.»

«Dich zum Beispiel?»

«Absolut.» Ich deute mit einladender Geste auf den Stuhl gegenüber. «Ich finde, darüber sollten wir uns dringend unterhalten – über die Du-kannst-mich-haben-Sache.»

Sie lacht. «Okay. Mal im Ernst. Kommst du mit solchen Sprüchen sonst eigentlich durch?»

«Ich sage solche Sachen sonst nicht – niemals.»

«Zu mir aber schon, oder wie?» Sie tritt an den Tisch, stützt die Hände auf die Platte und beugt sich über mich. Mein Herz pocht so laut, dass ich mich frage, ob sie es hören kann.

«Ja. Zu dir würde ich am liebsten noch ganz andere Sachen sagen.» Diese neuentdeckte Freiheit, die ich mir im Umgang mit ihr erlaube, fühlt sich entspannt und leicht und prickelnd an. Wahrscheinlich liegt es daran, dass ich mich vor ihr sowieso schon völlig zum Affen gemacht habe – und ist der Ruf erst ruiniert ... Mir kommen jede Menge unangemessene, herrlich schmutzige Kommentare in den Sinn – aber noch bevor ich Olivia auch nur einen davon zuraunen kann, räuspert sie sich und richtet sich wieder auf.

«Wo ist eigentlich Simon?», fragt sie mit Blick auf den leeren Stuhl.

«Er musste nach Hause. Dringende geschäftliche Angelegenheiten. Er ist in aller Frühe geflogen.»

«Was macht er für Geschäfte?»

Ich hebe die Tasse zum Mund, blase sanft darüber und erwische Olivia dabei, wie sie mir auf die Lippen starrt.

«Ihm gehört Barrister's.»

«Welche Filiale? Die in Wessco?», fragt sie nach.

«Alle siebenunddreißig.»

«Ja, klar.» Sie lacht. «Wie dumm von mir.»

Kurze Zeit später stehe ich auf, um pinkeln zu gehen – die Wirkung von vier Tassen Kaffee an einem Vormittag. Auf dem Weg zur Toilette komme ich an dem anderen Kellner vorbei – Marty, hat sie ihn, glaube ich, genannt. Er ist mit einem Müllsack über der Schulter auf dem Weg zur Hintertür. Er nickt mir freundlich zu, und ich lächle zurück.

Sobald die Tür hinter ihm ins Schloss gefallen ist, ertönt von draußen ein schrilles Quieken – es klingt wie ein ganzer Stall voller Mastschweine. Ich kenne diese Reaktion … und finde sie trotzdem jedes Mal wieder befremdlich.

Als ich von der Toilette zurückkomme, sind meine Leute plötzlich sichtlich angespannt. Logans Kiefer sind zusammengepresst, Tommy hat auf dem Tisch die Fäuste geballt, und James ist halb auf den Beinen, quasi zum Sprung bereit.

Ich sehe mich um und verstehe sofort, weshalb.

Der Gastraum ist bis auf einen einzigen Mann leer – einen kleinen, glupschäugigen Kerl mit billigem Anzug und süßlichem Aftershave. Er hat Olivia in die Ecke gedrängt und steht viel zu dicht vor ihr.

«Das reicht nicht, Ms. Hammond. Sie können unsere Zahlungsaufforderungen nicht einfach ignorieren.»

«Das ist mir klar, aber Sie müssen sich an meinen Vater wenden. Und der ist im Augenblick nicht da.»

Er beugt sich noch weiter vor. Olivia steht praktisch mit dem Rücken an der Wand. «Ich lasse mich nicht länger verarschen. Sie schulden uns einen Riesenhaufen Geld, und das müssen Sie zurückzahlen, so oder so.»

Olivia versucht, an ihm vorbeizukommen, doch er packt sie am Arm. Und drückt zu.

Augenblicklich ist es um meine Contenance geschehen. «Nehmen Sie die Pfoten von ihr.» Meine Stimme bleibt leise; es ist unnötig, laut zu werden. Es liegt auch ohne Lautstärke eine knallharte Autorität darin, ein Nebeneffekt davon, ein Leben lang Befehle zu erteilen.

Er blickt auf – beide sehen mich an – und lässt Olivias Arm los. Ich gehe auf sie zu. Er macht den Mund auf, um sich zu beschweren, dann erkennt er mich, und ihm bleiben die Worte im Hals stecken.

«Sie ... Sie sind doch ...»

«Wer ich bin, spielt keine Rolle», sage ich eisig. «Die Frage ist, wer zum Teufel sind Sie?»

«Ich bin ... Ich bin Stan Marksom vom Inkassobüro Willford.»

«Ich habe alles unter ...», fängt Olivia an, doch ich schneide ihr das Wort ab.

«Gut, Marksom, wie die Dame bereits sagte, ihr Vater ist nicht da, und ich schlage vor, Sie machen sich wieder auf den Weg. Sofort.»

Nicht ahnend, in welcher Gefahr er schwebt, plustert sich der kleine Kerl auf und tönt: «Das ist eine Angelegenheit zwischen den Hammonds und mir. Das geht Sie gar nichts an.» Er dreht sich wieder zu Olivia um, doch ich mache einen großen Schritt und stelle mich vor sie.

«Ich habe es soeben zu meiner Angelegenheit gemacht.»

Wie gesagt, die meisten Menschen sind völlige Idioten – und der hier ist geradezu ein Musterexemplar.

«Nicholas, das ist …»

So. Zum ersten Mal hat Olivia meinen Namen gesagt, und ich kann es nicht genießen – kann weder den Klang auf ihren Lippen auskosten noch ihren Gesichtsausdruck sehen. Und das nur wegen dieses Pissers vor mir. Das macht mich rasend.

Ich schnipse mit den Fingern. «Karte.»

«Was?»

Ich trete vor, zwinge ihn zurückzuweichen – mal sehen, wie es ihm schmeckt, in eine Ecke gedrängt zu werden.

«Ihre Visitenkarte.»

Er angelt eine angegraute Visitenkarte mit Eselsohr aus der Tasche.

«Ich werde Ihre Karte an Mr. Hammond weiterleiten. Und jetzt raus hier. Da ist die Tür – ziehen Sie Leine, ehe ich nachhelfe.»

Als er weg ist, wende ich mich Olivia zu, um zu sehen, ob es ihr gutgeht. Zugegeben, ein bisschen Dankbarkeit erwarte ich schon von ihr. Vielleicht mit dem Mund – ihrem auf meinem, unterstützt von ihren Händen in meinem Haar –, und wenn sie wirklich richtig dankbar ist, vielleicht reibt sie sich dann sogar ein bisschen mit ihren wunderbaren Hüften an mir.

Und was tut Olivia? Sie gibt's mir mit dem Mund. Aber wie.

«Für wen zum Teufel hältst du dich?» Die Hände kommen auch zum Zug, Olivia stemmt sie in ihre Hüften. Sie ist knallrot vor Wut. Mein Schwanz reagiert augenblicklich.

«Soll ich dir jetzt meine Titel aufzählen?»

«Das hier geht dich absolut gar nichts an! Du kannst nicht einfach hier reinspazieren und … und … mir nichts, dir nichts den Laden übernehmen!»

«Ich habe dir geholfen.»

«Ich habe nicht um deine Hilfe gebeten!», fährt sie mich an. «Ich hatte die Sache im Griff!»

«Im Griff, nennst du das? War das, bevor oder nachdem er dich in eine Ecke geschubst hat?» Mein Blick geht zu ihrem Unterarm, auf dem rote Flecken zu sehen sind. *Fingerabdrücke.* Sie wird mit Sicherheit Blutergüsse davon zurückbehalten. «Dieser Hurensohn!» Sanft, aber bestimmt fasse ich Olivia an Handgelenk und Ellenbogen und untersuche ihren Arm. «Ich hätte dem Schwein eine mitgeben sollen.»

Olivia zieht den Arm weg. «Wenn er Prügel verdient hätte, hätte ich das selbst erledigt. Ich weiß wirklich nicht, was du dir einbildest, jedenfalls brauche ich keinen Prinzen, der auf seinem weißen Ross hier angetrabt kommt. Ich kann mich sehr gut selbst um meinen Laden und um mich kümmern – okay?» Sie streicht sich die Haare aus dem Gesicht und prustet laut. «So. Das waren für heute genug gute Taten, ich würde vorschlagen, du gehst.»

Ich muss schlucken. «Was? Wirfst du ... wirfst du mich raus?» Es gibt Frauen, die einen Eierstock opfern würden, um mich zu halten – und die hier setzt mich mit einem Arschtritt vor die Tür? Völlig grundlos? Echt jetzt?

«Ja. Ja, ich glaube, genau das mache ich.»

Ich strecke die Hände aus. «Gut. Bin schon weg.» Aber nicht sofort. «Du bist völlig irre.» Ich tippe mir gegen die Schläfe. «Weißt du, bei dir ist wirklich eine Schraube locker. Das solltest du bei Gelegenheit mal anschauen lassen.»

Sie reckt mir den Mittelfinger entgegen. «Und du bist ein royaler Arsch. Also mach die Tür gefälligst von draußen zu.»

Und genau das mache ich.

Scheiße noch mal, die Frau ist wirklich völlig durchgeknallt. Ja, sie ist umwerfend, unbestritten, aber sie hat ernsthafte Probleme. Und eine meiner wichtigsten Regeln lautet: Steck deinen

Schwanz nicht in ein Mädchen, das ihn dir hinterher womöglich abschneiden will. Wutschnaubend sitze ich auf der Fahrt ins Hotel auf der mittleren Rückbank des SUV.

«Darf ich Ihnen einen Rat geben, Sir?», meldet Tommy sich zu Wort.

Gut möglich, dass ich laut vor mich hin gemurmelt habe.

«Halt die Klappe, Tommy», sagt Logan vom Fahrersitz.

Unmittelbare Nähe sorgt automatisch für Vertrautheit, und mein Security-Team arbeitet bereits seit einigen Jahren in dieser Konstellation für mich. Die Männer sind jung, alle Mitte zwanzig, aber hinter ihrem jugendlichen Aussehen verbergen sich tödliche Fähigkeiten. Sie sind wie ein Rudel deutscher Schäferhundwelpen. Ihr Gebell mag vielleicht nicht viel Angst einflößen, doch ihre Bisse sind trotzdem tief.

«Schon gut.» Ich begegne im Rückspiegel Tommys hellbraunen Augen. Er sitzt auf der Bank hinter mir. «Nur zu.»

Er kratzt sich am Kopf. «Ich glaube, das Mädel war verlegen.»

«Verlegen?»

«Ja klar. Ich kenne das von meiner jüngeren Schwester, Janey. Sie sieht wirklich gut aus, aber irgendwann mal hatte sie einen fiesen Eiterpickel auf der Stirn. Er war riesig, sie sah damit aus wie ein Schwanzhorn. Und sie wollte ...»

«Was zum Teufel ist ein Schwanzhorn?»

«Nur so ein Ausdruck.»

James dreht sich nach hinten zu Tommy um, die blauen Augen zusammengekniffen. «Ein Ausdruck wofür?»

«Für ... für jemanden, dem was vorne aus der Stirn wächst, das aussieht wie ein Schwanz. Schwanzhorn wie Einhorn.»

«Müsste es dann nicht Einschwanz heißen?»

«Jetzt reicht's», mischt Logan sich ein. «Schluss mit dieser dämlichen Diskussion über Einhörner oder Schwanzhörner oder was auch immer ...»

«Aber das ist doch völlig unlogisch!», setzt James sich zur Wehr.

«... und lass Tommy seine Geschichte erzählen. Sonst werden wir nie erfahren, worum's eigentlich geht.»

James wirft frustriert die Hände in die Luft. «Na gut, meinetwegen. Aber es ist trotzdem unlogisch.»

Nur für's Protokoll, was die Logik betrifft, wäre ich auch eher für Einschwanz.

Tommy erzählt weiter: «Okay. Also, Janey kommt mit Brandon, einem Typen aus der Nachbarschaft, aus der Schule nach Hause. Sie steht seit Wochen auf ihn. Und unser Dad kommt ausnahmsweise früher von der Arbeit und sitzt vor dem Haus auf der Treppe. Er sagt: ‹Hey, Janey, wenn du willst, lauf ich in die Apotheke und hol dir eine Salbe für das Monster da auf deiner Stirn.› Und Janey flippt völlig aus – kreischt meinen Vater an wie eine Irre. Ich meine, der arme Kerl wollte nur helfen. Aber dabei ist mir was klargeworden: Kein Mädchen will seine Probleme unter die Nase gerieben kriegen – Janey wusste selbst, dass sie wie ein Schwanzhorn aussah, das musste ihr niemand ins Gesicht sagen. Und schon gar nicht vor einem Typen, den sie heiß fand.»

Er sieht mich durch den Rückspiegel an. «Das hat was mit Stolz zu tun, verstehen Sie? Es geht nicht darum, dass Miss Hammond keine Hilfe von Ihnen will; vielleicht ist es ihr nur furchtbar peinlich, dass sie Hilfe braucht.»

Am nächsten Morgen lasse ich meinen Besuch bei Amelia's ausfallen. Nicht weil ich noch sauer auf Olivia wäre, sondern weil ich einen wichtigen Termin habe – der Besuch eines Kinderheims in der Bronx steht auf dem Programm, das von der weltweit agierenden Wohltätigkeitsstiftung meiner Eltern gegründet wurde.

Es handelt sich um eine Privateinrichtung, die sich um verwaiste Kinder kümmert – als Alternative zur überlasteten Waisenhilfe in New York.

Ich treffe mich mit dem Leiter, einem enthusiastischen Mann in mittleren Jahren mit müden Augen. Er führt mich durch den Schlafsaal, die Turnhalle, die Mensa. Man sieht dem Ort an, mit welcher Mühe versucht wurde, ihn etwas fröhlicher zu gestalten – buntgestrichene Wände und Bilder –, aber das Haus wirkt trotzdem wie ein Gefängnis. Neugierige Blicke verfolgen jede meiner Bewegungen.

Wir gehen auf den Spielplatz, einen eingezäunten Hof mit Betonboden und einem einzelnen Basketball-Korb. Ich bitte den Leiter, sich mit meinem Sekretariat in Verbindung zu setzen – weil Kinder zumindest eine Schaukel brauchen.

In Bezug auf Wohltätigkeit sagte mein Vater immer, den Menschen zu helfen wäre einfach – der wirklich schlafraubende Part wäre die Entscheidung, wem man den Vorzug gibt, wem man welches Budget zugesteht. An New York hatte er solches Interesse, weil einer seiner besten Freunde hier unter erbärmlichen Umständen im Waisenhaus aufgewachsen war.

Auf dem Hof sind ein paar Kinder mit Malkreiden beschäftigt, während auf der anderen Seite eine zweite Gruppe Basketball spielt, aber mein Blick wird von einem etwa sieben Jahre alten Jungen in einem roten T-Shirt angezogen, der am Spielfeldrand sitzt. Ich kann nachempfinden, wie es ihm geht. Als Teenager hatte ich mehr *Freunde*, als ich je brauchen würde – alle suchten meine Nähe. Aber als kleiner Junge hatte ich als Kuriosität gegolten. Meine Stellung hatte mich zum Außenseiter gemacht.

Kinder können unglaublich grausam sein.

Während ich auf den Jungen zugehe, höre ich, dass Logan in meinem Rücken das Personal ermahnt: «Keine Fotos.»

Große braune Augen, die mir erzählen, dass sie schon viel zu viel gesehen haben, mustern mich mit offener Neugierde.

«Hallo.»

«Hi.» Ich strecke die Hand aus. «Ich bin Nicholas.»

Er schüttelt sie. «Freddie.»

«Schöner Name. Ich heiße mit zweitem Vornamen auch Freddie. Das bedeutet ‹friedlicher Herrscher›.»

Der Kleine scharrt mit der Spitze seines abgewetzten Turnschuhs im Kies. «Sind Sie wirklich ein Prinz?»

«Ja.»

«Sie sehen nicht aus wie ein Prinz.»

Ich klopfe meine Taschen ab. «Mist, ich glaube, ich habe meine Krone in dem anderen Anzug gelassen. Ständig lasse ich das dämliche Ding irgendwo liegen.» Ich werde mit einem spontanen Lächeln und einem Kichern belohnt. «Hast du keine Lust zu spielen, Freddie?»

Er zuckt die Achseln.

«Gefällt es dir hier?» Ich kenne die Berichte – Gesundheitsprotokolle, Notenstatistiken –, aber wenn man wissen möchte, was an solchen Orten wirklich vor sich geht, sollte man sich an die Quelle halten.

«Ist schon okay.» Er nickt. «Früher habe ich bei meiner Tante gewohnt – die war nett. Aber sie ist gestorben.»

Die Traurigkeit dieser wenigen Worte trifft mich wie ein Nadelstich. «Das tut mir leid.»

Er nickt. Das hat er alles schon gehört, aber Worte ändern nichts. «Die Erzieher hier sind nett; sie sind meistens lustig. Aber meine Tante hat mir immer Kekse gebacken. Hier kriegen wir nie Kekse.»

«Lustig sein ist gut, aber Kekse sind besser, oder?»

In sein Gesicht kommt ein bisschen Leben. Wir verstehen uns.

«Ja, genau. Wissen Sie, was die uns hier zum Nachtisch geben?»

«Was?», frage ich alarmiert.

«Obstsalat!»

Ich verziehe angewidert das Gesicht. «Oh, nein! Wirklich Obst?»

«Ja! Und zwar ohne Schlagsahne! Obst ist doch kein Nachtisch.» Er wackelt mit dem Zeigefinger. «Darüber sollten Sie hier mal mit jemandem sprechen. Denen mal den Kopf waschen.»

«Das setze ich ganz oben auf meine Liste.» Mir kommt eine Idee. Eine sehr gute Idee sogar. «Freddie? Magst du vielleicht Pie?»

Er sieht mich erschrocken an. «Pie mag doch jeder, oder? Da ist zwar auch Obst drin, aber es ist *Pie*!»

Der Heimleiter kommt auf uns zu. «Alles in Ordnung, Prinz Nicholas? Kann ich irgendwas für Sie tun?»

«Allerdings», sage ich und lasse den Blick abschätzend über den Hof schweifen. «Können Sie mir einen Bus besorgen?»

Eine Stunde später stolziere ich wie der Rattenfänger von Hameln bei Amelia's zur Tür hinein – mit fünfzig Kindern im Schlepptau. Olivia steht hinter dem Tresen und macht riesengroße Augen. Der Kinderschwarm flutet den Coffee Shop wie kleine, niedliche Heuschrecken.

«Hey! Was ist denn hier los?»

Ich deute auf den kleinen Kerl neben mir. «Olivia, das ist Freddie. Freddie, das ist Olivia.»

«Wie läuft's?», fragt er lässig.

Olivia schenkt ihm ein unglaublich süßes Lächeln. «Freut mich, Freddie.»

Mit halbgeöffnetem Mund raunt er mir zu: «Sie hatten recht. Die ist echt hübsch.»

«Sag ich doch», flüstere ich zurück.

«Olivia?», sage ich zu ihr. «Wir haben ein sehr dringendes Problem.»

«Klingt nach was Ernstem», frotzelt sie.

«Allerdings!», meldet Freddie sich zu Wort.

«Mein Freund Freddie hat seit Monaten keinen anständigen Nachtisch mehr gekriegt.»

«Seit *Monaten*!», wiederholt Freddie empört.

Ich sehe Olivia tief in die Augen. «Du hast nicht zufällig noch dreißig Pies irgendwo rumstehen, oder?»

Auf ihrem Gesicht spiegelt sich Freude. Und Dankbarkeit.

«Doch, rein zufällig schon.»

♛

Zwei Stunden später ist von den dreißig Kuchen kein Krümel mehr übrig – und Olivia und ich sehen Seite an Seite zu, wie fünfzig ausgelassene, mit Kuchen vollgestopfte Kinder zur Tür hinauswackeln.

Freddie klatscht mich ab, ehe er geht. «Mach's gut, Nick.»

«Mach's besser, Freddie.» Ich zwinkere ihm zu.

Als auch der Letzte eingestiegen und der Bus abgefahren ist, bleiben nur wir beide zurück, Olivia und ich, allein.

«Hast du das gemacht, um mich zu beeindrucken?»

Ich schiebe die Hände in die Hosentaschen und wippe auf den Absätzen. «Vielleicht. Und? Hat's funktioniert?»

«Ja.»

Ich kann mir ein Grinsen nicht verkneifen. «Gut. Aber ehrlich gesagt, ging es mir nicht nur darum, bei dir zu punkten. Einer der Vorteile meines Jobs ist, dass man Kinder wie Freddie glücklich machen kann. Wenn auch nur für einen Tag.»

Sie lächelt. «Du kannst gut mit den Kids umgehen.»

«Ich mag Kinder. Sie haben noch keine Hintergedanken.»

Wir sehen uns an. Auf einmal hängt bleischwer heftiges Verlangen zwischen uns in der Luft – und ungesagte Worte.

«Tut mir leid, dass ich gestern ausgerastet bin», sagt Olivia leise.

«Schon okay.»

«Nein.» Sie schüttelt den Kopf. Eine Locke löst sich aus dem wirren Knoten und fällt ihr ins Gesicht. «Ich habe überreagiert. Es tut mir leid.»

Ich greife nach der Locke und reibe sie zärtlich zwischen meinen Fingerspitzen. «Ich werde mich bemühen, meine Nase nicht mehr in deine Angelegenheiten zu stecken.» Ich kann nicht widerstehen. «Stattdessen werde ich mich weiter auf den Versuch konzentrieren, sie endlich zwischen deine Schenkel zu kriegen.»

Olivia verdreht lachend die Augen. Dann erstirbt ihr Lachen, und sie holt tief Luft – wie jemand vor seinem allerersten Bungee-Sprung.

«Frag mich noch mal, Nicholas.»

Es ist regelrecht beängstigend, wie sehr ich den Klang meines Namens auf ihren Lippen mag. Nicholas könnte mein neues Lieblingswort werden. Ganz schön arrogant, sogar für meine Verhältnisse.

«Ich möchte mit dir ausgehen, Olivia. Heute Abend. Was sagst du dazu?»

Sie antwortet mit einem Wort, das mir im Moment noch lieber ist als der Klang meines Vornamens: «Ja.»

7

OLIVIA

Ich habe ein Date. *Scheiße, Scheiße, Scheiße!*

«Wie findest du das hier?»

Ich habe ein Date mit einem umwerfenden, grünäugigen Sexgott auf zwei Beinen, der in der Lage ist, mich nur durch den Klang seiner Stimme zum Orgasmus zu bringen.

«Darf ich die Wahrheit sagen? *Unsere Kleine Farm* hat angerufen. Nellie Oleson will ihr Kleid zurück.»

Ach ja, und er ist auch noch ein Prinz. Ein echter, lebendiger, adeliger Prinz – der einer Frau die Hand küsst und Waisenkinder glücklich macht ... und der mir an die Wäsche will. *Scheiße, Scheiße, Scheiße!*

Aber er ist nicht zu hundert Prozent der Ich-reite-auf-einem-weißen-Ross-gute-Kerl. Er kann manchmal ein ganz schönes Arschloch sein. Aber das ist schon okay. Ich mag's, wenn Typen auch mal böse sind. Das macht's doch erst interessant. Aufregend.

Ich habe nur ein Problem.

«Und was ist damit?» Ich halte einen schwarzen Hosenanzug in die Luft.

«Super! Als Hillary Clinton aus dem Jahr 2008 auf der nächsten Halloweenparty.»

Ich habe nichts anzuziehen.

Wenn wir Frauen sagen, wir hätten nichts anzuziehen, meinen wir damit normalerweise, wir haben nichts *Neues* anzuziehen. Nichts, das uns das Gefühl gibt, schön zu sein, oder das die Pfunde kaschiert, die wir leider zugelegt haben, weil wir in letzter Zeit mal wieder ein bisschen zu tief in den Becher mit gesalzenem Karamelleis geschaut haben. Liegt es an mir, oder gibt es momentan tatsächlich alles in dieser Geschmacksrichtung? Gesalzenes Karamell ist mein ganz persönliches Kryptonit.

Bei mir ist die Lage allerdings wirklich ernst, wie meine liebenswerte Schwester so freundlich bemerkt, während sie sich durch meinen Kleiderschrank wühlt.

«Himmel, Liv! Hast du dir eigentlich nach 2005 irgendwann mal was Neues zum Anziehen gekauft?»

«Neue Unterwäsche? Erst letzte Woche?»

Bikini-Schnitt, Baumwolle, in Pink und Knallblau. Gab's im Sale, aber ich hätte sie auch zum Normalpreis genommen. Weil ich keine Lust habe, mit grau gewaschenen, löchrigen Höschen in der Notaufnahme rumzuliegen, falls mich doch mal ein irregewordener Taxifahrer über den Haufen fährt oder mir auf der Straße wer eins überzieht. So tief werde nicht mal ich sinken.

«Wie wär's dann nur mit Unterwäsche und Trenchcoat?» Ellie lässt anzüglich die Augenbrauen wackeln. «Irgendwie habe ich das Gefühl, das würde His Royal Hotness gefallen.»

Ich habe das Gefühl, sie hat recht.

«Interessanter Vorschlag ... aber ich habe keinen Trenchcoat. Leider.»

Zur Arbeit trage ich einen schwarzen Rock und eine weiße Bluse – und ich arbeite immer. Außerdem besitze ich einige Jeans, alte Pullover, noch ältere T-Shirts, mein Konfirmationskleid und den Hosenanzug von meinem Schulabschluss.

Ich lasse mich dramatisch aufs Bett fallen. So, wie man sich rückwärts in einen Pool plumpsen lässt ... oder vom Hochhaus stürzt.

«Ich würde dir ja was leihen», sagt Ellie, «aber ...»

Was sie andeutet, ist: Ich bin eins siebenundsechzig. Ich habe große Brüste – ziemlich hübsche sogar – und einen runden Hintern, auch wenn ich nicht Kim Kardashian bin. Ellie dagegen ist eins fünfzig und kauft ihre Klamotten immer noch bei GAPKids.

Ich nehme mein Handy und suche die Telefonnummer des Hotels, die Nicholas vorhin dort eingespeichert hat. Seine private Handynummer hat er mir nicht gegeben, aber die unterliegt wahrscheinlich der Geheimhaltung, aus Sicherheitsgründen oder so.

«Ich rufe ihn jetzt an und sage die Wahrheit. Ich sage einfach: ‹Keine Ahnung, was du heute Abend vorhattest, aber wir müssen's leider lässig halten. Jeans und T-Shirt, du weißt schon.›»

Ellie stürzt sich auf mich und reißt mir das Telefon aus der Hand. «Spinnst du?» Sie springt vom Bett. «Wenn du Jeans und T-Shirt willst, geh mit Donnie Domico aus – der würde ein Ei opfern, um mit dir essen zu gehen. Bei Prinz Nicholas gibt's kein *lässig*. Das macht der nicht.»

Und ich? Ich bin der Inbegriff von *leger*. Ich habe weder Zeit noch Kraft für Styling und Gedöns. Nichts an mir ist Uptown Girl – und trotzdem will Prinz Nicholas was mit mir machen. Will *es* mit mir machen. O Gott! Jetzt klinge ich schon wie er!

Ich hebe den Kopf. «Das weißt du doch gar nicht.»

Ellie klappt meinen Laptop auf und scrollt sich ein paar Klicks später durch haufenweise Bilder von Nicholas – im Anzug, im Smoking, wieder im Anzug. Manche Fotos zeigen ihn allein, aber wenn eine Frau an seiner Seite ist, dann im Abendkleid – schimmernd, umwerfend, göttlich.

«Bei dem ist das Lässigste ein Cocktailkleid.»

Sie hat recht, und ich habe noch zwei Stunden, bis er mich abholt. Das ist nicht mal ansatzweise genug Zeit, um loszusprinten und mir was zum Anziehen zu kaufen. Abgesehen davon, dass das den Einsatz der Nur-im-äußersten-Notfall-bei-akuter-Lebensgefahr-Kreditkarte nötig machen würde. Ich komme mir vor wie in einer Reality-TV-Show: Hilfe, das ist ein absoluter

Notfall! Nur dass bei mir jetzt kein Kamerateam mitsamt guter Make-up-Fee aus dem Bad gesprungen kommt.

Moment mal ... Ich glaube, mir fällt was ein. Ich rolle mich vom Bett, rase quer über den Flur, durchs Wohnzimmer und reiße die Tür auf.

«Marty! Komm rauf! Ich brauche dich!»

Fünf Minuten später steht Marty in meinem Zimmer und starrt ungläubig den Haufen Klamotten an, den ich ihm in den Arm gedrückt habe. «Was soll ich denn damit? Zur Heilsarmee bringen?»

Ich wedele verzweifelt in der Luft rum. «Du musst mir helfen. Das da» – ich deute auf die Klamotten und dann mit ausgestrecktem Zeigefinger auf das Bild von Nicholas mit einer großen Blondine in einem sehr sexy fuchsiafarbenen Neckholder-Kleid – «in so was zu verwandeln.»

Das klingt irrer, als es ist – ich habe Marty nämlich schon außerhalb des Coffee Shops erlebt, und er ist ein begnadeter Stylist. Elegant, lässig und immer mit einem gewissen funkelnden Extra.

Kurz betrachtet er den Kleiderberg, dann wirft er die Sachen aufs Bett. «Also, Liebelein, ich erklär dir jetzt mal was. Du bist eine wunderschöne Frau, innen und außen, aber ich weiß nun mal, dass ich auf Schwänze stehe, seit ich zwölf bin. Gib mir einen großen, dunkelhaarigen Möchtegernholzfäller, und ich ziehe dir den so umwerfend an, dass du ihn nicht mal zu Chanukka würdest auspacken wollen.» Er umreißt mit dem Zeigefinger meine Silhouette. «Aber das da? Tut mir leid, da kenne ich mich nicht aus.»

Ich schlage die Hand vor die Augen. Was habe ich mir eigentlich gedacht? Warum um alles in der Welt habe ich eingewilligt, mit Nicholas auszugehen? Das wird der absolute Reinfall.

Sanft zieht Marty mir die Hand vom Gesicht. Er tippt mich

an die Nase – und grinst. «Aber ich kenne jemanden, der so was kann.»

♛

Wie sich rausstellt, hat Bibbidy, Martys größte kleine Schwester, einen neuen Job als Rezeptionistin bei City Couture – einem Hochglanzmodemagazin. Und das bedeutet, sie hat den Schlüssel zum Paradies, auch bekannt als *Der Musterraum:* ein mystischer, magischer, kaufhausgroßer Raum, vollgestopft mit Kleidern und Gewändern jeglicher Form, Farbe und Größe sowie mit allen möglichen Schuhen und sämtlichen der Menschheit bekannten Accessoires. Und Bibbidy kann sich während der Dienstzeit hemmungslos dort bedienen – natürlich nur, solange ihre teuflische Chefin, die Cruella De Vil aussehen lässt wie einen süßen Sonnenschein, es nicht merkt.

Bibbidy ist sofort bereit, sich für mich in Gefahr zu begeben – ganz wohl fühle ich mich nicht dabei.

Marty beschwichtigt mich und behauptet, sie stehe immer noch knietief in seiner Schuld, weil sie seinen geliebten, wenn auch schon vorher schrottreifen Chevy Nova in der Highschool zu Klump gefahren hat.

Also taucht vierzig Minuten später Bibbidy Ginsberg, beladen mit Kleidersäcken und Tüten, in unserer Wohnung auf. Und so kommt es, dass ich wiederum eine Stunde später ein hellblaues, ärmelloses Alexander-McQueen-Schmuckstück am Leibe trage, rückenfrei, mit einem Saum, der ein paar Zentimeter über dem Knie endet. Das Kleid gibt mir das Gefühl, schön zu sein. Gleichzeitig bin ich immer noch ich – nur eben eine elegantere, auf Hochglanz polierte Version. Ellie verwandelt meine Haare mit ihrem heiligen Glätteisen in einen schwarzen, langen, glänzenden Vorhang, während ich mich schminke – ein bisschen Puder, ein Hauch Rouge, drei Lagen Mascara und mattroter Lippenstift, der die Konturen meiner Lippen betont, die Nicholas offensichtlich so verrückt machen.

«Und jetzt die Krönung!», ruft Bibbidy und schwenkt wie einen Zauberstab ein Paar schwarz glänzender Stiefeletten mit Mörderabsatz durch die Luft.

«Mhmmm», macht Marty zustimmend. «Wenn das keine Fick-mich-Stiefelchen sind.»

«Die kann ich nicht anziehen», versuche ich mich zu wehren. «Damit breche ich mir das Genick. Draußen liegt Schnee.»

«Du gehst genau fünf Schritte vom Coffee Shop bis zum Auto», sagt meine Schwester. «Du willst nicht zum Wandertag, Liv.»

Bibbidy deutet auf den Laptop – auf dem immer noch Nicholas in seiner ganzen Pracht zu sehen ist. «Echt? Mein Bruder hat mich also nicht verarscht? Der da ist dein Date?»

Ich muss mich schwer zusammenreißen, um nicht loszukreischen wie ein Teenie. «Ja.»

Sie versinkt einen Moment lang im Anblick des Fotos. «Oh, doch, Süße. Du trägst definitiv die Fick-mich-Stiefelchen.»

Und damit ist es beschlossen.

Zwanzig Minuten später bin ich unten im Laden und warte – im Stehen, um nicht jetzt schon die ersten Falten in mein Kleid zu knittern. Es ist fast dunkel, nur die gedimmte Deckenlampe über dem Tresen und ein paar blinkende Lichterketten auf den Tischen am Fenster spenden dem Raum ein wenig Dämmerlicht.

Ich schließe die Augen und verspreche mir hoch und heilig, nie in meinem ganzen Leben zu vergessen, wie es sich anfühlt. Dieser Augenblick. Dieser Abend. Diese Nacht.

Denn ich stehe direkt an der berühmten Kante – an jenem

aufregenden, wunderbaren Abgrund, in dem Moment, wo noch alles perfekt ist, wo alle Träume und Vorstellungen davon, wie dieser Abend werden wird, rein sind und makellos. Ich – geistreich, witzig, unwiderstehlich; Nicholas – sexy und charmant und zuvorkommend. Unser heftiger, gewagter Flirt, das Verlangen zwischen uns. Wir werden lachen, wir werden tanzen, wir werden uns einen Gutenachtkuss geben. Und vielleicht noch mehr.

Ich bin Dorothy, die hinabblickt auf die Smaragdenstadt. Ich bin Wendy, die sich nach einer Prise Feenstaub in die Lüfte erhebt. Ich bin ... jetzt muss ich lachen ... ich bin Cinderella, die ihre Kutsche besteigt, um zum Ball zu fahren.

Und falls es nur diesen einen Abend geben sollte, diese einzige Nacht: Das Gefühl, das ich jetzt gerade habe, werde ich niemals vergessen. Ich werde die Erinnerung daran hüten wie einen Schatz, sie nähren und pflegen. Sie wird mir schwere Zeiten ein bisschen leichter machen und einsame Momente ein bisschen wärmer. Wenn Ellie morgens zur Schule geht, wenn ich tagtäglich schon vor dem Morgengrauen in der Küche stehe, um zu backen, werde ich mich an diesen Abend erinnern, an dieses Gefühl, und dann werde ich lächeln.

Ich schlage die Augen auf.

Nicholas steht vor der Ladentür und beobachtet mich durch die Scheibe. Sein Blick ist warm, und Hitze glüht darin. Und dann, ganz langsam, breitet sich ein Lächeln auf seinem Gesicht aus, breit und groß, und die unwiderstehlichen Grübchen haben ihren Auftritt. Meine Brust zieht sich in einer überraschenden Gefühlsaufwallung zusammen. Und ungebeten und wie von selbst lächle auch ich.

Er tritt durch die Tür und bleibt wenige Schritte vor mir stehen. Stumm mustern wir einander. Seine schwarzen Schuhe sind auf Hochglanz poliert – ich frage mich, ob jemand noch einmal

Hand angelegt hat, ehe er aufgebrochen ist. Er trägt dunkelgraue, maßgeschneiderte Hosen. Der dünne Stoff zeigt jede einzelne Bewegung seiner muskulösen, wohlgeformten Schenkel – und, angedeutet, seinen prächtigen Schwanz. Ich versuche wirklich, mich zu beherrschen. Aber ich starre trotzdem hin. Außerdem trägt er ein silbergraues, tailliertes Hemd – ohne Krawatte –, die beiden obersten Knöpfe stehen offen, und ich reibe die Fingerkuppen aneinander, weil es mich so juckt, ihn dort zu berühren. Ich kann mich kaum zusammenreißen. Das Outfit wird von einem schwarzen Sportblazer abgerundet, eng geschnitten und eindeutig teuer. Auf seinen Wangen liegt ein Hauch Bartstoppeln, und auch dort will ich ihn anfassen. Die Kombination aus Bartschatten und ein paar widerspenstigen braunen Strähnen, die ihm in die Stirn fallen, lassen ihn wie einen charmanten Schurken wirken. Sein Anblick macht mir weiche Knie, und meine Brüste fangen an zu prickeln.

Dann, endlich, sehen wir einander in die Augen – er starrt mich immer noch an, die Lippen leicht geöffnet. Sein Gesichtsausdruck ist unmöglich zu deuten. Der Augenblick dehnt sich in die Länge, und in meinem Magen entfaltet sich ein nervöses Gefühl wie eine Knospe, eine Pflanze, deren Ranken sich bis um meine Stimmbänder schlingen.

«Ich ... ich wusste nicht genau, was du heute Abend vorhast. Du hast mir nichts weiter gesagt.»

Ein Blinzeln dieser umwerfend langen Wimpern, doch noch immer kein Wort. Ich zeige in Richtung Küche. «Ich kann mich noch mal umziehen, wenn das ...»

«Nein!» Nicholas macht mit erhobener Hand einen Schritt auf mich zu. «Nein. Nicht. Du bist ... das ist absolut perfekt.» Er sieht mich an, als würde er nie wieder damit aufhören wollen. «Ich ... ich hatte nicht erwartet ... ich meine, du siehst zauberhaft aus ... aber ...»

«Gibt es nicht einen Film über einen stotternden König?» Gott sei Dank. Meine Schlagfertigkeit hat mich doch nicht verlassen. «Ist der mit dir verwandt?»

Nicholas gluckst. Und ich schwöre, ich sehe es genau: Er wird ein bisschen rot. «Nein. In meiner Familie wird nicht gestottert.» Er schüttelt den Kopf. «Du hast mich einfach nur umgehauen. Das ist alles.»

Ich strahle ihn an. «Danke sehr. Du siehst auch ziemlich schnucklig aus, Prince Charming.»

«Nein, bitte nicht. Ich kenne jemanden, der sich wegen seines Titels für Prince Charming hält. Ein Arschloch erster Güte.»

«Puh. Nachdem du gerade ein paar meiner Kindheitserinnerungen mit hässlicher Realität zerstört hast, hoffe ich nur, das Date hält, was du versprichst.»

«Verlass dich drauf.» Er hält mir die Hand hin. «Wollen wir?»

Meine Hand gleitet wie von selbst in seine. Als wäre es die natürlichste Sache der Welt. Als gehöre sie genau dorthin.

8

NICHOLAS

Olivia ist nervös. Als ich sie zum Wagen führe, zittert ihre Hand leicht in meiner. Außerdem sehe ich den schnellen Pulsschlag in der kleinen Mulde ihrer zarten Kehle. Der Anblick weckt das Raubtier in mir – wenn sie flieht, werde ich sie definitiv jagen. Erst recht in diesem Kleid. Und den Hammerstiefeln. Bei ihrem Anblick war in meinem Kopf ein paar Augenblicke lang nur Raum für eine einzige Phantasie: Ich schäle sie aus diesem blassblauen Stoff – langsam, in Zeitlupe. Ihre Hände krallen sich in meine Schultern, ihre Fingernägel fahren über meinen Nacken. Ich höre die Geräusche, die sie dabei macht – lautes Keuchen und leises Wimmern, das ich ihr von den Lippen lecke. Ich hebe sie auf einen Tisch, hier in ihrem Coffee Shop, und nehme sie auf jede Weise, die ich mir vorstellen kann – und noch ein paar mehr, auf die ich bis jetzt noch nicht gekommen bin.

Und die ganze Zeit hat sie dabei diese Stiefel an.

Doch neben der Lust weckt ihre Nervosität meinen Beschützerinstinkt. Das Bedürfnis, den Arm um sie zu legen und ihr zu sagen, dass alles gut wird. Ich glaube nicht, dass es in ihrem Leben jemanden gibt, der diese Rolle erfüllt.

Als James die Wagentür öffnet, streichele ich mit dem Daumen sanft kleine, beruhigende Kreise in ihre Handfläche.

Olivia winkt ihm zu.

«Guten Abend, Miss.»

Kaum sitzen wir im Auto, begrüßt sie Logan und Tommy auf den Vordersitzen.

Logan nickt und lächelt sie durch den Rückspiegel an.

«Hallo, Miss Olivia», sagt Tommy – und zwinkert ihr schon wieder zu. *Dieser kleine Wichser.*

Ich fahre die Trennscheibe hoch, und wir sind allein. Das Glas dient dem Sichtschutz und ist – so gut wie – schalldicht. Sie müsste meinen Namen schon sehr laut schreien, damit vorne jemand etwas mitbekommt, aber ich wette, das würde ich hinkriegen.

«Du musst das nicht tun, weißt du?» Ich deute mit dem Kinn nach vorn.

«Was? Höflich sein?»

«Sie würden dich nicht für unhöflich halten, nur weil du nicht Hallo sagst. Es sind gute Jungs, Olivia, aber es sind auch meine Angestellten, und meine Angestellten erwarten nicht, angesprochen zu werden. Sie sind wie ... Möbelstücke. Sie bleiben unbemerkt, bis man sie braucht.»

«Wow.» Olivia lässt sich gegen die lederne Rückbank sinken und mustert mich abschätzend. «Da ist jemand aber ziemlich aufgeblasen.»

Ich zucke die Achseln. «Berufsrisiko. Und so überheblich es klingen mag, es stimmt trotzdem.»

Sie schiebt sich die Haare hinter das Ohr, ein wenig unruhig, so als würde sie es nicht oft offen tragen. Was ziemlich schade ist.

«Sind sie immer bei dir?»

«Ja.»

«Auch, wenn du zu Hause bist?»

«Ja. Dort gibt es auch Security. Und Zimmermädchen. Und meinen Butler.»

«Dann bist du nie ... allein? Kannst du nie einfach mal nackt rumlaufen, wenn dir danach ist?»

Ich stelle mir Fergus' Reaktion vor, wenn ich mit nackten Eiern auf meinem Queen-Anne-Sofa aus dem sechzehnten Jahrhundert rumgammeln würde – oder noch besser, die Reaktion meiner Großmutter. Ich muss lachen.

«Nein. Kann ich nicht. Aber die interessantere Frage lautet – läufst du nackt zu Hause rum?»

Sie hebt eine Schulter hoch. Sehr verführerisch. «Manchmal.»

«Gut. Morgen bleiben wir bei dir», sage ich und meine es völlig ernst. «Den ganzen Tag. Ich sage alle Termine ab.»

Olivia drückt meine Hand, wie um mir zu sagen, ich soll mich benehmen, aber der zarte Hauch Rosa auf ihren Wangen verrät, dass sie unser Geplänkel genießt. «Also … wenn ich neulich dein Angebot angenommen hätte und mit dir ins Hotel gefahren wäre, wären sie dabei gewesen, während wir …»

«Gevögelt hätten? Ja. Aber nicht im selben Zimmer – ich stehe nicht auf Publikum.»

«Das ist so schräg. Der ultimative Walk of Shame, nur dass man nicht bis zum nächsten Morgen warten muss.»

«Wie meinst du das?»

Olivia senkt beschämt die Stimme, obwohl die Jungs sie nicht hören können. «Sie hätten genau gewusst, was wir tun, uns vielleicht sogar gehört. Wie im Studentenwohnheim.»

«Das würde voraussetzen, dass es sie interessiert – aber das tut es nicht.» Ich hebe ihre Hand an meine Lippen und küsse sie sanft. Ihre Haut ist weich wie eine Rosenblüte. Ob sie überall so weich ist? «Wenn ich aufs Klo gehe, merken sie das auch, aber es steht auf der Liste der Dinge, über die sie nachdenken, nicht wirklich weit oben.»

Olivia sieht mich zweifelnd an. Wenn der Abend so enden soll, wie ich mir das vorstelle, muss sie über die Sache mit meinem Security-Team hinwegkommen. Gut. Herausforderung angenommen.

Ich bin die neugierigen Blicke und das Geflüster hinter vorgehaltenen Händen gewohnt, wenn ich mich in der Öffentlichkeit bewege – wie ein Löwe im Zoo es gewohnt ist, wenn nervige Kinder gegen die Glasscheibe schlagen, und nur auf den Tag wartet, an dem sie zerbricht. Ich bemerke es eigentlich gar nicht mehr, und so ist es auch jetzt, als wir in das Séparée im hinteren Teil des Restaurants geführt werden.

Im Gegensatz zu Olivia. Und sie nimmt Anstoß daran. Sie wirft den starrenden Stammgästen böse Blicke zu, bis sie gezwungen sind, sich abzuwenden. Als würde sie mich in Schutz nehmen. Für mich einstehen. Es ist ziemlich niedlich.

Die übereifrige Kellnerin beugt sich näher zu mir als nötig und wirft mir offenherzige, einladende Blicke zu. Das ist auch normal für mich. Und es entgeht Olivia nicht, doch in diesem Fall scheint sie sich interessanterweise weniger sicher zu sein, wie sie sich verhalten soll. Also reagiere ich an ihrer Stelle – lasse sanft, aber besitzergreifend meine Hand auf ihrem Rücken ruhen und führe sie zu ihrem dickgepolsterten Sessel. Nachdem ich selbst Platz genommen habe, lasse ich den Arm auf der Lehne von Olivias Sessel ruhen, die Hand so nah bei ihr, dass ich jederzeit, wenn ich wollte, ihre nackte Schulter streicheln könnte, und mache auf diese Weise eindeutig klar, dass sie die einzige Frau ist, an der ich heute Abend Interesse habe.

Nachdem der Sommelier uns eingeschenkt hat – Olivia möchte lieber Weißwein, weil sie von Rotwein «sofort unterm Tisch liegt» –, tritt der Küchenchef zu uns an den Tisch, um sich vorzustellen und das Menü zu präsentieren, das er eigens für uns kreiert hat. Dann sind wir endlich allein.

«Und? Führst du den Coffee Shop mit deinen Eltern?»

Olivia nippt an ihrem Wein, und die kleine rosa Zungenspitze schnellt hervor, um an der Unterlippe zu lecken.

«Nein. Wir sind nur zu zweit, mein Dad und ich. Meine

Mutter ... ist vor neun Jahren gestorben. Ein Raubüberfall in der U-Bahn.» In ihrer Stimme liegt der leise Widerhall von Schmerz – ein Schmerz, mit dem ich nur allzu vertraut bin.

«Das tut mir leid.»

«Danke.» Sie zögert einen Moment, unsicher, dann sagt sie: «Ich habe dich gegoogelt.»

«Ach?»

«Und bin auf das Video von der Beisetzung deiner Eltern gestoßen.»

Ich nicke. «Das scheinen die Suchmaschinen besonders zu mögen.»

Sie lächelt traurig. «Ich habe damals die Berichterstattung nicht verfolgt, aber ich weiß noch, dass es den ganzen Tag live im Fernsehen lief. Auf allen Kanälen.» Ihre Augen schimmern feucht. «Der Tag, an dem wir unsere Mum beerdigt haben, war der schlimmste Tag meines Lebens. Es muss schrecklich für dich gewesen sein, vor den Augen der Weltöffentlichkeit da durchzumüssen. Vor laufenden Kameras und den ganzen Fotografen.»

An diesen Teil unseres Lebens denken die wenigsten. Die meisten denken nur an das viele Geld, die Schlösser, den Ruhm, die Privilegien. Aber nie an die harten Seiten. Die menschlichen Seiten.

«Es war schrecklich», sage ich leise. Dann hole ich tief Luft und schüttle die Traurigkeit ab, die sich in unser Gespräch geschlichen hat. «Aber, um mit den unsterblichen Worten von Kanye West zu sprechen: *Was mich nicht umbringt, macht mich nur härter.*»

Sie lacht, und wie alles an ihr, ist auch ihr Lachen entzückend. «Ich hätte nicht gedacht, dass jemand wie du Kanye West hört.»

Ich zwinkere. «Ich stecke voller Überraschungen.»

Noch vor dem ersten Gang treten andere Gäste des Restaurants zu uns an den Tisch. Ich stelle Olivia vor und unterhalte mich kurz mit ihnen über ein paar geschäftliche Themen. Als sie wieder gegangen sind, starrt Olivia mich mit großen Augen an.

«Das war der Bürgermeister.»

«Ja.»

«Und Kardinal O'Brien, der Erzbischof von New York.»

«Richtig.»

«Das sind die beiden mächtigsten Männer der Stadt.»

Ich lächle, weil ich sie beeindruckt habe. Wieder mal. Manchmal ist es doch nicht so schlimm, ich zu sein. «Das Königshaus von Wessco arbeitet mit beiden in diversen Angelegenheiten zusammen.»

Sie senkt den Blick und zerpflückt das Brötchen auf ihrem Brotteller in winzige Brösel.

«Du kannst mich alles fragen, Olivia, kein Grund zur Schüchternheit. Bitte.» Schüchternheit hat in den Plänen, die ich mit dieser Frau habe, nun wirklich keinen Platz. Ich will sie unverschämt, wild, ungehemmt.

Olivia isst ein Stückchen Brot, den Kopf leicht geneigt, und mustert mich – offensichtlich in Gedanken. Und ich? Bin völlig verzaubert von ihrer Art zu kauen. *Gott im Himmel, was für ein merkwürdiges Detail.* Nachdem sie runtergeschluckt hat und die blasse, weiche Haut über ihrer Kehle sich auf äußerst erotische Weise bewegt hat – na ja, zumindest ist das in meinen Augen erotisch –, fragt sie: «Warum hast du seinen Ring nicht geküsst?»

Ich trinke einen Schluck Wein. «Ich stehe über ihm.»

Olivia fängt an zu grinsen. «Du stehst über dem Erzbischof? Und was ist mit dem Papst? Bist du ihm je begegnet?»

«Dem amtierenden noch nicht, aber seinem Vorgänger wurde ich vorgestellt, als er zu Besuch in Wessco war. Damals war ich acht. Auf mich wirkte er wie ein anständiger Kerl – er roch nach

Karamellbonbons. Er hatte Süßigkeiten in den Taschen seiner Gewänder. Er gab mir ein Bonbon und segnete mich.»

«Hast du ihm den Ring geküsst?» Sie wirkt inzwischen entspannter, die Fragen kommen ihr leichter von den Lippen.

«Nein, habe ich nicht.»

«Warum nicht?»

Ich beuge mich vor, näher zu ihr hin, die Ellbogen auf den Tisch gelehnt – Großmutter wäre entsetzt. Aber gegen Olivias himmlischen Duft hat die Etikette keine Chance. Heute riecht sie nach Rosen mit einem Hauch von Jasmin – wie ein geheimer Garten an einem lauen Spätfrühlingsabend. So verstohlen wie möglich atme ich tief ein. Ich habe nur einen einzigen Wunsch: Meine Nase zwischen ihren Brüsten zu versenken und dann langsam abwärtszugleiten, ihr Kleid anzuheben und mit dem Gesicht zwischen ihren weichen, samtigen Schenkeln abzutauchen. Dort würde ich bleiben, und zwar die ganze verdammte Nacht lang. Mein Schwanz presst sich gegen die Hose wie ein Gefangener gegen die Gitterstäbe.

Wie lautete noch mal die Frage?

Ich nehme noch einen Schluck und streiche unauffällig mit der Hand über die Wölbung in meiner Hose, um mir Erleichterung zu verschaffen. Vergeblich. «Verzeih mir, Olivia, was hast du gesagt?»

«Weshalb hast du den Petrusring nicht geküsst?»

Ich habe den Ständer meines Lebens, und wir unterhalten uns über Seine Heiligkeit. *Einfache Fahrt zur Hölle? Gekauft.* «Die Kirche lehrt, dass der Papst Stellvertreter Christi auf Erden ist und ihm näher steht als jeder andere Mensch. Könige jedoch stammen ... zumindest der Sage nach ... *direkt* von Gott ab. Und das bedeutet, der einzige Ring, den ich küsse, ist der Ring meiner Großmutter – denn sie ist der einzige Mensch auf Erden, der über mir steht.»

Olivia mustert mich von Kopf bis Fuß und zieht frech eine Augenbraue hoch. «Glaubst du das tatsächlich?»

«Dass ich vom Allmächtigen abstamme?» Ich schenke ihr ein teuflisches Grinsen. «Manche Frauen sagen, mein Schwanz sei ein Geschenk des Himmels. Davon solltest du dich heute Abend dringend selbst überzeugen. Du weißt schon ... aus religiösen Gründen.»

«Sehr geschickter Themenwechsel!» Sie lacht.

«Um deine Frage zu beantworten: Nein. Ich glaube nicht daran.» Olivia lässt meine Hand nicht aus den Augen, während ich mir mit dem Daumen über die Unterlippe streiche. Dann sage ich, wie neuerdings so oft, was ich wirklich denke: «Ich glaube, es ist eine Geschichte – eine von vielen Geschichten, die Menschen benutzen, um ihre Vormachtstellung über andere zu rechtfertigen.»

Sie denkt einen Moment nach, dann sagt sie: «Ich habe im Internet ein Foto deiner Großmutter gesehen. Sie wirkt wie eine nette alte Dame.»

Ich sage schon wieder, was ich wirklich denke: «Meine Großmutter ist eine Schreckschraube mit einem Stück Granit an der Stelle, wo das Herz sein sollte.»

Olivia verschluckt sich an ihrem Wein. Dann tupft sie sich mit der Serviette die Lippen ab und sieht mich an, als wüsste sie genau, was ich denke. «Mit anderen Worten ... du liebst sie.»

Als ich trocken die Augenbrauen hochziehe, fügt sie hinzu: «Wenn es um Familie geht, dann beleidigen wir nur die, die wir wirklich lieben. Meiner Erfahrung nach.»

Ich beuge mich zu ihr und flüstere: «Ich gebe dir recht. Aber verrat mich nicht. Das würde mir Ihre Majestät nie verzeihen.»

Sie tätschelt meine Hand. «Bei mir ist dein Geheimnis sicher.»

Der Hauptgang wird serviert. Lachs, angerichtet auf kunstvoll arrangierten Wirbeln aus leuchtend orangefarbener und grüner

Soße und garniert mit einem komplizierten Gebilde aus violettem Kohl und Zitronenschale.

«Wie hübsch das ist!», seufzt Olivia. «Fast zu schade zum essen.»

Ich grinse. «Hübsche Dinge vernasche ich am liebsten.»

Wetten, ihre Muschi ist hübsch?

Während wir essen, fließt das Gespräch so leicht wie der Wein. Wir unterhalten uns über alles und nichts – über meine Zeit an der Uni, darüber, was ich tue, wenn ich keine öffentlichen Termine absolviere, die vielen unsichtbaren Kleinigkeiten, die dazugehören, einen Coffee Shop zu führen, und über die Kindheit in einer Stadt wie New York.

«Meine Mum hat mir jede Woche drei Dollar in Quarters gegeben», erzählt Olivia. «Damit ich sie nicht ständig nervte, weil ich unterwegs den Obdachlosen was geben wollte. Ich versuchte, das Geld gerecht zu verteilen. Ich hatte keine Ahnung, wie wenig ein Vierteldollar wert ist – ich dachte tatsächlich, ich würde helfen, und ich wollte möglichst vielen helfen. Wenn die Leute ein Tier dabeihatten – einen Hund oder eine Katze –, hat mich das immer besonders getroffen, und ich habe ihnen gleich zwei oder drei Münzen auf einmal gegeben. Ich glaube, ich habe damals schon kapiert, dass Menschen echte Arschlöcher sein können – Tiere hingegen sind immer unschuldig.»

Als die Nachspeise serviert wird – ein mit Sorbet gefülltes luftiges Teiggebilde auf einem Bett aus Vanillecreme und Karamell –, sind wir beim Thema Geschwister angelangt.

«… und mein Vater hat das Geld aus der Lebensversicherung meiner Mutter in einen Fonds gesteckt. Es kann nur zu Ausbildungszwecken benutzt werden, und das ist auch gut so, weil es sonst längst weg wäre.»

Wie viele New Yorker spricht Olivia mit großen Gesten – ihre Hände bewegen sich unablässig durch die Luft wie zwei graziöse Tauben.

«Es reicht gerade mal für Ellies erstes Semester an der NYU. Aber um das zweite mache ich mir Sorgen, wenn es so weit ist. Ellie will natürlich im Studentenwohnheim wohnen. Aber ich mache mir Sorgen um sie. Ich meine, ich bin überzeugt, dass sie die Welt verändern kann ... wirklich ..., Krebs heilen oder das nächste große Ding nach dem Internet erfinden. Aber was den Alltag anbelangt? Sie vergisst ständig, wo sie den Hausschlüssel hingetan hat, und sie kapiert nicht, dass man für ein Scheckbuch auch ein Konto braucht, das wenigstens ab und zu gedeckt ist. Ellie ist total naiv. Phishing-Mails wurden für Menschen wie meine Schwester erfunden.»

Ich beuge mich vor und nicke. «Ich weiß, was du meinst. Mein Bruder Henry hat unglaublich viel Potenzial, und er schießt es mit Freuden in den Wind. Nach dem Video, das du vorhin erwähnt hast, nannte die Presse ihn den Jungen, der den Gang nicht gehen konnte, den Prinzen, der seiner Rolle nie gewachsen sein würde. Henry tut seitdem alles dafür, diese Prophezeiung zu erfüllen.»

Olivia hebt das Glas. «Auf kleine Geschwister – unerträglich lästig, aber auch wunderbar.»

Wir stoßen an.

♛

Nach dem Abendessen mache ich den Vorschlag, zu mir ins Hotel zu fahren – *sagt die Spinne zur saftigen Fliege.* Und Olivia stimmt zu.

Schweigend fahren wir mit dem Lift ins oberste Stockwerk. James und Logan stehen vor der Fahrstuhltür und wir hinter ihnen. Olivia wirft mir verstohlene Blicke zu. Die Tür öffnet sich ins Foyer meines Penthouses, und der hoteleigene Butler – David, glaube ich – nimmt uns die Mäntel ab.

«Danke sehr.» Olivia lächelt, und David nickt ihr stumm zu.

Als wir das Wohnzimmer betreten, beobachte ich ihr Mienenspiel – das Staunen auf ihrem Gesicht. Wie ihre Augen weit werden, als sie aufschaut und den riesigen Kristalllüster und die handgemalten Ornamente an der Decke entdeckt. Wie ihre Mundwinkel sich beim Anblick der antiken Möbel und des Marmorbodens ein wenig anheben. Als Olivia sich der Glasfront mit dem umwerfenden Blick über die nächtlich glitzernde Skyline zuwendet, entfährt ihr ein kleines Keuchen.

Eine Woge der Lust rast durch mich hindurch.

Sie schreitet über den Marmorfußboden zum Fenster und sieht hinaus. Verflucht, was für ein schöner Anblick – blasser Teint, nackte Arme, lange, schwarze Haare, die sich bis zur Rundung ihres perfekt geformten, festen Hinterns ergießen. Mir gefällt, was ich sehe – sie, hier, vor dieser gigantischen Kulisse. Der Anblick wäre mir noch lieber, wenn sie nicht immer noch ihr Kleid tragen würde.

«Können wir rausgehen?», fragt Olivia.

Ich nicke und öffne die Schiebetür auf den großen Balkon. Sie tritt ins Freie, und ich folge ihr. Heute war es milder, und der restliche Schnee wurde – selbstverständlich – entfernt. Olivias Blick gleitet über die großen Tröge mit immergrünen Pflanzen, die schützend eine beigefarbene Sitzgruppe einrahmen. Der Widerschein der Feuerschalen in den Ecken taucht den Balkon in warmes, orangerotes Licht.

«Das ist quasi dein Gefängnishof, oder?», zieht sie mich auf.

«Genau. Sie lassen mich ab und zu zum Freigang an die frische Luft – aber nur, wenn ich brav war.»

«Es gibt schlimmere Orte für einen Freigang.»

Ich zucke die Achseln. «Stimmt.»

Hand in Hand gehen wir an der Brüstung entlang. Die Situation erinnert mich an meinen ersten offiziellen öffentlichen

Auftritt – ich bin aufgeregt und beschwingt und mache mir gleichzeitig in die Hosen vor Angst, es zu vermasseln.

«Wie fühlt sich das an?», fragt sie mit sanfter Stimme. «Wenn alles geregelt ist? Wenn man haargenau weiß, wie man den Rest seines Lebens verbringen wird?»

«Du hast deinen Coffee Shop. So anders ist das gar nicht.»

«Ja, klar. Nur, dass meine Familie darauf angewiesen ist, dass ich den Laden schmeiße. Ich hatte keine Wahl.»

Ich pruste verächtlich. «Ich auch nicht.»

Sie denkt kurz darüber nach. «Aber wie ist das für dich? Freust du dich drauf? Bist du aufgeregt?», fragt sie. «So à la Simba: *Ich will jetzt gleich König sein?*»

«Simba ist ein Idiot.» Ich schüttle den Kopf und streiche mir die Haare aus der Stirn. «Außerdem muss, bevor ich König werde, meine Großmutter gestorben sein – *aufgeregt* wäre kaum die treffende Bezeichnung.» Ich schalte auf Interview-Modus. «Ich sehe der Erfüllung meines Geburtsrechts mit Freude entgegen und werde alles tun, um meinem Land ein würdiger Herrscher zu sein.»

Olivia zupft an meiner Hand, um mich zum Schweigen zu bringen. Ihre Blicke wandern forschend über mein Gesicht. Sie schürzt die Lippen. «Das ist doch gequirlte Scheiße.»

«Wie bitte?»

«Völliger Bullshit. *Ein würdiger Herrscher*», äfft sie mich nach, Akzent inklusive. «Das sind ja alles nette Worte, aber sie bedeuten gar nichts. Ich will wissen, wie es sich anfühlt.»

Tja. Wie fühlt es sich an? Ehrlich gesagt, fühle ich mich wie ein Rehkitz, das zum ersten Mal auf seinen vier Beinen steht – wackelig, unsicher, fremd. Bis jetzt hat sich noch nie jemand die Mühe gemacht, meine Standardantwort zu hinterfragen. Noch nie hat jemand tiefer gebohrt. Und schon gar nicht aus aufrichtigem, echtem Interesse heraus. Olivia möchte tatsächlich

Antworten auf ihre Fragen – geduldig wartend sieht sie mich an. Sie will mich kennenlernen. Plötzlich zieht sich alles in mir zusammen, beinahe verzweifelt – weil ich spüre, dass ich haargenau dasselbe will.

«Ich glaube, am besten lässt es sich so beschreiben ... Stell dir vor, du studierst Medizin, willst Chirurgin werden. Du hast sämtliche Bücher gelesen, hast unzähligen Operationen beigewohnt, du bist bestens vorbereitet. Außerdem haben alle um dich herum dir schon dein ganzes Leben lang erzählt, was für eine unglaubliche Chirurgin du sein wirst. Du bist dazu bestimmt. Es ist deine Berufung.»

Ihre Augen ziehen meinen Blick magisch an und halten ihn fest. Ich weiß zwar nicht, was sie in meinen Augen findet, ich jedenfalls finde in ihren Trost. Genug, um weiterzusprechen.

«Und dann ist der Augenblick gekommen – der Tag, an dem du an der Reihe bist. Du betrittst den OP. Man legt dir das Skalpell in die Hand, und dann ... liegt alles nur noch an dir. Und alles, was du denkst, ist: Heilige Scheiße.»

«Verstehe.»

«So in etwa fühlt sich die Vorstellung an, König zu werden. Wie *Heilige Scheiße.*»

Olivia macht einen Schritt vorwärts, stolpert über die Spitze ihres Wahnsinnsstiefels und verliert das Gleichgewicht. Ich fange sie auf. Sie fällt gegen meinen Brustkorb, meine Arme umfangen sie, die Hände kommen knapp über ihrem süßen Hintern zu liegen ... und sie rührt sich nicht vom Fleck. Ihr umwerfend weicher Busen gegen meine harte Brust gepresst, bleiben wir regungslos stehen – ineinander versunken, keuchend.

«Blöde Stiefel!», flüstert sie, viel zu nahe an meinen Lippen.

Ich grinse. «Dein Anblick in diesen Stiefeln – und zwar nur in diesen Stiefeln – wäre für mich definitiv die Krönung des Tages.»

Und dann senkt mein Kopf sich wie von selbst zu ihr hinunter, und Olivia reckt sich mir entgegen, wir werden magisch zueinander hingezogen. Ihr seidenweiches Haar gleitet über meine Finger, und ich umfasse sanft ihre Wange. Mein Lächeln versiegt, wird verdrängt von etwas anderem; etwas, das rauer ist, heftiger, drängender.

Hitze und Verlangen.

Denn ich werde sie küssen, jetzt gleich. Der Schlag ihres Herzens an meinem Brustkorb wird schneller, und ich weiß, dass sie es weiß. Sie will es genauso dringend wie ich. Meine Nase streift ihre, die dunklen Augen kommen näher ...

Und dann erklingt ein Räuspern. Logan, direkt neben uns. Laut. Dringlich. «Hm-hm.»

Ich unterdrücke einen Fluch und hebe den Kopf. «Was ist denn?»

«Kameras.»

Fuck! «Wo?»

Er hebt das Kinn. «Auf dem Dach. Hochhaus auf neun Uhr.»

Ich drehe der Stadt den Rücken zu, berge Olivias Gesicht an meiner Brust. «Wir sollten reingehen.»

Olivia wirkt hinreißend benommen. Sie versucht, über meine Schulter einen Blick in die Nacht zu werfen, und lässt sich dann von mir hineinführen. «Kommt das öfter vor?»

«Leider. Teleobjektive. Treffsicher wie ein Scharfschützengewehr.»

Im Wohnzimmer öffnet Olivia ihre Lippen zu einem riesengroßen, ungenierten Gähnen, und ich versuche vergebens, die davon angestachelte Flut unanständiger Gedanken zu bändigen. Scheiße, dieser Mund ist unwiderstehlich. Wenn ich da nicht bald reinkomme, sterbe ich. Ungelogen.

«Verzeihung.» Sie legt die Hand auf den Mund. «Tut mir leid.»

«Entschuldige dich nicht.» Ich werfe einen Blick auf die Uhr – es ist nach Mitternacht. Sie war den ganzen Tag auf den Beinen und muss in vier Stunden schon wieder aufstehen. «Ich hätte dich früher abholen sollen.»

Sie schüttelt den Kopf. «Nein. Es war wunderbar. Ich weiß nicht, wann ich das letzte Mal so viel Spaß hatte. Seit Ewigkeiten nicht.»

Ich will sie bitten zu bleiben. Es wäre so einfach. Sie müsste nur endlich aus diesem Kleid raus- und in das riesige Bett reinschlüpfen, das nebenan sehnsüchtig auf sie wartet. Aber ... sie würde Nein sagen. Das weiß ich. Es wäre zu schnell. Abgesehen davon, dass sie sowieso kein Auge zutun würde – ich würde sie die ganze Nacht lang um den Schlaf bringen. Ich deute zur Tür, ganz Gentleman, der ich definitiv nicht bin. «Na dann. Sehen wir zu, dass wir dich nach Hause kriegen.»

Olivias Kopf lehnt die ganze Rückfahrt über an meiner Schulter. Unsere Beine drücken sich gegeneinander, unsere Hände liegen verschlungen auf meinem Oberschenkel. Ich drehe leicht den Kopf und atme den betörenden Jasminduft ihrer Haare ein. Im amerikanischen Kabelfernsehen gibt es eine Sendung namens *My Strange Addiction* – das seltsamste Format, das ich kenne. In einer Folge ging es um einen Schwachkopf, der davon besessen war, an Frauenhaar zu schnüffeln. *Tut mir leid, dass ich dich verurteilt habe, Schwachkopf. Jetzt verstehe ich dich.*

«Du riechst phantastisch.»

Sie sieht zu mir auf, die Augen frech und spitzbübisch. Dann presst sie ihr Gesicht an meinen Brustkorb – und holt so tief Luft, dass sie praktisch mein Hemd inhaliert.

«Ich kann dich auch gut riechen, Nicholas.»

Der Wagen bremst vor dem Coffee Shop ab und kommt zum Stehen.

Und ich? Will sie gerade fragen, ob ich morgen wieder an ihr riechen darf, doch da ertönt Logans Stimme durch den Lautsprecher.

«Bleiben Sie im Wagen, Sir. Vor Miss Hammonds Haustür liegt ein Obdachloser – wir kümmern uns darum.»

Olivia reißt sich von mir los, fährt auf, wirft einen Blick zum Fenster hinaus, umklammert die Armlehne.

«Oh, nein!»

Und ehe ich kapiere, was los ist, reißt sie die Tür auf und springt mit einem Satz aus dem Wagen.

9

OLIVIA

Oh, nein!»

Für kleine Mädchen sind Väter Helden – zumindest die guten. Groß, stark und geduldig. Mit tiefer Stimme sprechen sie nur kluge Worte.

Mein Vater war einer von den Guten. Er verjagte die Monster unter dem Bett, er steckte uns vor dem Abendessen heimlich Kekse zu, er ermutigte uns, er beschützte uns, er zeigte uns, was einen echten Mann ausmacht. Seine Hände waren groß, schwielig und kraftvoll, doch zu uns waren sie sanft und zärtlich. Er hielt meine Mutter bei der Hand, als wäre sie ein kostbares Kunstwerk. Oh, er hat meine Mutter so geliebt! Seine Liebe zu ihr sprach aus jeder Bewegung, die er machte, aus jedem Wort, das er sagte. Seine Liebe zu ihr waren das Leuchten in seinen Augen und der Atem in seinen Lungen.

Ich sehe aus wie er – ich habe sein schwarzes Haar geerbt, die Form seiner Augen, seine langen Glieder. Ich war immer stolz darauf, ihm ähnlich zu sehen, denn wie alle kleinen Mädchen dachte ich, mein Vater wäre unbesiegbar. Unverwundbar.

Ich habe mich getäuscht.

Ein einziger schrecklicher Tag ... ein einziger furchtbarer Augenblick auf dem Bahnsteig einer U-Bahn ... und all die Kraft war verschwunden. So, wie ein Kerzenstumpen zu einem Klumpen Wachs zerschmilzt. Zu etwas Unkenntlichem.

«Daddy?» Ich knie mich neben ihn. In meinem Rücken kommen Nicholas' Schritte zum Stehen. Und die Demütigung sickert in mich hinein, als mir klarwird, wie das auf ihn wirken muss. Doch dafür habe ich jetzt keine Zeit. «Daddy? Was ist passiert?»

Er hat Mühe, mich anzusehen, ja, überhaupt die Augen offen zu halten. Scharfer Whiskeyatem streift mich. «Livvy ... Hey, Süße. Ich ... ich konnte ... mit dem Schloss stimmt was nicht ... Mein Schlüssel passt nicht mehr.»

Er hat versucht, durch die Nachbartür zu uns nach oben zu kommen. Er hätte einfach in den Coffee Shop gehen können, aber er weiß nichts von der kaputten Tür, die immer noch nicht repariert worden ist.

Der Schlüsselbund rutscht ihm aus der Hand. «Verdammt.»

Ich hebe ihn auf. «Alles gut, Dad. Ich helfe dir.» Entschlossen hole ich Luft, stehe auf, drehe mich um und sehe Nicholas direkt ins Gesicht. Meine Stimme schaltet auf Autopilot. «Du solltest gehen. Ich muss mich hier kümmern.»

Sein Blick schießt hinunter zu meinem Vater auf dem Gehsteig und zurück zu mir. «Gehen? Ich kann dich doch jetzt nicht allein lassen mit ...»

«Alles okay», sage ich mit zusammengebissenen Zähnen. Heiße Scham kriecht mir den Hals hinauf.

«Er ist dreimal so groß wie du. Wie willst du ihn nach oben kriegen?»

«Das geht schon. Ist ja nicht das erste Mal.»

Es dauert nur den Bruchteil einer Sekunde, und plötzlich ist er nicht mehr mitleidig, sondern angepisst. Er benutzt wieder diese Stimme – diesen ganz bestimmten Tonfall, der selbst Bosco in die Schranken gewiesen hat, der Tonfall, der besagt, es läuft entweder nach seiner Pfeife oder gar nicht.

«Es wird *nicht* gehen.»

Ich weiß genau, was er hier abzieht – und ich hasse ihn dafür. Er will nobel sein, ehrenhaft, hilfreich. Den Helden spielen. Das machen Prinzen schließlich so, oder? Ich fühle mich dadurch jedenfalls nur noch beschissener. Ich bin lange genug meine eigene Heldin gewesen – ich kann mich sehr gut um mich selbst kümmern.

«Das hier geht dich einen Scheißdreck an. Das ist allein meine Angelegenheit. Ich habe dir gestern schon gesagt …»

«Du brichst dir das Genick, wenn du die steile Treppe runterstürzt», sagt Nicholas barsch und beugt sich über mich. «Und das lasse ich nicht zu, nur weil du mehr Stolz als Verstand hast. Ich werde dir helfen, Olivia. Schluck's einfach.» Er lässt mich stehen, tritt um mich herum und geht in die Hocke. Seine Stimme wird sanft. «Mr. Hammond?»

«Wer sind Sie?», lallt mein Vater.

«Nicholas. Ich bin Nicholas. Ich bin ein Freund von Olivia. Sieht so aus, als wären Sie in Schwierigkeiten. Ich helfe Ihnen jetzt nach oben in die Wohnung. Okay?»

«Ja, ja … der blöde Schlüssel passt nicht.»

Nicholas nickt und winkt Logan zu sich. Gemeinsam hieven sie meinen Vater hoch, nehmen ihn zwischen sich und legen sich seine Arme um die Schultern.

«Olivia, mach die Tür auf», sagt Nicholas zu mir.

Wir nehmen den Weg durch den Laden, weil hier mehr Platz ist. Ich sehe von hinten zu, wie sie meinen Vater die Treppe raufschleifen – sein Kopf baumelt hilflos hin und her, und seine Beine sind unbrauchbar, wie mit Sägemehl gefüllt. Mir wird bewusst, dass es diesmal wirklich schlimm ist. Ich wäre bestenfalls in der Lage gewesen, ihn irgendwie in den Laden zu zerren, Decke und Kopfkissen zu holen und den Rest der Nacht neben ihm auf dem Fußboden zu verbringen. Doch das ändert nichts an der brennenden Scham unter meiner Haut. Sie verstärkt sich weiter, als die Männer unser schäbiges Wohnzimmer betreten, in dem immer noch Chaos herrscht, weil ich vorhin keine Zeit mehr hatte, aufzuräumen. In meiner Wunschvorstellung hätte ich hier für eine gemütliche Atmosphäre gesorgt, frische Blumen und aufgeschüttelte Sofakissen inklusive. Leider ist es anders gekommen.

Sie bringen meinen Vater in sein Zimmer und legen ihn aufs Bett. Ich drücke mich an Nicholas vorbei und nehme die dunkelblaue Decke vom Stuhl in der Ecke. Ich breite sie über meinen Vater, decke ihn zu. Seine Augen sind geschlossen, und der Mund steht offen, doch er schnarcht nicht. Die dichten Stoppeln auf seinem Kinn sind inzwischen mehr grau als schwarz. Behutsam beuge ich mich über ihn und gebe ihm einen Kuss auf die Stirn, weil er zwar schon lange nicht mehr mein Held ist, aber immer noch mein Dad.

Schweigend gehen wir wieder nach unten. Ich halte die Arme fest um meinen Körper geschlungen, steif und unnachgiebig. Meine Haut fühlt sich kribbelig an – viel zu empfindlich. Ich höre seine Worte schon in meinem Kopf.

Ich rufe dich an.

Danke für den netten Abend.

Danke, aber nein danke.

Bestimmt ist er froh, noch mal davongekommen zu sein. Wahrscheinlich fragt er sich, was er sich überhaupt bei der ganzen Sache gedacht hat. Die einzigen Päckchen, die Frauen an seiner Seite haben sollten, sind klein und blau und von *Tiffany's*.

«Ich ... ich warte am Wagen, Sir», sagt Logan, nickt mir stumm zu und verlässt den Coffee Shop.

Zwischen uns herrscht heikle Stille. Angespannt und unangenehm. Ich kann seine Blicke auf mir spüren, aber ich konzentriere mich auf den Fußboden. Als er schließlich mit dieser unglaublich weichen, vollkommenen Stimme das Schweigen bricht, zucke ich zusammen.

«Olivia.»

Ich bin fest entschlossen, als Erste das Pflaster von der Wunde zu reißen. Ihm als Erste den entscheidenden Magenschwinger zu versetzen. Wir New Yorker ticken nun mal so – wenn schon jemand zur Hölle geschickt wird, kann man seinen Arsch drauf verwetten, dass wir zuerst die Flüche ausgepackt haben.

«Geh jetzt.» Ich hebe den Kopf und nicke, immer noch, ohne ihn anzusehen, in Richtung der Tür. «Ich will, dass du gehst.»

Seine warme Hand berührt sanft meinen nackten Arm. «Sei nicht wütend.»

«Ich bin nicht wütend», lüge ich und schüttle ruckartig den Kopf. «Ich will einfach nur, dass du gehst.» Der Hals wird mir eng. Weil ich ihn so sehr mag. Ich kneife die Augen zu – der letzte, verzweifelte Versuch, die scheußlichen Tränen zurückzuhalten, die hinter meinen Wimpern lauern. «Bitte. *Geh* einfach!»

Nicholas' Hand gleitet von meinem Arm. Und ich warte mit geschlossenen Augen auf das Geräusch seiner Schritte, auf die Tür, die sich hinter ihm schließt, wenn er meinen Laden verlässt. Und mein Leben. In dem er sowieso nichts verloren hat.

Etwa dreißig Sekunden später höre ich endlich etwas, doch es sind keine Schritte.

«Meine Großmutter spricht mit Gemälden.»

Ich reiße die Augen auf. «Was?»

«Als ich jünger war, fand ich es komisch, eine sonderbare Marotte, aber jetzt finde ich es nur noch traurig.»

In seinem Blick liegt so etwas wie verzweifelter Trotz. Er wirkt gleichzeitig ernst und ... furchtbar verletzlich. Als befände er sich auf völlig neuem Terrain. Als würde er mit Absicht ein Risiko eingehen – sich aufs Eis wagen – und als müsste er sich mit all seiner Willenskraft dazu zwingen. Weil er nicht weiß, ob das Eis trägt.

«Sie ist fast achtzig Jahre alt, und der einzige Mensch, mit dem sie je reden konnte, war mein Großvater. Er ist seit zehn Jahren tot und noch immer der einzige Mensch, mit dem sie reden kann.»

Er verstummt und zieht die Stirn in Falten. Als er wieder zu reden anfängt, ist seine Stimme tiefer, gedämpft – als hätte er sich solche Worte nicht mal zu denken erlaubt, geschweige denn, sie laut auszusprechen.

«Mein Bruder war zwei Jahre im Ausland – er hat seinen Wehrdienst abgeleistet. Vor drei Monaten wurde er entlassen und ist seitdem nicht mal in der Nähe von Wessco gewesen. Aber Funkstille herrscht schon länger zwischen uns, und ich habe keine Ahnung, warum.»

Ich muss an den Film denken – daran, wie Nicholas während des Trauerzuges seinen kleinen Bruder in die Arme nahm, ihn beschützte und festhielt. Versuchte, ihn zum Lächeln zu bringen. Mir ist klar, wie sehr Henrys Schweigen ihn verletzen muss. Ich kann seinen Schmerz in meinem Herzen spüren – ich fühle förmlich, wie seins bricht.

«Meine Vettern hassen mich», sagt er in leichterem Tonfall. «Ich glaube, wenn sie eine Chance hätten, damit durchzukommen, sie würden tatsächlich versuchen, mich zu vergiften, wenn sie zu Besuch sind. Diese Art von Hass.»

Seine Lippen verziehen sich zum Hauch eines Lächelns, und von meinen löst sich ein Kichern.

«Meinen Vater haben sie auch gehasst ... und das nur, weil er eher geboren wurde als ihrer.»

«Weshalb erzählst du mir das?»

«Wenn du glaubst, du bist die Einzige mit einer dysfunktionalen Familie, dann täuschst du dich.» Er hebt die Hand und streichelt mir über die Haare. Sanft streicht er mir die Strähnen hinters Ohr. «Tut mir leid. Auf dem Gebiet sind wir definitiv marktführend.»

Er verstummt wieder. Offenbar bin ich jetzt am Zug – er sagt es zwar nicht, aber ich weiß es. Er will, dass ich mich mit ihm aufs Eis wage. Und falls es nicht trägt, brechen wir gemeinsam ein.

«Mein Vater ist Alkoholiker.» Die Worte fühlen sich seltsam

an, fremd. Es ist das erste Mal, dass ich sie laut ausgesprochen habe. «Er ist weder gemein noch gewalttätig ... Er trinkt, wenn er traurig ist. Und seit meine Mutter gestorben ist, ist er jeden einzelnen Tag seines Lebens traurig gewesen.» Ich sehe mich in unserem Laden um. Meine Stimme bebt. «Der Coffee Shop war ihr Traum – Amelia, so hieß sie. Wenn der Laden untergeht, wenn mein Vater dieses letzte Stück von ihr auch noch verliert ... ich weiß wirklich nicht, was er dann tun wird.»

Nicholas nickt.

«Mit Ellie spricht er so gut wie nie. Es gibt Tage, da kann er sie nicht mal ansehen. Sie erinnert ihn zu sehr an unsere Mom. Ellie tut so, als würde ihr das nichts ausmachen, aber ... aber ich weiß, wie weh ihr das tut.»

Stille Tränen laufen mir über die Wangen, und Nicholas wischt sie mit dem Daumen fort.

«Ellie wird gehen. Sie wird gehen und nie wieder zurückkommen. Und genau das will ich auch für sie. Aber ich? Ich bin dann immer noch hier ... ganz allein.» Ich deute auf die Tür. «Ich glaube, in Wirklichkeit ist das der Grund, weshalb das Schloss immer noch nicht repariert worden ist. Manchmal träume ich, dass ich nicht mehr aus dem Laden rauskomme. Ich zerre und ziehe an der Tür, aber ich bin eingesperrt. Gefangen.»

«Ich träume manchmal, dass ich durch den Palast gehe, und es gibt weder Fenster noch Türen», sagt Nicholas mit rauer Stimme. «Ich laufe und laufe und komme nirgendwohin.»

Ich trete auf ihn zu, lege die Hände auf seine Brust, spüre die harten Muskeln und seinen starken, gleichmäßigen Herzschlag direkt unter meinen Händen.

«Erzähl mir etwas, das du noch nie jemandem erzählt hast», bittet er mich. «Etwas über dich, das sonst niemand weiß.»

Meine Antwort lässt keine zwei Sekunden auf sich warten: «Ich hasse Pies.»

Nicholas fängt an zu lachen – aber als ich anfange zu erklären, erstirbt sein Lachen. «Früher habe ich es geliebt, in der Küche zu helfen. Stundenlang habe ich meiner Mutter beim Backen zugesehen. Aber jetzt hasse ich es. Das Gefühl des Teigs in meinen Händen, der Geruch ... mir wird speiübel davon.» Ich sehe ihm direkt ins Gesicht. «Und jetzt du. Erzähl mir etwas, das du noch nie jemandem erzählt hast.»

«Ich hasse das Verbeugen. Letzten Monat bin ich einem Veteranen aus dem Zweiten Weltkrieg begegnet, der drei seiner Kameraden im Kampf gerettet hat – er wurde verwundet, verlor ein Auge. Und dieser Mann hat sich vor mir verbeugt. Was zur Hölle habe ich je in meinem Leben geleistet, das rechtfertigen würde, dass ein solcher Mann sich vor mir verbeugt?» Gedankenverloren schüttelt er den Kopf.

Sanft streichle ich mit dem Finger über seine Wange, dann über seine Brust. Die Berührung holt ihn zurück. In diesem Augenblick geschieht etwas zwischen uns. Etwas hat sich verändert. Mein Atem geht schneller, und das Herz unter meinen Händen trommelt heftiger.

Nicholas starrt meinen Mund an. «Wenn du überall hingehen könntest, tun und lassen könntest, was du willst, was würdest du tun?»

Die Antwort auf die Frage kommt nicht so schnell, denn ich habe keine. «Ich weiß es nicht. Es ist so lange her, dass ich irgendeine Wahl hatte ... Ich glaube, ich habe aufgehört, mir Dinge vorzustellen.» Ich beuge mich noch näher zu ihm, atme seinen Geruch ein. Er riecht würzig und nach Meer und auf ziemlich dekadente, einzigartige Weise nach ihm selbst – ein Duft, in dem ich mit Freuden ertrinken würde. «Und du?», frage ich. Meine Stimme bebt vor Erregung. «Was würdest du tun, wenn du in diesem Augenblick machen könntest, was immer du willst?»

Sein Daumen gleitet über meine Unterlippe, langsam, sanft, mit Nachdruck. «Ich würde dich küssen.»

Um mich herum wird alles still. Ich befinde mich in luftleerem Raum. Ich vergesse zu atmen. Wenn ich jetzt in Ohnmacht falle, dann ist mir das völlig egal, solange Nicholas mich küsst, ehe alles um mich schwarz wird.

«Bitte», ist alles, was ich herausbringe.

Er hat keine Eile. Nimmt sich Zeit. Genussvoll und quälend langsam. Einen Arm um meine Taille gelegt, zieht er mich eng an sich. Ich spüre seinen Körper überall an meinem – den festen Druck seiner Schenkel, den flachen, festen Bauch, seinen heißen, harten, großen Schwanz. Tief in mir fangen Muskeln an zu zucken, schließen sich krampfend um unausgefüllten, leeren Raum. Verlangend. Suchend.

Nicholas' zweite Hand gleitet langsam mein Rückgrat hinauf, gräbt sich in meine Haare, umfasst meinen Hinterkopf. Und währenddessen gleiten seine Augen, diese unglaublichen, funkelnd grünen Augen, unablässig über meine Haut, berühren jeden einzelnen Millimeter von mir mit siedenden Blicken. Langsam, langsam beugt er sich zu mir herab. Ich schmecke seinen Atem – Zimt und Nelken –, noch ehe ich ihn selbst schmecke.

Und dann drückt Nicholas seinen Mund auf meine Lippen. Besitzergreifend. Fordernd. Als würde ich ihm gehören. Und genau so ist es in diesem Augenblick. Ich folge seiner Führung, bewege meine Lippen im Rhythmus der seinen, gebe mich ganz dem Gefühl hin, diesen überwältigenden Empfindungen. Er beugt meinen Kopf zurück, bringt mich in die Stellung, in der er mich haben will. Und dann endlich spüre ich drängend seine warme, feuchte Zunge in mir.

Oh Gott! Der Mann weiß, wie man küsst!

In dem Augenblick, als seine Zunge in mich eindringt, habe ich das Gefühl, mit dem Mund zu kommen. Ist das möglich?

Gibt es so was? Einen Mundorgasmus? Ein unglaubliches Gefühl! Tief in mir löst sich ein lautes Stöhnen – ungehemmt und frei von Scham. Meine Arme schlingen sich wie von selbst um seinen Hals, seine Hände fahren hinunter bis zu meinem Hintern, tastend, fordernd, knetend. Dann ist er derjenige, der stöhnt, und auch das fühlt sich unglaublich an.

«Ich wusste es!», murmelt er, ohne von meinen Lippen abzulassen. «So verdammt süß.»

Unsere Münder verschmelzen wieder, unsere Zungen tasten und umkreisen einander, saugen und spielen. Nicholas schiebt ein Knie zwischen meine Beine, packt meinen Po und zieht mich auf sein Bein. Und die Reibung – dieses köstliche, alles andere verdrängende Gefühl zwischen meinen Beinen – hätte mir ein keuchendes *Ja* entlockt, wäre mein Mund nicht anderweitig beschäftigt.

Dann kommt von oben ein heftiges Poltern, das die Decke erzittern lässt. Wir heben die Köpfe, lösen die Münder voneinander.

«Ich muss nach oben. Vielleicht ist Dad aus dem Bett gefallen.»

Der Griff um meinen Po verstärkt sich, fast reflexartig, so, wie ein Kind sein Lieblingsspielzeug packt, sobald man es ihm wegnehmen will. «Lass mich mit dir kommen.»

Ich sehe ihm tief in die Augen. Meine Scham ist verschwunden. «Nein. Besser nicht.» Ich kämme mit den Fingern durch sein dichtes, weiches Haar und lasse die Hand auf seiner Wange ruhen. «Ich kriege das hin. Versprochen.»

Nicholas' Atem geht immer noch schwer, und kurz sieht es so aus, als wolle er sich durchsetzen, aber nach einem forschenden Blick nickt er kaum merklich und lässt mich von seinem Oberschenkel gleiten.

«Wann sehe ich dich wieder?», fragt er mich. «Sag: ‹Morgen.›»

Ich muss lachen. «Gott, bist du herrschsüchtig. Okay. Morgen.»

«Aber diesmal früher. Wir bleiben im Hotel. Ich koche für dich.»

«Du kannst kochen?»

Er zuckt die Achseln, und die göttlichen Grübchen haben ihren Auftritt.

«Ich weiß, wie man Sushi macht, technisch betrachtet kann ich also schneiden. Aber meine Schneidkünste sind wirklich erstklassig.»

Ich kichere schon wieder. Ich fühle mich albern und wie betrunken. Ein bisschen manisch vielleicht. «Okay. Also bei dir. Morgen.»

Und dann küsst er mich noch einmal. Saugt auf eine Weise an meinen Lippen, die mich bis in meine Träume verfolgen wird.

«Das ist total verrückt», flüstere ich. «Es ist verrückt, oder? Das bilde ich mir nicht nur ein?»

Nicholas schüttelt den Kopf. «Völlig irre, zweifellos.» Seine Hände liegen schon wieder auf meinem Hintern – ein letzter, schneller Griff. «Und absolut phantastisch.»

10

NICHOLAS

Ich werde heute Abend Sex haben. Und zwar jede Menge Sex.

Ich werde Olivia auf mein Bett legen und sie hingebungsvoll vögeln. Ich werde sie gegen die Wand pressen und ficken. Kein Raum, keine Oberfläche, kein Möbelstück wird nicht entweiht werden.

Den ganzen verdammten Tag lang schwelge ich in Phantasien von Bewegungen und Stellungen, die eines Olympia-Turners würdig wären. Weshalb ich fast die ganze Zeit schmerzhaft hart bin. Das macht die Interviews und den Charity-Lunch, die ich durchleiden muss, ziemlich unangenehm. Und das alles nur ihretwegen. *Olivia.* Was für ein erotisches, köstliches, unwiderstehliches Überraschungspaket ich da erbeutet habe!

Die letzte Nacht war … heftig. Ich hatte nicht vor, ihr all diese Dinge zu sagen. Das hat sich einfach so ergeben. Himmel noch mal, sie hat nicht mal mein Geheimhaltungsdings unterschrieben. Das zu vergessen sieht mir nun wirklich nicht ähnlich. Trotzdem war es erlösend, ihr all das zu erzählen. Ich hatte das Gefühl, mit ihr auf einer abgelegenen Privatinsel zu sein, wo niemand sonst uns sehen, uns zu nahe kommen oder uns hören kann. Ehe ich nach New York kam, nahm ich mir vor, das meiste aus dem letzten bisschen Freiheit rauszuholen, das mir bleibt – Sachen zu machen, die ich noch nie zuvor gemacht hatte, die so abgefahren waren, dass ich vielleicht noch gar nicht darauf gekommen war. Tja. So, wie's aussieht, hilft mir ausgerechnet Miss Olivia Hammond dabei, diese Vorsätze in die Tat umzusetzen.

Ich habe dem Butler eine Einkaufsliste ausgehändigt und strikte Anweisung gegeben, dafür zu sorgen, dass die Suite mit Kondomen ausgestattet wird – und zwar in jedem einzelnen Raum. *Ob Fuchs oder Rappe, reit nie ohne Kappe* – hat mein Vater immer gesagt. Worte, die jedem Royal heilig sind.

Worte, deren Bedeutung sich mir eingebrannt hat.

♛

Mein Bein wippt ungeduldig auf und ab, als der Wagen kurz vor Sonnenuntergang vor Amelia's hält. Ich hätte trainieren sollen, um wenigstens ein bisschen Energie zu verbrennen, oder – noch besser – ich hätte mir einen runterholen sollen. Ich werde mich auf sie stürzen, sobald ich sie erblicke. Meine Eier fühlen sich an wie Bleigewichte in meiner Hose.

Kein schönes Gefühl.

Der Anblick des GESCHLOSSEN-Schilds im Fenster entlockt mir ein Lächeln. Geschlossen heißt *kein Publikum.* Und kein Publikum bedeutet, dass ich vielleicht die Chance habe, eine meiner unzähligen Phantasien von gestern in die Tat umzusetzen – Olivia, rücklings auf einem der Tische, die Fesseln auf meinen Schultern, während ich sie vögle.

Doch diese herrlichen Gedanken lösen sich in Luft auf, als ich den Coffee Shop betrete. Olivia ist nicht da. Stattdessen werde ich von ihrer kleinen Wirbelwindschwester begrüßt. Sie trägt ein enges, schwarzes T-Shirt und eine Jeans, die aussieht wie an den Knien mit der Säge aufgeritzt. Auf der kecken Nase sitzt ein eckiges, schwarzes Brillengestell, und die grellpinken Strähnen zwischen ihren blonden Haaren verleihen ihr das Aussehen eines Mädchens, das bestens mit einem Protestschild auf eine College-Demo passen würde. Ellie stellt sich vor mich hin und vollzieht einen vollkommenen Hofknicks.

«Es ist mir eine Ehre, Euch kennenzulernen, Prinz Nicholas.» Sie strahlt mich an.

«Hast du geübt?», frage ich. «Das war ziemlich gut.»

Sie zuckt die Achseln. «Kann schon sein.»

Als Nächstes taucht der hochgewachsene Kellner mit den dunklen Locken auf. «Wir sind uns noch nicht vorgestellt worden. Ich bin Martin.» Dann macht auch er einen Knicks.

Ich strecke ihm die Hand hin, und er ergreift sie. «Schön, Sie kennenzulernen, Martin.»

Er schüttelt enthusiastisch meinen Arm. «Ich möchte mich bei Ihnen bedanken. Für die vielen schönen Stunden, die Sie mir bereitet haben. Sie standen viele Jahre im Zentrum meiner Phantasien.» Er mustert mich eingehend – nicht direkt anzüglich, eher so, als würde er versuchen, sich jedes einzelne Detail genau einzuprägen. Für später.

«Äh ... gern geschehen?»

Er deutet auf einen Stuhl. «Also, ich setze mich jetzt einfach da hin, ja? Und sehe Sie an.» Mit einem Augenzwinkern lässt Martin sich niedersinken und starrt mich an, als würde er versuchen, nie wieder zu blinzeln.

Ich frage mich, wie lange er das durchhalten will.

Ellie kreuzt die Arme vor der Brust. «So. Wir müssen reden. Uns ein bisschen näher kennenlernen. Quidpropo, Clarice, und so.»

Ich muss lachen – die Hammond-Frauen sind offensichtlich alle ein bisschen verrückt.

«Meinst du *Quid Pro Quo*? Das ist Latein und bedeutet ‹dies für das›.»

Sie schüttelt enttäuscht den Kopf. «Das war der Angebertest. Du bist durchgefallen.»

«Mist.»

«Und außerdem: Wer spricht heute noch Latein?»

«Ich zum Beispiel. Und Französisch, Spanisch und Italienisch.»

Sie hebt eine hellblonde Augenbraue. «Ich bin beeindruckt.»

«Mein Fremdsprachenlehrer wäre erfreut. Er war ein mürrischer Fiesling, der die Schönheit der Sprache verehrte, aber es hasste, tatsächlich mit Menschen zu sprechen. Ich habe ihn jede Menge Nerven gekostet. Als Schüler war ich nicht sonderlich kooperativ.»

Ellie setzt sich an einen der Tische. «Ein Bad Boy, was?»

Ich zucke die Achseln und nehme ebenfalls Platz. «Das war eine Phase.» Die Situation fühlt sich plötzlich ziemlich vertraut an – wie ein Interview.

«Hat man dich bestraft, wenn du Scheiße gebaut hast, oder musste ein Prügelknabe für dich herhalten?»

Sie hat recherchiert. Prügelknaben wurden in den guten alten Zeiten benutzt, als körperliche Züchtigung noch fester Bestandteil der Erziehung war, man sich jedoch ob ihrer hochheiligen Stellung an Prinzen nicht vergreifen durfte. Also wurde irgendein armer Teufel – meistens aus der Unterschicht – dem Prinzen als Gefährte an die Seite gestellt, und dieses Kind kassierte dann an seiner Stelle die Prügel. Die Strafe für den Prinzen sollte das schlechte Gewissen sein, das ihn überkäme, wenn er zusehen musste, wie ein anderer seine Bestrafung in Empfang nahm. Unsere Vorväter kannten sich offenbar *bestens* mit Kindern aus.

«Ein Prügelknabe?» Martin hebt die Hand. «Ich melde mich freiwillig.»

Ich lache. «Prügelknaben gibt es seit ein paar hundert Jahren nicht mehr. Für wie alt hältst du mich?»

«Du wirst am zwanzigsten Oktober achtundzwanzig», antwortet Ellie wie aus der Pistole geschossen.

Oh ja, sie hat definitiv äußerst fleißig recherchiert.

«Okay.» Ellie lehnt sich zurück. «Welcher Natur sind Ihre Absichten bezüglich meiner Schwester, Prinz Nicholas?»

Das willst du nicht wissen. «Ich möchte Zeit mit ihr verbringen. Sie kennenlernen.» *Aufs engste.* «Ich hege nur die besten Absichten, das schwöre ich.» *Die allerbesten. Orgastische Absichten. Und alle definitiv erst ab achtzehn.*

Ellie kneift die Augen misstrauisch zusammen. Sie mustert mich, als hätte sie einen eingebauten Lügendetektor. «Du kennst jede Menge Leute, reiche, schöne, berühmte. Liv gehört zu den Guten. Zu den Besten. Sie hat ihr eigenes Leben aufgegeben, um diesen Laden zu retten. Für mich und meinen Dad. Sie hat ein bisschen Spaß verdient, also, einen heißen Flirt mit einem echten Bad-Boy-Prinzen, der ihr in fünf verschiedenen Sprachen schmutzige Dinge ins Ohr flüstern kann. Ich hoffe, du hast das drauf.»

Ich weiß genau, warum sie das sagt. Ich kenne diesen Beschützerinstinkt, dieses Bedürfnis, einen Menschen, der einem so nahesteht, dass es wehtut, glücklich und sorglos zu sehen. So geht es mir mit Henry jeden Tag. Zumindest an den Tagen, an denen ich ihn nicht erwürgen möchte.

«Dann sind wir schon zwei», sage ich schlicht.

«Gut.» Ellie klopft auf den Tisch, nickt und steht auf. Sie angelt sich einen Tortenheber vom Tresen und tippt mir damit auf beide Schultern, als würde sie mich zum Ritter schlagen.

«Prinz Nicholas, Ihr habt meinen Segen. Nur zu.»

Ich versuche vergeblich, mir das Lachen zu verkneifen. «Miss Hammond, ich danke Euch.»

Und dann beugt sie sich über mich. «Und solltest du auf irgendwelche blöden Ideen kommen, solltest du meiner Schwester weh tun», sie nickt mit dem Kinn in Richtung Logan an der Tür, «dann finde ich einen Weg, dir die Augenbrauen abzurasieren, niedliche Security-Jungs hin oder her.» Ich bin überzeugt, dass sie das fertigbringen würde. Ellie richtet sich wieder auf und schenkt mir ein ziemlich fieses Grinsen. «Haben wir uns verstanden, Nick?»

Ich nicke. «Absolut, Ellie.»

In dem Augenblick betritt Olivia den Laden. Und meine Eier, die mich schon den ganzen Tag gequält haben, drohen endgültig zu platzen. Das dunkelblaue Tanktop unter dem hellgrauen Flanellhemd betont ihre cremefarbene Haut und die dunkle Jeans in den kniehohen braunen Stiefeln die langen, schmalen Beine. Sie trägt die Haare offen, und die dunkle Pracht fällt locker bis auf ihren niedlichen Hintern hinunter. Durch die schwarz glänzenden Wellen schimmern schlichte silberne Perlenohrringe hindurch.

«Hey.» Ihr Lächeln macht den Raum ein bisschen heller und meinen Schwanz noch härter. «Ich wusste nicht, dass du schon da bist. Wartest du schon lange?»

«Alles gut, Livvy», sagt Ellie. «Marty und ich haben ihm Gesellschaft geleistet.»

Marty steht auf und wackelt mit seinem Smartphone. «Bekomme ich ein Selfie, ehe Sie gehen? Sie wissen schon, für meine Privatsammlung?» Er meint Wichsvorlage.

Olivia versucht, mich zu retten. «Nicholas lässt sich nicht gern fotografieren, Marty.»

Ich hebe die Hand. «Nein, schon gut. Ein Foto ist okay.» Ich senke die Stimme, sodass nur sie mich hören kann. «Allerdings brauche ich zum Ausgleich von dir heute Abend auch was *für meine Sammlung.*»

Sie kichert, und Ellie mustert uns äußerst sorgfältig. Ich meine, in ihren Augen so etwas wie Zustimmung zu lesen.

♛

Die Fahrt zum Hotel ist die reinste Qual – eine kaum zu meisternde Übung in Zurückhaltung. Unser Gespräch ist harmlos und oberflächlich, während wir uns gleichzeitig mit Blicken verschlingen. Ich erwische Olivia mindestens dreimal dabei, wie sie die Wölbung in meiner Hose beäugt. Und ich tue nicht mal so, als würde ich ihr nicht auf die Brüste starren. Ihr Geruch – dieser umwerfend saubere Honigduft frischgewaschener Haare – füllt den ganzen Innenraum aus und bringt meine Nasenflügel zum Beben, weil ich versuche, jeden Hauch aufzusaugen.

Logan und Tommy flankieren uns auf dem Weg durch die Lobby, und James geht direkt hinter uns. Es herrscht deutlich mehr Betrieb als gestern Abend – überall Leute auf dem Weg zum Abendessen oder zu einer Broadwayshow –, und wir ernten etliche Blicke. Sobald wir in der Suite angekommen sind, verziehen sich die Jungs. David habe ich für den Abend freigegeben, um etwas Privatsphäre zu haben. Ich führe Olivia in die Küche.

Wir reißen uns weiter zusammen, und ich empfinde einen seltsam perversen Genuss an diesem verlängerten Vorspiel. Bei einem Glas Weißwein erzählt sie mir von ihrem Tag und von einer abgekämpften, eindeutig armen jungen Mutter und ihren fünf Höllenblagen, die heute bei ihr im Coffee Shop waren, und ich beschreibe ihr die quälende Langeweile beim Charity-Lunch der New Yorker Kunstkommission, eine Veranstaltung, die in Wirklichkeit mal wieder nur den Politikern als Bühne zur Selbstdarstellung diente.

Ich nehme ein Messer aus dem Block auf der Anrichte, und das unangenehm schrille Geräusch der Klinge gegen den Wetzstahl lässt uns beide verstummen. Olivia stellt sich sehr nah hinter mich, späht mir über die Schulter und sieht zu, wie ich den Lachs tranchiere und den Sellerie in streichholzdünne Streifen schneide.

«Wo hast du das gelernt?», fragt sie mit einem Grinsen in der Stimme.

«In Japan.» Ich werfe ihr über die Schulter einen Blick zu und ertappe sie beim Verdrehen ihrer umwerfend hübschen Augen. Ich vermute, die Antwort war ihr schon vorher klar.

Olivia schnappt sich ein zweites Messer, stellt sich neben mich und erledigt in Windeseile drei Karotten. Ihre Schneidekünste sind mindestens so gut wie meine – eigentlich besser.

«Manhattan.» Sie zuckt die Achseln.

Wir lachen. Sie legt das Messer weg, und ich wasche mir die Hände. Ich nehme das Handtuch, stehe dann mit dem Rücken zum Waschbecken, trockne mir betont langsam die Hände ab und mustere sie.

Olivia lässt träge die Hand über die Anrichte gleiten, nimmt die kleinen Schüsseln mit Algen und Reis, mit Gemüse und Shrimps und Lachs in Augenschein. Sie tunkt den kleinen Finger in eine Schale mit Sojasoße, hebt aufreizend langsam die Hand zum Mund, steckt den Finger hinein und umschließt ihn mit ihren umwerfend heißen Lippen.

Ich bin noch nie in meiner Hose gekommen, ich schwöre es, aber jetzt bin ich gefährlich nah dran. In meiner Kehle hängt ein raues Stöhnen fest. Ich möchte nur noch dieser Finger sein – in mir hat kein anderer Wunsch mehr Platz. Unsere Blicke treffen sich. Der ganze Raum ist mit Energie aufgeladen, voll winziger magnetischer Partikel, die uns zueinanderziehen. Keine Chance. Das Abendessen muss warten. Ich sehe ihr tief in die Augen, höre ihre gierigen, abgehackten Atemstöße und weiß, dass es ihr geht wie mir.

Von nebenan kommt ein Geräusch, und Olivia zuckt zusammen. Als wäre sie bei etwas Unanständigem ertappt worden. Sie ist sich der Anwesenheit der Jungs immer noch viel zu bewusst.

Das geht so nicht.

«Logan!», rufe ich, ohne Olivia aus den Augen zu lassen.

Er streckt den Kopf zur Tür rein. «Ja, Sir?»

«Verschwindet.»

Logan zögert kurz und sagt dann: «Aye. Wir sind unten in der Lobby und sichern den Aufzug.»

Olivia und ich bleiben regungslos stehen und starren uns an … bis der Aufzug uns mit einem Pling das Signal gibt, dass wir endlich unter uns sind, ganz und gar allein. Es ist wie der Startschuss zu einem Marathonlauf.

Wir kommen gleichzeitig in Bewegung. Olivia macht einen Satz auf mich zu, ich reiße sie in meine Arme. Fliegende Hände finden krallend Halt, Beine umschlingen sich, Münder prallen aufeinander. Sie drängt sich gegen meine Hüften, meine Hände packen ihren herrlich prallen Hintern. Endlich, endlich kann ich diese vollen Lippen kosten, von denen ich schon seit gestern träume. Ein eher sanftes Knabbern an ihrer Unterlippe, dann verschließe ich ihr den Mund mit einem feuchten, gierigen Kuss.

Ja, ja! Das ist es. Olivia zu küssen ist haargenau wie in meiner Erinnerung, nur noch tausendmal besser. Ihr Mund ist heiß und feucht und schmeckt nach süßen Trauben. Sie stöhnt mir in den Mund – ein Geräusch, an dem ich mich berausche. Ich bewege mich mit ihr zum Esstisch und werfe auf dem Weg einen Stuhl um. Ich hebe Olivia hoch und setze sie auf das schmale Ende der Tischplatte. Wir keuchen beide unkontrolliert.

«Ich will dich!», stöhne ich, nur für den Fall, dass ihr das noch nicht klar sein sollte.

Sie sieht mich aus leuchtenden Augen wie manisch an – gepackt vom gleichen Gefühlstsunami, der auch mich im Griff hat. Sie reißt sich das graue Flanellhemd vom Leib. «Dann nimm mich!»

Gott! Was für eine Frau! Sie sagt, was sie will. Ich *bete* sie an.

Olivia schlingt ihre blassen Arme um meinen Hals, und wir prallen aufeinander, küssend, zupackend, stöhnend. Ich umfasse ihre Hüften, ziehe sie bis ganz nach vorne an die Tischkante und reibe meine steinharte Erektion zwischen ihren weitgeöffneten Schenkeln. Meine Hand ist in ihrem seidenweichen Haar vergraben, ich halte sie am Hinterkopf, um mich ungehindert an ihrem Mund laben zu können.

Olivia fängt wieder an zu stöhnen, fast gequält und langgezogen. Plötzlich schlingt sie die Beine fest um meine Taille, packt mich an den Schultern und schiebt mich ein Stück von sich weg. Ich kapiere, was sie will, als sie an meinem Hemd zu zerren beginnt, und helfe ihr, indem ich es über den Kopf ziehe. Mit geweiteten Augen saugt sie den Anblick meines nackten Oberkörpers in sich auf, lässt ihre weichen Hände über meine Schultern gleiten, über meine Brust und bis hinunter über meinen Bauch.

«Gott!», stöhnt sie mit rauer Stimme. «Du siehst unglaublich ... *heiß* aus!»

Und ich? Muss lachen. Ich kann nicht anders. Obwohl ich dieses Kompliment beileibe nicht zum ersten Mal höre, liegt in ihrer Stimme eine Verwunderung, ein Staunen, das einfach nur bezaubernd ist. Doch das Lachen weicht einem rauen Seufzer, als ich ihr das Tanktop hochschiebe und über den Kopf ziehe. Der Anblick von Olivias Brüsten in nichts als unschuldiger weißer Spitze macht mich sprachlos. Ungelogen. Sie sind perfekt. Ich beuge mich wieder über Olivia, reibe mich mit kreisenden Hüften zwischen ihren Beinen, lasse die Lippen über ihre zarte Schulter gleiten, an ihrem Hals hinauf – halte kurz inne, um an ihrem rasenden Puls zu saugen, und bringe sie damit erneut zum Stöhnen. Meine Zähne streifen ihre Ohrmuschel.

«Ich will dich küssen, Olivia.»

Kichernd streicht sie mit den Händen über meinen Nacken. «Tust du doch schon.»

Ich löse eine Hand, lasse sie nach unten gleiten, zwischen ihre Beine, und presse die heiße Stelle, die sich unwillkürlich meiner Berührung entgegenbäumt.

«Hier. Hier will ich dich küssen.»

Olivia neigt den Kopf und bietet meinen Lippen ungehinderten Zugang zu Hals und Ohr. «Oh», stöhnt sie atemlos, «oh, oh...kay.»

Obwohl ich sie in meiner Phantasie schon ein Dutzend Mal auf sämtlichen Tischen ihres Coffee Shops gefickt habe, funktioniert der Küchentisch leider überhaupt nicht. Ich brauche entschieden mehr Platz. Und ich will, dass ihr Rücken kühle, weiche Seide spürt, während ich sie lecke. Mit einer einzigen Bewegung hebe ich Olivia vom Tisch, werfe sie mir über die Schulter und stapfe wie Caveman mit ihr in Richtung Schlafzimmer. Sie quietscht und lacht und kneift mich in den Hintern und kassiert dafür einen spielerischen Klaps.

Ich werfe sie mitten auf das übergroße Bett. Ihre Augen leuchten, sie lächelt, und ihre Wangen sind gerötet. Ich bleibe vor dem Bett stehen und rufe sie mit einer Geste zu mir. Und dann auch mit Worten: «Komm her.»

Olivia erhebt sich auf die Knie und rutscht auf mich zu, doch als ich sie küssen will, duckt sie sich weg – lässt ihre Lippen stattdessen über meinen Brustkorb gleiten, bedeckt meine Haut mit Dutzenden winziger, unglaublich heißer Küsse, die mein Blut in Lava verwandeln. Ich nehme ihr Gesicht zwischen meine Hände und ziehe sie sanft zu mir hoch. Und dann küsse ich sie noch einmal. Langsam. Genussvoll. Erforsche mit der Zunge ihren Mund. Und plötzlich verwandelt sich das neckische Spiel, die leichte, eher alberne Atmosphäre, die bis gerade eben um uns herrschte, in etwas Kraftvolleres. Dringlich und Animalisch. Olivias Mund ist fest mit meinem verschmolzen, während meine Hände zu ihrem Rücken wandern und den BH-Verschluss öffnen. Ich lasse die Träger über ihre Arme gleiten und umfasse mit beiden Händen ihre weichen, runden Brüste. Meine Daumen gleiten aufreizend über ihre Nippel, immer hin und her, verwandeln sie in zwei harte, dunkelrote Knospen. Olivia saugt an meinem Hals, beißt mir ins Ohrläppchen, zunehmend gierig, zunehmend fordernd, und dann neige ich den Kopf, und mein Mund führt fort, was meine Daumen begonnen haben. Kräftig und langsam saugend und mit schnellen Stößen meiner Zunge spiele ich mit einem ihrer Nippel. Olivia bäumt sich mir entgegen, versucht, meinem Mund noch näher zu sein, und gräbt die Fingernägel in meine Schulterblätter. Die Spuren, die sie dort zweifellos hinterlassen wird, werde ich morgen genießen. Ich wende mich dem anderen Nippel zu, puste darüber, reize ihn ein bisschen, bis Olivia mich an den Haaren näher heranzerrt. Meine Lippen umschließen ihre Brustspitze, ich bringe die Zähne ins Spiel, nage und sauge an dem verlockenden, harten Fleisch.

Als Olivias Hüften anfangen, suchend, verlangend zu kreisen, und ihrer Kehle wilde, heisere Laute entsteigen, löse ich mich von ihrer göttlichen Brust und lege sie auf den Rücken.

Olivia schaut mir in die Augen, und ich bin verloren. Besiegt. Hörig. In mir gibt es nur noch den Wunsch, dieser Frau Lust zu bereiten, sie zum Höhepunkt zu bringen. Kein anderer Gedanke hat mehr Platz. Ich will, dass sie zerfließt, sie soll Sterne sehen, den Himmel berühren.

Mit fahrigen Fingern öffne ich ihren Reißverschluss, zerre ihr die Hose vom Leib und richte mich auf. Der Anblick ist ein Genuss, und ich gönne mir einen Moment – Olivias erhitzter, von Erregung rosiger Körper, beinahe nackt, mitten auf meinem Bett. Tiefschwarze, lockige Strähnen umspielen ihre hellen Brüste. Ein flacher, wunderschön geformter Bauch und ein schmaler, rosa Spitzenslip, der sich über ihre wohlgeformten, weiblichen Hüften spannt. Das durchsichtige rosa Dreieck zwischen den Beinen gibt den Blick auf ein hübsches Nest aus kleinen Locken frei. Was für ein Anblick – die meisten Frauen, mit denen ich im Bett war, unternehmen alles, damit ihre Muschi nach Mr. Bigglesworth aussieht, Dr. Evils haarloser Katze. Die

Dinge an Olivia, die mir nicht gefallen, müsste ich erst noch entdecken – das hier jedenfalls gefällt mir außerordentlich. Ich spüre ihren Blick auf mir, als ich mir über die Lippen lecke und das rosa Spitzenhöschen über ihre Beine gleiten lasse – was mir endlich eine freie Sicht beschert.

«Gott, du bist eine Schönheit!», stöhne ich, krieche aufs Bett, lehne mich über sie. «So köstlich, dass ich dich zum Frühstück, zum Mittagessen und zum Abendessen vernaschen möchte. Und zur Nachspeise.» Ich hebe ihren Fuß auf meine Schulter, dann bewege ich mich langsam abwärts, küsse ihren Knöchel, ihren Unterschenkel, lecke ihre Kniekehle, streife mit den Lippen über die Innenseite des Oberschenkels. Als ich den Fuß wieder zurück auf die Matratze senke, stockt ihr kurz der Atem. Mit sanftem Druck lege ich die Hände auf ihre Schenkel und spreize sie weit auseinander. Ich lecke über zwei meiner Fingerspitzen und lasse sie durch ihre Spalte gleiten, massierend, suchend.

Olivias Augen schließen sich flatternd. «Nicholas.»

Ja. Treffer. Das ist der Punkt.

Meine Finger umkreisen ihre hübsche Klitoris – rosarot und dick geschwollen. Ich lasse mich zwischen ihre Beine sinken. Ich küsse ihren Oberschenkel, sauge ein wenig an dem straffen Fleisch, gerade fest genug, um einen Fleck zu hinterlassen.

«Sag noch mal meinen Namen», flüstere ich.

Olivias Brust hebt und senkt sich heftig. «Nicholas.» Sie keucht und stöhnt, während mein Mund seinem Ziel näher und näher kommt.

«Noch mal.» Meine Finger massieren sie weiter, und meine Nase streift zum ersten Mal die weichen Locken, die genauso süß und duftend sind wie der ganze Rest von ihr. Vielleicht noch mehr.

«Nicholas», stöhnt Olivia mit rauer, flehender Stimme.

Das ist Musik in meinen Ohren. Und nun gebe ich ihr, worauf wir beide so schrecklich heiß sind. Mein Mund bewegt sich über ihre Muschi, meine Zunge schiebt sich zwischen die geschwollenen Lippen. Laut wimmernd reckt Olivia sich mir entgegen, aber ich halte sie fest. Konzentriert und nicht zu bremsen in meinem Bedürfnis, sie zum Höhepunkt zu treiben.

Gott, dieser Geschmack! Das Gefühl von ihr an meiner Zunge. Ein unbeschreiblicher Genuss. Diese Frau treibt mich zum Wahnsinn. Mein Becken stößt rhythmisch gegen das Bett, auf der Suche nach Erleichterung. Ich umschließe mit den Lippen ihre Klitoris und fange heftig an zu saugen, während ich mit zwei Fingern in sie eindringe und gleichmäßig in sie stoße. Wie eng sie ist! Und so heiß. Und so feucht, dass ich jeden Moment den Verstand verliere. Gleichzeitig ist sie so zart und zerbrechlich, dass ich wirklich aufpassen muss mit ihr.

All diese Gedanken sind vergessen, als Olivia plötzlich den Rücken durchbiegt. Sie reckt den Hals, dann öffnen sich ihre Lippen, und sie stöhnt meinen Namen. Und dann kommt sie. Heftig. Zuckend. Überwältigend. Phantastisch. An meiner Zunge, unter meinen Lippen windet Olivia sich vor purer Lust.

Als sie unter lautem Stöhnen auf dem Bett zusammensackt, überziehe ich ihren Bauch und ihre Brüste mit Küssen, reibe mich an ihr und genieße die zarten Wellen, die sie noch durchbeben. Doch sie stößt mich zurück, rollt sich mit mir herum, sodass ich auf dem Rücken liege, und bahnt sich küssend den Weg über meinen Brustkorb abwärts.

Mit ungeduldigen Fingern zerrt sie mir die Hose vom Leib und schleudert sie zu Boden. Als sie über mir hockt, starrt sie seltsam erstaunt auf mich herunter. Dann schleicht sich ein Lächeln auf ihr Gesicht, und ich frage: «Was ist?»

Olivia zuckt die Achseln. «Im Internet stand, du trägst Calvin-Klein-Unterwäsche. Die haben gelogen.»

Stimmt. Ich trage gar keine Unterwäsche. «Du darfst nicht alles glauben, was du liest.»

Sie umschließt meinen pulsierenden Schwanz mit ihrer Hand. Das Gefühl ist unbeschreiblich – ich verdrehe die Augen und presse den Hinterkopf ins Kissen. Mit ausgesprochener Fingerfertigkeit fängt Olivia an, mich zu massieren – einmal, zweimal –, aber mehr lasse ich nicht zu. Mehr ertrage ich nicht. Wenn sie nur noch eine Sekunde weitermacht, komme ich wie ein grüner Junge. Ich springe auf, reiße Olivia in meine Arme, drehe sie auf den Rücken und stürze mich auf ihren Mund wie ein Ertrinkender. Blind taste ich auf dem Nachttisch nach den Kondomen, die David dort bereitgelegt hat. Olivia bäumt sich auf, und beinahe kann ich ihren feuchten Eingang an meinem Schwanz spüren. Ich mache mich augenblicklich von ihr los. Schnell.

«Sekunde.» Mit den Zähnen reiße ich die Verpackung auf, Olivias Hände wollen helfen, stören aber nur, als ich zitternd und so schnell wie möglich das Ding an Ort und Stelle bringe. Und dann bin ich über ihr, versinke in diesen dunkelblauen Augen, die mich vom ersten Moment an in ihren Bann gezogen haben. Ich atme, so tief ich kann, flehe mich selbst stumm an, jetzt nicht die Kontrolle zu verlieren, und dann, endlich, drücke ich meine Schwanzspitze zwischen ihre Schamlippen und dringe in sie ein. Sanft und vorsichtig und nur mit der Eichel.

Olivias Mund öffnet sich. Und mein Herz rast so heftig, dass ich glaube, sterben zu müssen. Sie hebt die Hand, legt sie an meine Wange und küsst mich. Sie bäumt sich mir entgegen, und langsam, langsam, lasse ich mich in sie hineingleiten – ihre wunderbare Muskulatur schmiegt sich nass und fest um mich.

Als unsere Becken sich endlich treffen, weil ich ganz in ihr bin, als meine Eier endlich direkt an Olivias niedlichem Hintern anliegen, halte ich inne und warte. Ich muss schlucken. Meine Kehle fühlt sich an wie Sandpapier.

Sie hat die Augen geschlossen. Ihre Wimpern liegen auf ihren Wangen wie winzige Seidenfäden.

«Ist alles okay?», keuche ich.

Bitte sag Ja. Bitte, bitte, bitte. Bitte. Ich muss mich bewegen. Sag Ja, damit ich dich endlich ficken kann.

Und dann geschieht ein schlichtes, ganz und gar normales Wunder. Olivia schlägt die Augen auf. Mein Herz zerbirst mit einem deutlichen Knacken.

«Ja.»

Definitiv mein Lieblingswort.

Ich spüre ihre Muskeln um meinen Schwanz – sie zieht sie zusammen, massiert mich, ihre Hüften bewegen sich nach oben, zaghaft noch, prüfend.

«Oh Gott», stöhnt sie. «Beweg dich, Nicholas. Ich will dich spüren. Jetzt.»

Das Lieblingswort von eben bekommt ernsthaft Konkurrenz.

Das Gewicht auf den Armen, ziehe ich mich fast ganz zurück und stoße dann langsam in sie, mit einem tiefen, kehligen Stöhnen. Weil sie sich so phantastisch anfühlt. Unbeschreiblich. Olivia schlingt die Arme um meinen Hals, meine Hände gleiten unter ihre Schulterblätter und umfassen ihren Kopf, und dann ficke ich sie endlich, mit gleichmäßigen, tiefen Stößen. Unser keuchender Atem vermischt sich, wir küssen und lecken uns, die Lust steigt mit jeder Bewegung weiter, steigert sich ins Unerträgliche.

Und bricht sich endgültig Bahn.

Mein Becken bewegt sich ohne mein Zutun mit tiefen, kräftigen Stößen, hat nur noch ein einziges Ziel: dem Orgasmus entgegenzujagen, der auf uns beide zugerast kommt. Und dann wird mein Verstand leer – absorbiert von diesem vollkommenen Augenblick tiefster, animalischer Lust. Olivia ist am gleichen Punkt angelangt. Sie beißt mir in die Schulter, doch ich spüre nichts. Ich spüre nur, dass wir miteinander verbunden sind, untrennbar, während ich heftig in ihr pulsiere und zucke, ihr alles gebe, das ich habe, wieder und wieder und wieder.

♛

Olivia liegt bequem in meiner Armbeuge, wunderschön und vollkommen, und sieht zu mir auf, während ihre Fingerspitzen auf meinen Bauchmuskeln tanzen, im Zickzack, von oben nach unten und dann wieder von vorn.

«Du bist wunderschön, wenn du kommst.» Ich fahre mit den Fingerknöcheln sanft die Konturen ihrer Wange nach. «Und hinterher auch.»

Sie sieht mich mit einem entzückenden Augenaufschlag an. «Ich geb mir Mühe.»

Als ich die Hand von ihrem Gesicht nehme, hält sie mich am Handgelenk fest und betrachtet die schmalen Armbänder, die ich niemals ablege. «Die hast du gestern auch schon getragen. Haben sie eine besondere Bedeutung?»

Ich streife den Teakholzreifen ab und gebe ihn ihr. Olivia lässt die Fingerspitzen sanft über die Gravuren gleiten. «Der hat meinem Vater gehört», erzähle ich ihr. «Er hat als Teenager einen Sommer in Afrika verbracht, um Häuser zu bauen. Den Armreif hat er von einer der Dorffrauen bekommen. Als Schutzsegen, wie sie sagte. Er hat den Armreif so gut wie nie abgelegt.» In meiner Kehle bildet sich ein Kloß. «Nach der Beerdigung hat Fergus, unser Butler, mir den Armreif gegeben. Er sagte, er hätte ihn im Ankleidezimmer meines Vaters gefunden. Ich habe keine Ahnung, weshalb er ihn nicht trug, als sie nach New York aufbrachen. Ich trage ihn allerdings nicht aus Aberglauben, sondern weil es mir gefällt, etwas ganz nahe bei mir zu haben, das ihm so nahe gewesen ist.»

Olivia kuschelt sich noch enger an mich und streift mir den Armreif wieder über. «Und das da?» Sie spielt mit dem Gliederarmband aus Platin, das dasselbe Handgelenk umfasst.

«Das gehört Henry. Unsere Mutter hat es für ihn anfertigen lassen, als sie dachte, Namensarmbänder kämen wieder schwer in Mode.» Ich lache, und Olivia lacht mit. «Er hat es gehasst, hat aber trotzdem so getan, als würde es ihm gefallen, ihr zuliebe.» Und dann muss ich tatsächlich blinzeln, um das Brennen aus meinen Augen zu vertreiben. Was macht diese Frau nur mit mir? «Nach ihrem Tod hat Henry es nie wieder abgelegt. Ließ, als es zu eng wurde, neue Glieder einfügen. Weil er es nicht mit zum Militär nehmen konnte, bat er mich, es für ihn aufzubewahren, bis er wieder nach Hause kommt.»

Olivia gibt mir einen tröstenden Kuss auf die Schulter, und ein paar Minuten lang liegen wir in einträchtigem Schweigen nebeneinander.

Schließlich rollt sie sich auf den Bauch, und ihre langen Locken verteilen sich über meinen Brustkorb. «Weißt du, was ich noch bin, wenn ich gekommen bin?»

«Nein, was denn?»

«Durstig.»

Ich reibe mir die Augen und unterdrücke ein Gähnen. «Ja, gegen eine Flasche Wasser hätte ich auch nichts einzuwenden. Da drüben steht ein Kühlschrank.» Ich zeige auf die gegenüberliegende Wand. «Hol uns doch was.»

Olivia versteckt sich unter der Bettdecke und umklammert mich, als wäre sie der Koala und ich ihr Baum. «Viel zu kalt. Auf was hast du die Klimaanlage eigentlich gestellt? Arktisch?»

«Ich mag es kalt. Heiß bin ich selbst.» Ich tippe an die aufgerichteten Knospen ihrer Brüste. «Und es gibt weitere Vorteile.»

«Ich finde, du solltest das Wasser holen. Das gehört sich so für einen Gentleman.»

Ich rolle mich auf sie, schiebe mit dem Becken ihre Beine auseinander und mache es mir dort bequem. Mein Schwanz wird schon wieder hart. «Hier gibt es aber keinen Gentleman.» Meine Zähne streifen ihren reizenden Hals – plötzlich kann ich Vampire etwas besser verstehen. «Außerdem will ich dich durch den Raum laufen sehen.» Ich verlagere das Gewicht und umschließe ihre rechte Brust mit einer Hand. «Den herrlichen Dingern hier beim Schaukeln zusehen.»

«Perversling!»

Sie hat ja keine Ahnung.

«Ich habe eine Idee», sagt sie. «Wir spielen ein Spiel. Derjenige, der die peinlichste Geschichte von sich erzählt, darf im warmen Bett bleiben. Wer verliert, muss sich seine edlen Teile abfrieren und Wasser holen.»

Ich schüttle den Kopf. «Ach, Süße, du hast schon verloren. Keiner hat mehr Peinlichkeiten erlebt als ich.»

Ich rolle mich von Olivia. Den Kopf in die Hand gestützt, sieht sie mich an. «Wir werden sehen.»

«Ladys first. Dann lass mal hören.»

Plötzlich zieht ein Schatten von Unsicherheit über ihr Gesicht. «Ich hoffe, es ist dir nicht zu krass. Es hat mit … Oralsex zu tun.»

«Mhm! Eins meiner Lieblingsthemen. Sprich weiter.»

Sie wird bereits rot.

«Also, es war das erste Mal, dass ich jemandem … einen geblasen habe. Ich wusste eigentlich gar nicht, was das ist. Und weil es nun mal *Blasen* heißt, dachte ich, man müsste …» Sie bläst die Wangen auf, als würde sie versuchen, einen störrischen Luftballon aufzupusten.

Wiehernd lasse ich mich aufs Kopfkissen fallen. «Himmel, du hattest Glück, dass du dem armen Kerl kein Aneurisma verpasst hast.»

Ihre Wangen färben sich tiefrot, und sie knufft mich in die Seite. «Du bist dran.»

Ich sehe zur Decke und überlege. Es gibt so viele Geschichten. «Ich habe mal in eine Tasche geschissen.»

Olivia stößt ein schockiertes Lachen aus. «Was?»

Ich nicke. «Ich war im Internat in der Rudermannschaft.»

«War ja klar.»

«Wir waren zu einem Wettbewerb bei einer anderen Schule, ziemlich weit weg. Auf dem Rückweg gab es einen Unfall, wir standen mit dem Bus im Stau und kamen nicht weiter. Was auch immer sie uns zu Mittag kredenzt hatten, mein Gedärm war jedenfalls nicht begeistert. Tja. Also hieß es: entweder die Hose oder meine Sporttasche. Ich habe mich für Option Nummer zwei entschieden.»

Sie schlägt sich entsetzt die Hände vors Gesicht und lacht. «O Gott! Das ist schrecklich ... aber trotzdem zum Brüllen.»

Ich lache mit. «Das war es. Vor allem, als es in der Zeitung stand. Der reinste Albtraum.»

Und plötzlich lacht Olivia nicht mehr. Kein bisschen. «Das stand in der Zeitung?»

Ich zucke die Achseln. «Klar. Je peinlicher die Geschichte, desto mehr bezahlen Journalisten dafür. Meine Klassenkameraden waren immer erpicht auf ein bisschen Extrataschengeld.»

«Aber ... ihr wart doch eine Mannschaft. Ihr wart Freunde.»

Ich spiele mit ihrem Haar, ziehe an einer Locke und sehe zu, wie sie wieder in ihre Form federt.

«Es ist so, wie ich an dem ersten Abend bei dir im Laden zu Simon gesagt habe: Alles ist käuflich, und jeder – *jeder* – hat seinen Preis.» Sie sucht meinen Blick. In ihren Augen liegt tiefe Traurigkeit. Das gefällt mir nicht – überhaupt nicht. Ich rolle mich wieder auf sie, schiebe mich zwischen ihre Beine. «Bist du jetzt meinetwegen traurig?», frage ich.

«Ja.»

«Tue ich dir leid?»

Sanft lässt sie die Finger durch mein Haar gleiten. «Glaub schon.»

«Gut.» Ich grinse. «Das heißt, du holst Wasser. Und außerdem will ich, wenn du zurück bist, unbedingt deine Blowjob-Qualitäten testen. Mich davon überzeugen, dass du's inzwischen besser weißt. Wenn nicht, gebe ich dir gern ein Stündchen Nachhilfe.» Geschafft. Sie unterdrückt ein Grinsen, und ihre Augen blitzen.

«Immer noch so herrisch!» Sie schüttelt den Kopf. Aber dann steht sie auf, um Wasser zu holen, und ich genieße jede Sekunde. Und als sie wieder ins Bett gekrochen kommt, macht Olivia sich umgehend an ihren Blowjob, und den genieße ich noch mehr.

♛

Irgendwann treibt uns der Hunger aus dem Bett. Olivia zieht sich ein graues Kapuzenshirt von mir über, das ihr bis auf die Oberschenkel reicht. Ich versuche es mit der von ihr gepriesenen Methode und laufe zur Abwechslung mal nackt herum. Vielleicht bekomme ich nie wieder Gelegenheit dazu. Und sie hat recht – das Gefühl ist ziemlich phantastisch. Befreiend, wenn alles einfach schaukeln darf. Ganz natürlich wie bei Adam, wäre der Garten Eden eine Penthouse-Suite. Der scharfe, hungrige Blick, den Olivia mir zuwirft, macht es noch besser.

Wir haben beide keine Lust auf Sushi und suchen in der Küche nach etwas anderem.

«Du hast Cinnamon Toast Crunch!», ruft Olivia aufgeregt aus dem Inneren des Küchenschranks. Strahlend kommt sie wieder zum Vorschein und schwenkt die Schachtel wie eine Trophäe.

Ich stelle zwei Schalen auf den Tisch. «In Wessco haben wir so was Ähnliches. Bei uns heißen die Dinger Snicker-Squares. Ich liebe sie.»

«Ich auch!» Ihre blauen Augen werden hell und weich, und sie seufzt. «Gerade, als ich dachte, perfekter könntest du nicht sein.»

Einträchtig sitzen wir am Tisch, stopfen kleine Quadrate aus Zimt und Zucker und irgendeinem Zeug in uns hinein, das so tut, als wäre es Vollkorn, und plötzlich schlüpfen mir, ohne nachzudenken, Worte aus dem Mund.

«Das macht Spaß.»

Olivia grinst mich an. «Du klingst überrascht. Hast du normalerweise keinen Spaß?»

«Doch. Aber das hier ... macht mehr Spaß.» Ich schüttle den Kopf. «Ich kann es nicht erklären, aber es ... es fühlt sich irgendwie gut an.»

«Ja. Finde ich auch.»

Und dann sehe ich sie einfach nur an – beobachte ihre niedliche Art zu kauen, sehe zu, wie sie sich mit der Zungenspitze über die Lippen leckt, an denen ich endlich wieder knabbern will.

Verunsichert streicht sie sich die Haare hinters Ohr. «Hab ich was im Gesicht?»

«Nein ... nein. Ich denke nur nach», sage ich leise.

«Worüber?»

Ich strecke die Hand nach ihr aus und fahre zärtlich die Konturen ihrer Wange nach. «Was um alles in der Welt soll ich nur mit dir machen?»

Wir sehen uns einen Moment lang an, dann blitzt in Olivias Augen der Schalk auf. Sie nimmt meine Hand und küsst sanft die Innenfläche. Dann steht sie auf, kommt zu mir und setzt sich rittlings auf meinen Schoß. Die feuchte Hitze ihrer Muschi drängt gegen meinen anschwellenden Schwanz. «Fragst du dich, was du mit mir machen sollst oder wie du's mit mir machen sollst?»

«Tja. Beides.»

Olivia fährt mir mit der Zunge über die Oberlippe und fängt zart an zu saugen. «Wie wär's, wenn du mich zurück ins Bett bringst und wir dort darüber nachdenken?»

Ich umfasse ihren Hintern und hebe sie beim Aufstehen mit hoch. «Hervorragende Idee.» Ich trage sie ins Schlafzimmer, lade sie auf dem Bett ab und lege mich auf sie. «Bleib», sage ich zwischen zwei Küssen. «Bleib hier bei mir.»

«Wie lange?»

«So lange du kannst.»

Ihre Hände gleiten über meinen Rücken. «Ich muss um vier Uhr im Laden anfangen.»

Ich küsse sie leidenschaftlich. «Dann fahre ich dich um halb vier zurück. Okay?»

Sie lächelt. «Okay.»

11

OLIVIA

Bis zu diesem Augenblick hätte ich, wäre ich gefragt worden, Sex als ... nett beschrieben. Meine Erfahrungen mit Jack waren schön, die erste Liebe eben, auf die typische, hormongesteuerte, hektische Weise. Rein, raus, und gerade, wenn es anfängt, gut zu werden, ist schon wieder alles vorbei. Mit siebzehn hat man keine Ahnung, dass es mehr zu holen gibt.

Sex mit Nicholas ist mehr als mehr. Sex mit Nicholas macht Spaß. Spaß wie in dem Video zu John Mayers *Your Body Is a Wonderland*, mit Rumalbern und Necken und Anfassen, mit Toben im Bett und lautem Gelächter. Wir küssen und liebkosen uns nicht nur zum Vorspiel, sondern weil es schön ist.

Sex mit Nicholas ist aufregend. Elektrisierend bis in die Haarspitzen. Ich hatte keine Ahnung, dass es sich so gut anfühlt, mich an den Handgelenken packen zu lassen, die Arme weit über den Kopf gereckt. Ich hatte keine Ahnung, dass schweißnasse Haut so erotisch sein kann. Ich wusste nicht, dass gewisse Muskeln Muskelkater kriegen können – und sich dann trotzdem alles noch ganz wunderbar anfühlt. Ich hatte keine Ahnung, dass ich zu multiplen Orgasmen imstande bin. Tja, bin ich aber, gelobt sei Gott.

Ich bin weder verklemmt noch prüde. Ich weiß, wie ich es mir selbst machen kann. Ein bisschen Reiben und Massieren nach einem stressigen Tag ist die beste und schnellste Methode, einzuschlafen. Aber ich würde nach dem Finale nie auf die Idee kommen, mir noch eine Zugabe zu geben. Nicholas schon – und was noch besser ist, er tut es leidenschaftlich gern und mit Erfolg.

In den Tagen, die auf unsere erste gemeinsame Nacht folgen, stellt sich zwischen uns unausgesprochen eine Art Routine ein. Ich verbringe den Tag im Coffee Shop und die Nacht bei ihm im Hotel. Manchmal holt er mich ab, manchmal schickt er mir nur den Wagen – er will seine regelmäßigen Besuche bei Amelia's so lange wie möglich vor der Öffentlichkeit geheim halten. Sobald ich bei ihm bin, schickt er die Jungs vor die Tür. Er bringt sie sogar so weit, sich freiwillig bis in ihre eigenen Zimmer am Ende des Flurs zurückzuziehen. Logan hat am lautesten protestiert und sich dann trotzdem gefügt.

Schließlich ist der Kunde König, und das gilt erst recht, wenn der Kunde ein Prinz ist.

Wir sind noch nicht wieder aus gewesen. Wir bestellen uns was zu essen aufs Zimmer oder machen uns selbst eine Kleinigkeit, Sandwiches oder Nudeln. Das ist alles so erstaunlich ... normal. An manchen Abenden sehen wir sogar gemeinsam fern. Zumindest versuchen wir seit Tagen, uns die zweite Staffel von *American Horror Story* reinzuziehen, sind aber immer noch nicht über die zweite Folge rausgekommen.

Ständig kommt uns der Sex dazwischen. Umwerfender, erotischer, hammergeiler Sex, der mir im Coffee Shop immer wieder Flashbacks beschert, was auch Marty nicht entgeht. Am Anfang war er neidisch, dann hat er angefangen, mich damit aufzuziehen. Ich glaube, inzwischen kann er sich neidlos für mich freuen.

Nach dem Sex liegen wir im Bett und reden. Nicholas erzählt mir von seiner Großmutter, seinem Bruder und von Simon. Ich spüre eine ständig wachsende Zärtlichkeit für ihn in mir, die sich leicht in etwas sehr viel Tieferes verwandeln könnte, aber ich achte darauf, alles möglichst leicht und unkompliziert zu halten. Unverbindlich.

Verbindlichkeit hat Nicholas schon genug in seinem Leben.

Richtig *gesprochen* im Sinne von ‹Was ist das eigentlich mit uns? Wo führt das hin?› haben wir nur einmal, als im Fernsehen ein kurzer Ausschnitt über ihn und eine umwerfende Blondine in Wessco gezeigt wurde. *Wedding Watch* hieß die Sendung. Nicholas hat mir gesagt, sie sei eine alte Schulfreundin – und zwar nur eine Freundin – und dass ich grundsätzlich nichts glauben dürfte, was die Medien über ihn schreiben oder sagen.

Ich meine, hallo? Die haben ja nicht mal die Sache mit der Unterwäsche auf die Reihe gekriegt. Offensichtlich wissen die einen Scheißdreck.

Zwei Wochen nach unserer völlig verrückten ersten Nacht bringt meine wachsende Zuneigung zu Nicholas mich dazu, etwas zu machen, das ich seit Jahren nicht getan habe: Ich nehme mir einen Samstag frei.

Marty und Ellie werden den Laden für mich schmeißen.

Ich möchte Nicholas etwas Gutes tun. Nicht, um mich bei ihm für all die Orgasmen zu revanchieren, sondern einfach nur so. Was schenkt man einem Prinzen? Was schenkt man einem Mann, dem ein ganzes Land zu Füßen liegt und die Welt offen steht?

Etwas, wozu nur ein Mädchen aus New York in der Lage ist.

♛

«Ich habe einen Plan.» Nicholas sieht mich fragend an.

Wir befinden uns im Arbeitszimmer seiner Suite. Nicholas sitzt am Schreibtisch, die Haare noch feucht vom Duschen, und James und Tommy stehen am Fenster.

«Zieh dich aus», sage ich und stelle einen vollgestopften Rucksack auf dem Boden ab.

Nicholas steht auf, und sein neugieriges Grübchengrinsen weckt die Schmetterlinge in meinem Bauch. «Das klingt hervorragend.» Er zieht sich das Hemd über den Kopf – und ich muss beim Anblick seines herrlichen Brustkorbs und des Sixpacks darunter den Mund zumachen, um nicht zu sabbern. «Soll ich die Jungs rausschicken?»

Ich öffne den Rucksack und werfe ihm ein T-Shirt mit Beastie-Boys-Aufdruck und eine löchrige Jeans zu. «Nein, die können bleiben. Zu denen komme ich gleich.»

Nicholas zieht sich ohne zu fragen um. Ich hole eine fette Goldkette mit Kreuz aus dem Rucksack, und er neigt den Kopf, damit ich sie ihm umlegen kann. Ich quetsche eine Ladung Haargel aus der mitgebrachten Tube in meine Hand, stelle mich auf die Zehenspitzen und reibe ihm das Zeug in die Haare – oben wuschelig und die Seiten straff zurückgegelt. Die perfekte Verkleidung.

«Wie wär's mit einem Ohrring?»

«Vor Nadeln habe ich Angst», flüstert er und zwinkert mir zu. Seine Augen blitzen bereits vor Aufregung, dabei habe ich die nächste Frage noch gar nicht gestellt.

«Kannst du Motorrad fahren?» Er hat mir neulich erzählt, dass er beim Militär zum Piloten ausgebildet wurde, und ich gehe mal davon aus.

«Klar.»

«Wunderbar.» Ich ziehe einen Motorradhelm mit dunklem Visier aus dem Rucksack und halte ihn hoch.

«Martys Maschine steht vor dem Hotel. Er lässt dir Folgendes ausrichten: Wenn du sie kaputt machst, kriegt er eine … Ducati.»

Logan kommt zur Tür rein und hebt die Hand wie ein Verkehrspolizist. «Moment mal …»

Nicholas nimmt mir den Helm ab. «Alles in Ordnung, Logan.»

Ich wende mich an die drei großen, breitschultrigen Kerle, bei denen mich eine Lizenz zum Töten nicht wundern würde. «Also», sage ich vorsichtig. «Es wäre toll, wenn Ihr hierbleiben könntet. Ich möchte mit Nicholas einen Ausflug machen, und zwar allein.»

«Kommt nicht in Frage!», sagt Tommy.

James schüttelt den Kopf.

«Sicher nicht», sagt Logan.

Tja. Nicholas' Gesichtsausdruck spricht eine andere Sprache.

«Nein.» Logans Stimme klingt angespannt, fast ein bisschen verzweifelt. Ich glaube, er weiß, dass er auf verlorenem Posten ist.

«Henry hat seine Jungs ständig abgehängt», sagt Nicholas.

«Sie sind aber nicht Prinz Henry», entgegnet Logan. «Wir sind für Ihre Sicherheit zuständig, Sir.»

«Ich habe für euch eine Aufstellung gemacht.» Ich kann nicht anders. Ich hüpfe vor Begeisterung auf und ab wie Bosco, wenn er pinkeln muss. «Ich habe alles aufgeschrieben, nur für alle Fälle. So wissen Sie genau, wo wir wann sein werden.» Ich nehme einen Umschlag aus dem Rucksack und reiche ihn Logan. Doch als er ihn öffnen will, lege ich meine Hand auf seine. «Erst aufmachen, wenn wir weg sind, sonst ist die ganze Überraschung futsch. Ich verspreche, dass alles gutgeht. Ich schwöre auf mein Leben.» Ich blicke von Logan zu Nicholas. «Vertrauen Sie mir.»

Ich wünsche mir das so sehr – und ihm. Ich möchte ihm so gern eine Freude machen, ihm etwas geben, das er sonst nicht bekommen kann. Etwas, woran er sich immer erinnern wird: Freiheit.

Nicholas wirft einen Blick auf den Helm, dann sieht er Logan an. «Was könnte schlimmstenfalls passieren?»

«Sie werden entführt, und wir drei hängen wegen Hochverrats.»

«Mach dich nicht lächerlich», spottet Nicholas. «Bei uns wurde seit Jahren niemand mehr gehenkt.» Er schlägt Logan auf den Rücken. «Das gibt höchstens lebenslänglich bei Wasser und Brot.»

Tommy lacht.

Logan nicht.

James stellt eine Pokermiene zur Schau.

«Sir, bitte, hören Sie mir zu ...», setzt Logan an.

Und jetzt hat Nicholas offenbar die Nase voll und benutzt kurzerhand, was ich inzwischen nur noch *Die Stimme* nenne. «Ich bin kein Kind mehr, Logan. Ich bin sehr wohl in der Lage, einen Nachmittag ohne Security zu überleben. Ihr drei bleibt hier, das ist ein Befehl. Falls ich auch nur einen eurer Ärsche irgendwo in meiner Nähe entdecke – und darauf könnt ihr Gift nehmen –, schicke ich euch nach Hause und lasse euch die verfickten Hunde hüten. Ist das klar?»

Logan nickt mit zusammengebissenen Zähnen.

Ein paar Minuten später setzt Nicholas den Helm auf und betritt den Lift, und unerkannt spazieren wir durch die Lobby und zum Hotel hinaus.

♛

«Willkommen in Coney Island!» Ich breite die Arme aus, während Nicholas das Motorrad abschließt. «Berühmt und berüchtigt für seine Achterbahn, seine halbwegs sauberen Strände und seine Hotdogs, die zwar zur Herzverfettung beitragen, dieses Risiko aber unbedingt wert sind.»

Nicholas lacht. Er nimmt meine Hand, und wir spazieren auf die weltbekannte Achterbahn zu. Niemand beachtet uns, trotzdem hält Nicholas zur Sicherheit den Blick gesenkt.

«Und? Wie fühlt sich das an? Mal so ganz ohne die Jungs?»

Er hebt den Kopf und blinzelt in die Sonne. «Seltsam. Ich komme mir vor, als hätte ich irgendwas vergessen. Oder wie in dem Traum, wo man plötzlich ohne Hose im Klassenzimmer steht. Gleichzeitig ist es ... erregend.»

Er gibt mir einen Kuss auf die Hand. Wie damals an diesem Morgen, und wieder kribbelt es durch und durch. Nach einer

Fahrt auf der Achterbahn und zwei Hotdogs gehen wir zum Motorrad zurück, um die mitgebrachte Decke zu holen, und bewegen uns in Richtung Amphitheater.

«Heute spielt zufällig *Kodaline*», sage ich betont beiläufig. Nicholas hat, wie ich inzwischen weiß, einige ihrer Lieder auf seinem Telefon. Er bleibt stehen und sieht mich an, mit unbewegtem Gesicht. Aber seine Augen strahlen leuchtend grün. Er zieht mich mit einer einzigen Bewegung an sich und küsst mich, dass mir die Luft wegbleibt.

Seine Stirn an meine gedrückt, sagt er leise: «Das ist absolut das Beste, das jemals jemand für mich getan hat. Danke, Olivia.»

Ich lächle – und ich weiß, dass ich strahle. Weil ich mich genauso fühle. Strahlend. Jetzt. Hier. In seinen Armen. Von innen heraus leuchtend wie eine helle Sternschnuppe, die niemals verglüht.

Als wir im Stadion sind und in der Getränkeschlange stehen, dröhnt *Everything I Do* von Bryan Adams aus den Lautsprechern. «Ich liebe diesen Song», sage ich. «Das war unser Lied für den Abschiedsball. Aber dann bin ich nicht gegangen.»

«Warum nicht?»

Ich zucke die Achseln. «Keine Zeit, kein Kleid.»

«Wollte dein Freund, dieser Jack, denn nicht mit dir angeben?»

«Er hatte es nicht so mit Bällen.»

«Was für ein Blindgänger.»

Mir fällt auf, dass Nicholas immer noch ständig den Kopf gesenkt hält und versucht, sich im Kragen der Lederjacke zu verstecken.

Ich hebe sein Kinn hoch. «Hör mal, wenn du in der Menge untergehen willst, darfst du nicht die ganze Zeit so tun, als hättest du was zu verbergen.»

Er lächelt, und die Grübchen tauchen auf. *Herrlich.*

«Niemand würde auf die Idee kommen, dass du ausgerechnet

hier bist. Und die paar, die dich tatsächlich erkennen, sind mit Sicherheit viel zu cool, um eine große Show abzuziehen. Hier in New York machen wir nicht so viel Theater um Celebrities.»

Er sieht mich an, als hätte ich den Verstand verloren. «Da habe ich aber ganz andere Erfahrungen gemacht.»

Ich zucke die Achseln. «Die müssen aus Jersey gewesen sein.»

Nicholas lacht, glucksendes Gelächter, aus seinem Bauch heraus, das mich dazu bringt, genüsslich die Augen zu schließen.

Aber dann ertönt hinter uns eine Stimme, kehlig, wahrscheinlich ist sie Raucherin, jedenfalls definitiv Staten Island. «O mein Gott! Wissen Sie, wie Sie aussehen?»

Nicholas erstarrt, aber ich drücke einfach nur seine Hand. Ich hab alles im Griff. «Prinz Nicholas, stimmt's?» Ich drehe mich um und strahle die Blondine mit der Pilotenbrille an.

«Ja! Total! Ich hab nämlich gehört, dass er in der Stadt sein soll.» Sie zeigt mit dem Finger auf Nicholas. «Sie sehen ihm so ähnlich! Der Hammer!»

«Ja, ich weiß!», sage ich. «Ich sage ihm schon die ganze Zeit, wir sollten nach Vegas gehen. Er könnte als Doppelgänger richtig Geld machen, aber auf mich hört er ja nicht.» Ich schwenke albern seine Hand. «Komm, Baby, mach mal den Akzent, bitte.»

Mit unendlich sanftem Blick sieht er mich an und sagt mit seiner normalen Stimme: «Ich habe keinen Akzent ... Baby.»

Ich lache laut, und die Frau hinter uns flippt völlig aus.

«Oh mein Gott! Das ist echt der absolute Hammer!»

«Nicht wahr?» Ich seufze. «Na ja. Vielleicht habe ich ja Glück, und es stellt sich irgendwann raus, dass er ein lange verschollener Verwandter ist.»

Direkt neben uns macht gerade eine Kasse auf, ich trete vor und sage zu der Frau: «Viel Spaß noch.»

«Danke. Euch auch.»

Nicholas legt mir schwungvoll seinen kräftigen Arm um die

Schulter und zieht mich an sich. Ich drücke die Nase an sein T-Shirt und atme seinen köstlich männlichen Geruch ein. Dann sehe ich ihn an.

«Und? Was habe ich dir gesagt?»

Er küsst mich auf den Mund und knabbert wieder mal an meinen Lippen, was mich sofort zum Stöhnen bringt. «Du bist ein verfluchtes Genie.»

«Ich habe meine Momente.»

Nachdem wir uns Bier geholt haben, spazieren wir nach hinten auf die Wiese, auf der Suche nach dem perfekten Fleckchen.

«Und jetzt?», fragt der Mann, der durchaus mein fester Freund sein könnte.

«Hast du schon jemals an einem warmen Frühlingsnachmittag inmitten von Hunderten Menschen auf einer Decke gelegen, billiges Bier aus roten Plastikbechern getrunken und dabei gute Musik gehört?»

«Nein. Das Vergnügen war mir bis jetzt verwehrt.»

Ich hebe den Becher. «Na dann viel Spaß.»

NICHOLAS

Kichernd und händchenhaltend stolpern wir durch die Drehtür in die Lobby des Hotels. Wir benehmen uns wie zwei notgeile Teenager, die vorhaben, für einen Quickie in der Besenkammer den Unterricht zu schwänzen. Den ganzen Nachmittag neben Olivia auf einer Decke in der Sonne zu liegen, sie immer wieder genüsslich und ausführlich zu küssen, ohne mich darum zu scheren, wer uns eventuell zusieht, hat meine Lust auf sie ins Unerträgliche gesteigert. Ich bin hart. Mein Gott, bin ich hart. Und deswegen ist mir scheißegal, dass sich Köpfe nach uns umdrehen und Handykameras gezückt werden. Alles, was mich interessiert, ist mein Schwanz, eingesperrt in meiner Jeans, hart und heiß und schmerzend.

Vorfreude. Gibt es etwas Schöneres? Ich musste noch nie warten, zumindest nicht in dieser Beziehung. Ich hatte keine Ahnung, was der Begriff Vorspiel alles beinhalten kann. Wie aphrodisierend ein Spannungsaufbau über Stunden sein kann, diese knisternde, aufreizende Aussicht auf Erfüllung. Mir rauscht das Blut in den Ohren, und Olivias Augen sprühen förmlich vor Lust und Übermut und rohem Hunger. Wir schaffen es irgendwie zum Aufzug, und sobald sich die Türen hinter uns schließen, falle ich über sie her, presse sie gegen die kühle Wand und versinke in ihrem Mund. Sie stöhnt, meine Zunge ist tiefer in ihr als je zuvor, und ich reibe mich an ihr und koste die Erregung in mir aus, die noch immer keine Erfüllung findet. Doch das ist okay – weil ich weiß, dass sie bald schon splitternackt sein wird, mit gespreizten Beinen ausgebreitet auf meinem Bett, und ich dann endlich wieder und wieder in ihre feuchte Enge eindringen darf, so lange, bis wir beide nicht mehr können. Oder bis das Bett unter uns zusammenkracht.

Ich lehne mich zurück und betrachte mit Genuss, wie die Wölbung in meiner Jeans gegen ihre pochende Mitte presst. Wir sind perfekt. Mein Schwanz passt perfekt dorthin – schmiegt sich wie von selbst an ihr weiches, süßes Fleisch, das lediglich bedeckt ist von einer dünnen Baumwoll-Leggins. Durch die ich sie *fühlen* kann. Und was ich fühle, ist phantastisch.

Olivia krallt sich in meinen Nacken, reckt sich, streift mir mit den Lippen über den Kiefer, fährt mit den Zähnen über die Bartstoppeln auf meinem Kinn. «Bitte, Nicholas. Ich will, dass du mich fickst, überall», keucht sie. «Ich will, dass du überall kommst. Zwischen meinen Beinen, auf meinen Brüsten, in meinem Mund, in meiner Kehle ... oh, bitte, Nicholas. Bitte. Überall!»

«Gott, ja!», flüstere ich heiser. Ihre Worte treiben mich in den Wahnsinn. In Gedanken mache ich mir eine Notiz: *Billiges Bier macht Olivia wild. Unbedingt für Vorrat sorgen.*

Mit einem Pling öffnet der Lift sich ins Penthouse. Olivia springt auf meinen Arm, verschränkt die Beine hinter meinem Rücken, und ich trage sie in Richtung Schlafzimmer, knete und massiere dabei ihren Hintern. Im Wohnzimmer wird unser Weg unterbrochen – vom Chef meines Sicherheitsteams. Logan sitzt auf dem Sofa, stockstarr und mit finsterer Miene. Plötzlich fühle ich mich nicht einfach nur wie ein Teenager, ich fühle mich wie ein Teenager, der, nach Sex und Bier und Zigaretten stinkend, weit nach der verabredeten Zeit heimkommt.

«Dann sind Sie also zurück, ja?» Logan steht auf.

«Ähm ... Ja, sind wir. Tolles Konzert», sage ich zu ihm. «Keinerlei Zwischenfälle, mich hat niemand erkannt.»

«Sie hätten zwischendurch anrufen können. Ich war den ganzen Nachmittag in höchster Sorge und Alarmbereitschaft.»

Ich weiß, es ist gemein, aber der wunderbare Tag und die Gewissheit, schon bald in dieser wunderbaren Frau versinken zu dürfen, lösen mir die Zunge. «Tut mir leid, Mama», kichere ich.

Logan ist nicht amüsiert. Er presst die Zähne so fest zusammen, dass man es fast knirschen hören kann. «Das ist nicht lustig, Sir, sondern höchst gefährlich.» Sein Blick schießt kurz zu Olivia, dann sieht er mich wieder an. «Wir müssen reden. Unter vier Augen.»

«Okay, jetzt beruhig dich wieder. Leider habe ich im Augenblick beide Hände voll zu tun.» Ich drücke Olivias Hintern, und sie birgt kichernd das Gesicht an meinem Hals. «Wir unterhalten uns morgen früh.»

Logan wirkt definitiv nicht glücklich. Doch dann nickt er. «Gut ... Angenehmen Abend noch», stößt er zähneknirschend aus und marschiert zur Tür.

Sobald er fort ist, hebt Olivia den Kopf. «Ich glaube, jetzt mag er mich nicht mehr.»

Ich gebe ihr einen Kuss auf die Nasenspitze. «Ich mag dich.» Ich schiebe das Becken vor und ziehe sie noch näher an mich, um sie jeden einzelnen steinharten Zentimeter spüren zu lassen. «Soll ich dir zeigen, wie sehr ich dich mag?»

Heiße Röte überzieht ihre Wangen. «Ja, bitte!» Sie beißt sich auf die Unterlippe und fügt geziert hinzu: *«Sir.»*

Dieses Wort aus Olivias Mund macht etwas mit mir. Macht, dass ich schmutzige, wilde Dinge mit ihr tun will. Ich trage sie auf direktem Weg ins Schlafzimmer und komme endlich zur Sache.

OLIVIA

Meistens schläft Bosco bei Ellie. Sie holt ihn zu sich und schließt die Tür, damit Dad nicht über ihn stolpert, wenn er nachts nach Hause getorkelt kommt, und damit Bosco nicht doch irgendwann mal den Kühlschrank aufkriegt und frisst, bis er platzt.

Aber manchmal geht Ellie nachts aufs Klo und vergisst, die Tür zuzumachen. In solchen Nächten landet Bosco meistens in meinem Zimmer. Wenn ich Glück habe, rollt er sich nur leise am Fußende zusammen oder schmiegt sich an mich, um sich zu wärmen wie ein kleines, haariges, sehr hässliches Vogelbaby. Aber meistens habe ich kein Glück. Denn normalerweise hat Bosco Hunger, wenn er nachts in mein Zimmer kommt, und ich bin bei uns nun mal der Versorger. Also weckt er mich. Allerdings leckt er dazu weder mein Gesicht, noch bellt er.

Er starrt mich einfach nur an.

Starrt mich mit seinen kleinen schwarzen Knopfaugen lange und ausdauernd an … und *laut*, so seltsam das klingt.

Genau dieses Gefühl habe ich in dieser Nacht auf einmal an Nicholas' Seite. Als würde jemand oder etwas uns so eindringlich anstarren, dass man davon taub werden könnte.

Ich spüre es, schon bevor ich die Augen aufmache. Und als ich sie dann öffne, sehe ich eine weiß gekleidete Frau am Fußende des Betts stehen, die uns anstarrt.

Ich atme entsetzt keuchend ein, hole Luft, so tief ich kann, angststarr und völlig unter Schock. Es ist mehr als ein Luftholen, es ist der Auftakt zu einem Schrei. Doch dann spüre ich unter der Decke Nicholas' Hand auf meiner Brust. Beruhigend und stark und mit ausreichend Druck, um mir zu zeigen, dass er wach ist. Um mir zu zeigen, dass er sie auch gesehen hat und dass ich mich jetzt dringend zusammenreißen muss.

Das Mondlicht taucht das riesige Zimmer in fahles Licht und verleiht der Frau einen milchweißen Schimmer. Sie hat dunkle, zu einem Bob geschnittene Haare, ein kantiges Gesicht mit Muttermalen auf Kinn und Nase und ist nicht unattraktiv. Ihre dunklen, glänzenden Augen sind fest auf Nicholas gerichtet – und absolut irre.

«Du bist wach», seufzt sie. «Ich habe gewartet, dass du endlich aufwachst.»

Ich spüre, dass er schlucken muss, aber Nicholas' Stimme – diese betörende Stimme – klingt ruhig und gelassen. «Wirklich?»

«Ja. Es ist schön, dich wiederzusehen.»

Seine Finger streichen sanft über mein Brustbein, um mir zu sagen, alles ist okay.

«Ich finde es auch schön, dich zu sehen», antwortet er. «Wie bist du reingekommen?»

Sie lächelt, und ich bekomme eine Gänsehaut.

«Wie wir es vereinbart hatten. Ich arbeite im Hotel, gebe mich als Zimmermädchen aus, bis du mir ein Zeichen gibst. Als du angefangen hast, nachts deine Wachmänner rauszuschicken, wusste ich, das ist das Zeichen.»

Shit! Ihr Blick schießt zu mir, als hätte ich laut gesprochen. Habe ich aber nicht.

«Wer ist das?», fragt sie und klingt immer noch völlig irre, aber nicht mehr ganz so nett.

«Niemand», antwortet Nicholas. Er sagt das eiskalt. Überzeugend. Eine halbe Sekunde lang bleibt mir das Herz stehen. «Sie ist niemand.» Nicholas beugt sich zur Seite, angelt seine Hose vom Fußboden, schlüpft hinein und steht auf. «Ich möchte über *dich* sprechen. Komm, wir gehen hinüber ins Wohnzimmer und reden.»

«Ich will aber hierbleiben!» Sie zieht eine Schnute. «In deinem Schlafzimmer.»

«Im Kühlschrank wartet eine eiskalte Flasche Vintage Brut. Die Gelegenheit verlangt definitiv nach einem Glas Champagner.» Nicholas schenkt der Frau ein charmantes Lächeln.

Er ist wirklich gut. Wenn die Prinzenkiste irgendwann mal nicht mehr läuft, kann er es mit Schauspiel versuchen.

«In Ordnung.» Die Frau kichert verzaubert.

Sobald sie das Zimmer verlassen haben, werfe ich mir das erste Teil über, das ich in die Finger kriege – ein Hemd von Nicholas –, und reiße das Telefon vom Nachttisch, um Hilfe zu holen.

Von nebenan ertönt ein markerschütternder Schrei. Durchdringend und verzweifelt. «Was tust du da? Lass mich los!»

Ich bin noch nie in meinem Leben so schnell gerannt, hatte noch niemals solche Angst.

Die Frau liegt bäuchlings auf der Couch, Nicholas hat ihr den Arm auf den Rücken gedreht. Als er mich sieht, sagt er: «Mein Mobiltelefon liegt neben dem Bett. Drück die Sieben, dann bist du sofort bei den Jungs.»

Die Frau kreischt und heult wie eine Furie. «Du machst alles kaputt! Du machst alles kaputt!» Sie versucht, sich aus seinem Griff zu befreien, und Nicholas redet beruhigend auf sie ein:

«Ganz ruhig, pst. Tu das nicht, du tust dir nur weh. Alles wird gut.»

Ich weiß nicht, weshalb ich mich nicht vom Fleck bewege. Es ist, als wäre mein Gehirn nicht mehr mit meinen Beinen verbunden.

«Olivia!» Die Schärfe in seiner Stimme lässt mich blinzeln. «Das Telefon.»

«Ja. Ja.» Ich renne zurück ins Schlafzimmer und tue, was er gesagt hat.

Eine gefühlte Ewigkeit später wird die Frau weggebracht, und zusätzlich zu den Jungs schwirren Polizisten und Mitarbeiter des Hotels durch die Suite. Nicholas, inzwischen in einem schlichten grauen T-Shirt und Jogginghose, sitzt im Wohnzimmer und redet mit ihnen, während ich in meinen eigenen, mir vertrauten Sachen – Jeans und Tanktop – im Schlafzimmer warte. Zusammen mit Logan.

Logan St. James, Chef von Nicholas' Security-Team, ist eher der schweigsame Typ. Aber jetzt muss er auch nichts sagen – das Reden übernehmen seine Blicke. Die dunkelbraunen, fast schwarzen Augen starren mich mit dem vernichtenden Feuer tausend dunkler Sonnen an.

Ich schlucke nervös. Wo sind eigentlich diese verdammten Falltüren im Boden, wenn man sie mal braucht?

Endlich finde ich genug Mut. «Das ist meine Schuld, oder?»

«Es ist unverantwortlich, ihm einzureden, er bräuchte keine Security.»

Okay. So viel dazu. Hab's kapiert.

«Er ist ein bedeutender Mann, Olivia.»

«Ich weiß.»

«Er muss seine fünf Sinne beisammenhalten. Falls irgendwas passiert …»

«Ich weiß, dass …»

«Gar nichts wissen Sie! Sonst hätten sie so einen Quatsch wie heute niemals gestartet.» Logan schließt die Augen und atmet tief durch – offensichtlich muss er sich sehr zusammenreißen. «Er kann es sich nicht leisten, dass irgendeine New Yorker Möse ihm das Hirn rausvögelt.»

Noch bevor ganz zu mir durchgedrungen ist, was er eben zu mir gesagt hat, wird Logan am Kragen zurückgerissen und fliegt gegen die Wand, so heftig, dass die Lampen wackeln.

Denn plötzlich ist Nicholas hier und drückt Logan mit dem Unterarm die Luft ab. «Sprich noch ein einziges Mal so mit ihr, und du kannst deine Zähne vom Fußboden aufsammeln. Hast du mich verstanden?» Die Antwort kommt ihm nicht schnell genug, und er donnert Logan ein zweites Mal gegen die Wand. Diesmal knallt er mit dem Kopf dagegen. «Verstanden?»

Logan starrt ihn an, stolz und störrisch und mit zusammengebissenen Zähnen. Dann nickt er kurz. Nicholas tritt einen Schritt zurück und öffnet die Hände. «Wir wissen beide, dass das hier mein Fehler war, und wenn du Dampf ablassen musst, dann bei mir. Also los. Lass es raus.»

Logan zerrt sich den Kragen zurecht. «Einen Helm aufzusetzen macht Sie nicht zu einem anderen Menschen, Sir. Sie können nicht einfach so herumspazieren und so tun, als wären Sie nicht Sie.»

«Ja. Das ist mir klar.»

Logan schürzt die Lippen, sein Daumen trommelt unruhig auf dem Oberschenkel. «Ich will das Hotel wechseln. Unauffällig.»

«In Ordnung.»

«Und ich will mehr Leute. Ich will jemanden im Coffee Shop. Es ist unverantwortlich, dass Sie sich so oft an einem ungesicherten Ort aufhalten.»

Nicholas stimmt zu, und Logan macht weiter.

«Ich will jemanden für Miss Hammond und ihre Schwester. Es ist pures Glück, dass die Presse keine von beiden bis heute vor die Linse gekriegt hat. Wenn es so weit ist, will ich, dass wir das im Griff haben.»

«Sehe ich genauso.»

«Und keine Aktionen mehr ohne mich und meine Leute. Wenn Sie sich unbedingt umbringen wollen, dann nicht unter meiner Obhut. Entweder, Sie lassen mich meinen Job richtig machen, oder Sie suchen sich jemand anderen.»

Nicholas bekommt schmale Augen. Er sieht aus wie ein Tier, wenn es wieder in seinen Käfig gesperrt wird. «Ich hätte weder dich noch mich in diese Situation bringen dürfen. Es war leichtsinnig, und es wird nicht wieder vorkommen.»

Nach einem Augenblick der Stille nickt Logan und absolviert vor Nicholas einen knappen Diener. Er geht zur Tür und dreht sich noch einmal um. Zu mir. «Tut mir leid. Das hätte ich nicht sagen dürfen. Ich verliere nicht oft die Beherrschung, aber wenn, dann kommt nur noch Blödsinn aus meinem Mund, und ich sage Dinge, die ich nicht so meine. Das hat nichts mit Ihnen zu tun. Können Sie mir verzeihen?»

Ich nicke langsam, immer noch völlig weg von all dem, was gerade passiert ist. «Klar. Alles gut, Logan. Ich ... ich verstehe.»

Er nickt, lächelt knapp und geht.

Nicholas atmet erschöpft aus und setzt sich an den Tisch. Er reibt sich mit den Handballen die Augen. Dann lässt er die Hände sinken und streckt den Arm nach mir aus.

«Komm her.»

Sehnsüchtig, fast verzweifelt, fliehe ich in seine Arme. Ich setze mich auf seinen Schoß, kuschele mich an ihn und empfinde nichts als pure Erleichterung, als er die Geste erwidert. Zitternd liege ich in seinen Armen, erschüttert bis ins Mark.

«Geht es dir gut?», fragt er. Sein warmer Atem streift über meinen Hals.

«Glaub schon. Das ist alles ziemlich schräg.» Ich richte mich auf. Ich muss dringend meine Gedanken sortieren. «Ich kann nicht fassen, dass diese Frau ... Ich meine, sie hat sich so benommen, als ... als wäre sie davon überzeugt, dass ihr euch kennt. Ist dir so was schon mal passiert?»

«Vor langer Zeit hat sich mal ein Typ in den Palast geschlichen, in das private Speisezimmer meiner Großmutter.»

Mir wird das Herz eng aus Sorge um eine Frau, der ich nie begegnet bin. Mir wird klar, dass sie mir bereits so viel bedeutet, weil sie ihm so viel bedeutet.

«Er wollte ihr nichts Böses. Es war dasselbe wie bei der Frau. Reiner Wahn.»

Ich nehme sein schönes, starkes Gesicht zwischen meine Hände. «Ich glaube, ich fange jetzt erst an, zu verstehen. Es ist, wie Logan gesagt hat: Du bist wichtig. Irgendwie war mir das schon klar, aber ... für mich bist du einfach nicht der Prinz von Pembrook, Thronfolger und Erbe von Bla, Bla, Bla. Für mich bist du einfach nur Nicholas. Nicholas, dieser umwerfend niedliche, witzige, sexy Typ ... den ich wirklich mag.»

Sein Daumen streichelt meine Unterlippe. «Mir gefällt, dass du mich so siehst.» Er räuspert sich und wendet den Blick ab. «Mir ist klar, dass wir auch so schon eine höllische Nacht hinter uns haben, aber ... ich muss dir etwas sagen, Olivia, bevor das mit uns sich noch weiter entwickelt. Wir müssen ... reden.»

Puh, das klingt gar nicht gut. Andererseits: Kann es noch schlimmer kommen? *Was für dumme, dumme, dumme letzte Worte.*

Ich spiele mit seinen Nackenhaaren, durchkämme mit den Fingern sanft die dichten, dunklen Strähnen. «Was ist los?»

Nicholas' Arme spannen sich an wie zwei Eisenringe. Er umklammert meinen Leib, als wolle er mich nie wieder loslassen. Und eine Sekunde später weiß ich auch, weshalb.

«Ich werde heiraten.»

12

NICHOLAS

Das hätte ich vermutlich schonender formulieren können. *Verdammt.*

Olivia wird starr in meinen Armen. Sie schaut mich mit riesengroßen Augen an. Ihr Gesicht hat alle Farbe verloren. «Du bist verlobt?»

«Nein. Nein, noch nicht.» Sie will aufstehen, aber ich halte sie fest.

«Bist du in einer Beziehung?»

«Lass es mich dir erklären.»

Sie will sich mir entwinden. «Lass mich los, dann kannst du's erklären.»

Ich drücke sie an mich. «Ich will dich aber genau hierhaben.»

Ihre Stimme wird zu Eis, klirrend kalt und hart. «Was du willst oder nicht, ist mir im Augenblick scheißegal. Ich will aufstehen. Lass mich sofort los, Nicholas!»

Ich lasse die Arme sinken, und sie springt wie von der Tarantel gestochen von meinem Schoß und starrt mich an wie einen Fremden. Wie jemanden, den sie noch nie gesehen hat. Auf ihrem Gesicht ist der Kampf zu sehen, den sie mit sich ausficht. Ein Teil von ihr möchte weglaufen, aber der andere will hören, was ich ihr zu sagen habe. Nach ein paar Augenblicken setzt sie sich mit verschränkten Armen aufs Fußende des Betts. «Okay. Schieß los.»

Ich erzähle ihr die ganze Geschichte. Ich erzähle von meiner Großmutter, von ihrer Liste. Von den Vögeln, die erlegt werden müssen, und dass ich der Stein bin, der die Tat vollbringen soll.

«Wow!», murmelt sie, als ich geendet habe. «Und ich dachte, ich hätte ein Päckchen zu tragen.» Die Arme um sich geschlungen, schaukelt sie sacht vor und zurück und schüttelt den Kopf. «Das ist … völlig verrückt. Ich meine, wir leben im einundzwanzigsten Jahrhundert, und du sollst einen auf arrangierte Ehe machen?»

Ich zucke zaghaft die Achseln. «Nicht mehr so schlimm wie früher. Meine Großeltern waren in ihrer Hochzeitsnacht zum ersten Mal miteinander allein.»

«Das ist schräg», flüstert Olivia.

«Ich habe zumindest die Chance, die Frau, die ich heiraten werde, im Vorfeld kennenzulernen. Die Entscheidung liegt bei mir. Aber es müssen eben bestimmte Bedingungen erfüllt sein.»

Olivia beugt sich vor und stützt die Ellbogen auf die Knie. Ihr seidenweiches Haar fällt ihr wie ein Vorhang über die Schulter. «Und welche?»

«Sie muss adelig sein, zumindest entfernt. Und sie muss Jungfrau sein.»

Olivia verzieht das Gesicht. «Gott! Wie archaisch.»

«Ja, ich weiß. Aber denk mal darüber nach, Olivia. Meine Kinder werden eines Tages ein Land regieren, und zwar nicht, weil sie sich das verdient hätten oder gewählt wurden, sondern nur deshalb, weil ich sie gezeugt habe. Ich bin, was ich bin, nur durch archaische Regeln. Ich kann mir nicht aussuchen, welchen Regeln ich folge und welchen nicht.» Ich zucke die Achseln. «So ist das Leben.»

«Nein», sagt Olivia leise. «Ist es nicht.»

«So ist *mein* Leben.»

Sie starrt mich an. Ihr Gesicht wird abweisend und hart, ihre Augen verwandeln sich in Stahl und nageln mich an die Wand. «Warum hast du mir nichts davon gesagt? In all den Nächten kein einziges Wort. Warum?»

«Es gab keinen Grund, dir davon zu erzählen ... am Anfang zumindest nicht.»

Sie steht eilig auf, wird laut. «Ehrlichkeit wäre ein Grund, Nicholas. Du hättest es mir sagen müssen!»

«Ich wusste es nicht.»

«Was wusstest du nicht?», stößt sie verächtlich aus.

«Ich wusste nicht, dass es *so* mit dir sein würde!», stoße ich aus.

Hohn und Spott und Wut fallen von ihr ab. Ihr Gesicht spiegelt Verwunderung wider, vielleicht sogar einen winzigen Funken Hoffnung. «Dass es *wie* sein würde?»

Neue, unbekannte Emotionen brechen sich in mir Bahn. Es fällt mir schwer, meine Gefühle in Worte zu fassen.

«Mir bleiben nur noch vier Monate, Olivia. Und als ich neulich nachts in deinem Coffee Shop gelandet bin, hatte ich keine Ahnung, dass es mit dem Wunsch enden würde, jeden einzelnen Tag davon ... mit dir zu verbringen.»

Ein winziges Lächeln umspielt ihre Mundwinkel. «Ist das so?»

Ich stehe auf, gehe zu ihr und lege meine Hand an ihre Wange. «Ja. Ich will mit dir sprechen, mit dir lachen, dich ansehen.» Ich grinse. «Und am allerliebsten will ich dabei, so tief es geht, in dir sein.»

Sie schnaubt und schiebt mich von sich.

«Aber das ist alles, was ich dir bieten kann. Wenn der Sommer vorbei ist, muss auch das mit uns vorbei sein.»

Olivia kämmt sich mit den Fingern durch die Haare.

Ich setze mich wieder. «Da ist noch etwas.»

«O Gott, was denn noch? Gibt es irgendwo da draußen etwa noch ein illegitimes Kind?»

Ich zucke zusammen, auch wenn ich weiß, dass sie einen Witz gemacht hat.

«Logan hat recht, was die Presse betrifft. Es ist pures Glück, dass sie noch kein Foto von dir haben. Es ist nur eine Frage der Zeit. Und wenn es so weit ist, steht dein Leben kopf, Olivia. Die Presse wird mit jedem sprechen, der irgendwann mal was mit dir zu tun hatte, wird in den finanziellen Verhältnissen von Amelia's herumwühlen, deine Vergangenheit durchleuchten ...»

«Ich habe keine Vergangenheit.»

«Dann erfinden sie eine», erwidere ich ungewollt heftig. Der Tonfall ist meinem Frust geschuldet, dem Frust, dass uns so wenig Zeit bleibt, dass die Wände näher zu rücken scheinen. «Mit mir befreundet zu sein ist kein Spaß. Es ist sogar noch schwieriger, als meine Geliebte zu sein. Ich bin im Grunde eine wandelnde Zeitbombe: In meinem Umkreis wird früher oder später jeder zum Kollateralschaden.»

«Tja. Und ich dachte, ich hätte den großen Fang gemacht», versucht sie einen Scherz und schüttelt den Kopf. Sie wendet mir den Rücken zu. «Dann wird es also sein wie in *Das Leuchten der Stille*», sagt sie leise und voller Trauer. «Oder wie zwischen Sandy und Zuko in *Grease*? Eine Affäre für einen Sommer? Und dann stehst du auf, drehst dich um und gehst?»

«Ja.» Ich starre ihren Rücken an und warte.

Eine ganze Minute vergeht, ohne dass Olivia etwas sagt, und schließlich halte ich es nicht länger aus. «Wenn du Zeit brauchst, um darüber nachzudenken, werde ich ...»

Olivia fährt herum, sieht mich an und schneidet mir mit einem heftigen Kuss das Wort ab, ihre Lippen heiß und voller Verlangen. Meine Hände finden wie von selbst zu ihren Hüften, ziehen sie zwischen meine geöffneten Knie.

Sie richtet sich auf, streicht sich über die Lippen. «Hast du das gespürt?»

Sie meint diesen Funken, diese elektrische Spannung, zwischen uns. Diese Begierde, die sich ganz ohne unser Zutun Bahn bricht, vielleicht zwischenzeitlich kurz gestillt durch die Erleichterung eines Kusses, einer Berührung, die im Grunde aber immer nach mehr verlangt.

«Ja.»

Sie ergreift meine Hand und legt sie auf ihre Brust. Ihr Herz klopft wie wild. «Und spürst du das?»

Mein eigener Brustkorb pocht im selben Rhythmus.

«Ja.»

«Manche Menschen verbringen ihr ganzes Leben, ohne dass ihnen so etwas wie das zwischen uns auch nur ein einziges Mal vergönnt ist. Wir haben vier Monate.» In ihren Augen tanzt das Mondlicht. «Ich bin dabei.»

♛

Ein paar Tage später steht ein Dinner in Washington, D. C., auf meinem Programm – eine Wohltätigkeitsveranstaltung für die Mason Foundation –, und Olivia willigt ein, mich zu begleiten. Weil sie Bedenken bezüglich der passenden Abendgarderobe äußert, arrangiere ich für sie einen Shoppingtrip außerhalb der Öffnungszeiten in die Barrister-Filiale auf der Fifth Avenue. Und weil ich nun mal kein Gentleman bin, lege ich in der Umkleidekabine höchstpersönlich Hand an, helfe ihr in all die komplizierten Kleider hinein und wieder hinaus – hauptsächlich hinaus.

Sie entscheidet sich für ein Kleid in tiefem Violett, das sich wie maßgeschneidert an all ihre Rundungen schmiegt, und für goldfarbene Riemchenstilettos. Die Verkäufer zeigen ihr eine schlichte Diamanthalskette, die phantastisch zu ihrem Outfit passen würde. Doch Olivia lehnt es strikt ab, sich die Kette von mir schenken zu lassen. Sie sagt, Martys Schwester hätte sicher etwas Passendes, das sie sich leihen könne.

Doch die Kette geht mir nicht aus dem Sinn. Aus absolut egoistischen Gründen. Weil ich sie damit sehen will – und zwar nur damit.

Doch als wir uns am Abend der Veranstaltung auf dem Heliport treffen, sind bei Olivias Anblick sämtliche Gedanken an die Halskette vergessen. Sie ist eine Erscheinung. Ihre Lippen sind glänzend dunkelrosa, ihre Brüste rund und verführerisch, ihr rabenschwarzes Haar hat sie elegant nach oben frisiert.

Ich nehme ihre Hand und küsse sie zärtlich. «Du siehst umwerfend aus.»

«Danke sehr.» Sie strahlt. Dann fällt ihr Blick auf den wartenden Helikopter, und ihr wird offensichtlich mulmig. «Das ist also wirklich dein Ernst, ja?»

Ich fliege, wann immer sich mir die Gelegenheit bietet, und das ist nicht annähernd so oft, wie ich es gerne hätte. Olivia ist noch nie geflogen, weder in einem Flugzeug noch in einem Hubschrauber. Wie aufregend, bei ihrem ersten Mal dabei zu sein.

«Ich werde ganz sanft zu dir sein. Versprochen.»

Ich führe sie zu der schönen Maschine, die mir der CEO einer internationalen Bank, welche mit meiner Familie enge Geschäftsbeziehungen pflegt, gleichermaßen freundlicher- wie berechnenderweise für den heutigen Abend zur Verfügung gestellt hat. «Es sei denn, du bist in Stimmung für einen wilden Ritt?» Ich zwinkere ihr zu.

«Immer langsam mit den jungen Pferden, Cowboy», sagt sie mit warnendem Unterton. «Sonst könnte es passieren, dass ich nie wieder mit dir ausreite!»

Ich helfe ihr auf den weichen Ledersitz, zeige ihr, wie man den Gurt schließt, und setze ihr behutsam den Kopfhörer auf, damit wir uns während des Fluges unterhalten können. Ihre Augen sind vor Schreck geweitet.

Bin ich ein krankes Arschloch, weil mich das anmacht? Dieser Gedanke macht mir tatsächlich ein bisschen Angst. Ich küsse

Olivia zärtlich auf die Stirn, gehe um den Helikopter herum und klettere in die Kabine. Tommy sitzt hinten; Logan und James sind bereits vor Ort, um sich dort um die Sicherheitsvorkehrungen zu kümmern, und werden uns bei der Ankunft abholen.

Noch ein Okay mit gerecktem Daumen in Richtung Bodenpersonal, dann heben wir ab.

Olivia sitzt starr auf ihrem Sitz. Als hätte sie Angst, auch nur zu atmen. Bis wir uns nach rechts neigen; da fängt sie an zu schreien wie am Spieß.

«O Gott! Wir kippen!» Sie packt meinen Arm.

«Olivia, wir kippen nicht.»

«Doch! Du musst dich rüberlehnen! Schnell!» Sie neigt sich vom Fenster weg.

Und Tommy, der sie beruhigen will, macht gleich mit.

Ich bringe uns wieder in die Waagerechte, doch sie hält meinen Arm weiter umkrallt, als hinge ihr Leben davon ab.

«Komm, genieß die Aussicht. Sieh doch, die vielen Lichter, wie Tausende Diamanten auf einem Bett aus schwarzem Samt.»

Olivia hält die Augen fest zugekniffen. «Nein danke. So ist es besser.»

Finger für Finger löse ich ihre Hand von meinem Arm. «Okay. Hör zu. Wir machen Folgendes. Du legst jetzt deine Hand auf den Knüppel und fliegst selbst.»

Sie reißt die Augen auf. «Was?!»

«Du hast Angst, weil du dich hilflos fühlst», erkläre ich ihr ruhig. «Wenn du selbst fliegst, fühlst du dich sicherer.»

«Du willst, dass ich deinen Knüppel anfasse, damit ich mich besser fühle?», fragt sie ungläubig. «Klingt wie ein ganz blöder Spruch.»

Ich lache. «Kein Spruch. Na ja, andererseits, mein Knüppel sorgt immer dafür, dass du dich besser fühlst. Ihn anzufassen schadet sicher nicht.» Ich nehme ihre Hand und führe sie zum

Schaltknüppel. «Ja, ja, so ist es gut», necke ich sie. «Genau so, fass ihn ruhig hart an, aber nicht reiben, nur festhalten, das genügt im Augenblick, ja, ich weiß, dass er groß ist, ein ganz schöner Prügel, gewöhn dich erst mal an das Gefühl in deiner Hand.»

Olivia muss lachen. «Du bist unmöglich!» Aber über unserem Geplänkel hat sie ihre Angst vergessen, also hat es seinen Zweck erfüllt. Nach ein paar Minuten löse ich meine Hand von ihrer, und sie hält den Steuerknüppel sicher und ruhig umfasst, auf dem Gesicht ein seliger Ausdruck. «O mein Gott!», sagt sie atemlos – und auch das törnt mich an. «Ich tue es, Nicholas! Ich fliege! Das ist der Hammer.»

Nach der Landung werden wir zum Smithsonian gefahren, das aufwendig geschmückt wurde. Zwischen den steinernen Säulen flattern dunkelrote Banner, und riesige Scheinwerfer beleuchten das Gebäude und den roten Teppich davor. Als wir vorfahren, setzt das vertraute Blitzlichtgewitter ein.

«Vorder- oder Hintereingang?», frage ich.

Sie grinst mich an. «Findest du nicht, es ist ein bisschen früh, um über den Hintereingang zu reden?»

Obwohl ich diesmal wirklich keine schmutzigen Hintergedanken hatte, feixe ich. «Für den Hintereingang ist es nie zu früh.»

Olivia kichert.

Ich werde ernst. Mir ist völlig klar, wie sehr ich ihr Leben mit diesem einen Auftritt auf den Kopf stellen werde ... und das alles nur, um sie in nicht einmal mehr vier Monaten im Stich zu lassen. Olivia ist die Tragweite noch immer nicht bewusst. Wie auch?

«Wenn wir den Haupteingang benutzen, wirst du fotografiert, sie finden raus, wer du bist, und dann steht die Welt Kopf. Aber wir bestimmen den Zeitpunkt. Wenn wir den Hintereingang nehmen, kaufen wir uns damit vielleicht noch ein bisschen Zeit, dafür wissen wir dann immer noch nicht, wann und wie sie uns entdecken werden. Nur, dass es irgendwann passieren wird.» Ich streichle sanft ihr Knie. «Es ist deine Entscheidung.»

Sie dreht den Kopf, späht zum Fenster hinaus und beobachtet die Horde Fotografen. Sie wirkt eher neugierig als verängstigt. «Und was sagen wir denen?»

«Nichts. Die bekommen gar nichts von uns. Sie schreiben sowieso, was sie wollen, und fotografieren, was ihnen passt, aber wir äußern uns grundsätzlich nie dazu. Keine Bestätigung und keine Dementi. Der Palast kommentiert das Privatleben der königlichen Familie grundsätzlich nicht.»

Olivia nickt langsam. «So wie bei Beyoncé und Jay Z, als die geheiratet haben. Sämtliche Zeitungen und Magazine waren voll davon: Der Blumenlieferant hat geredet, dann kam Tratsch vom Caterer. Jeder wusste es, aber so lange die beiden nichts offiziell bestätigten, wusste eigentlich niemand wirklich was. Es gab immer einen gewissen Zweifel.»

Ich lächle sie an. «Genau so.»

Olivia denkt kurz nach, dann holt sie tief Luft. Und gibt mir die Hand. «Tut mir leid, Euch zu enttäuschen, Hoheit, aber heute Nacht ist nix mit Hintertürchen, für uns gibt es nur den Haupteingang.»

Ich nehme ihre Hand und küsse sie sanft.

«Na dann los.»

♛

Olivia schlägt sich wacker. Sie winkt und lächelt und ignoriert die Fragen, die uns entgegengeschleudert werden wie Reis auf einer Hochzeit. Sie macht sich Sorgen, ob sie auf den Bildern ein Fischgesicht haben wird. Ich weiß zwar nicht genau, was das ist, aber es klingt nicht gut. Außerdem hat sie ziemlich lange weiße

Flecken vor den Augen, daher rate ich ihr, das nächste Mal den Blick zu senken, statt in die Kameras zu sehen. Aber abgesehen davon übersteht sie ihre erste Begegnung mit der amerikanischen Presse unbeschadet.

Wir betreten den Ballsaal, und mit einem Glas Wein in der einen und die andere Hand sacht auf Olivias Kreuz gelegt, begrüße ich die Gastgeber des Abends, Brent und Kennedy Mason. Mason ist ein paar Jahre älter als ich, hat aber eine sehr jugendliche Art. Er wirkt wie jemand, der sich selbst – und überhaupt alles im Leben – nicht allzu ernst nimmt. Sie verbeugen sich, was für Kennedy Mason eine Herausforderung ist wegen ihres großen, kugelrunden Bauches. Wir geben uns die Hand, und ich stelle Olivia vor.

«Es ist uns eine große Ehre, Sie heute Abend bei uns zu Gast zu haben, Prinz Nicholas», sagt Mason.

Er meint nicht mich, er meint mein Geld – es ist ihm eine Ehre, mein Geld bei sich zu haben –, denn nur darum geht es bei diesen Veranstaltungen. Obwohl mir die Mason Foundation sympathisch ist; die Fixkosten der Stiftung sind niedrig, und sie unterstützt Initiativen, die wirklich helfen.

«Trotzdem ist es bedauerlich, dass Ihre Großmutter nicht hier sein kann», sagt Kennedy. «Sie war letztes Jahr der absolute Mittelpunkt der Party.»

«Ja, sie hat großes Talent, im Mittelpunkt der Aufmerksamkeit zu stehen», erwidere ich. «Ich werde sie von Ihnen grüßen.»

Die Unterhaltung zwischen uns vieren plätschert locker dahin, bis Kennedy sich die Hand auf den Bauch legt.

«Wie weit sind Sie?», fragt Olivia mitfühlend.

«Nicht so weit, wie man glauben würde», klagt Kennedy. «Diesmal sind es Zwillinge.»

«Wie aufregend!», sagt Olivia unbefangen. «Gratuliere.»

«Vielen Dank. Unsere Tochter Vivian ist völlig aus dem Häuschen. Und ich auch, ehrlich gesagt. Wenn ich nicht zu erledigt bin von den ganzen Strapazen.

Mason zuckt die Achseln. «Tja, das Risiko besteht nun mal, wenn man einen Mann mit Superheldensperma heiratet.»

Kennedy schlägt sich die Hand vor die Augen. «Mein Gott, Brent, sei sofort still! Du sprichst mit einem Prinzen!» Sie wendet sich an uns. «Seit wir wissen, dass es Zwillinge sind, hat er kein anderes Thema mehr als sein Superheldensperma.»

Mason grinst. «Ein klarer Fall von ‹Wenn du's hast, dann zeig es auch›. Oder in diesem Fall: Rede drüber.» Er reckt das Kinn in meine Richtung. «Er versteht das.»

Wir lachen.

Irgendwann wenden die Masons sich anderen Gästen zu, und ich bitte Olivia, mit mir zu tanzen. Ich brauche endlich einen Vorwand, um sie in meinen Armen zu spüren, sie nahe an mich zu ziehen, ihren süßen Duft einzuatmen.

«Ich kann nicht tanzen.» Sie beäugt die Band und die volle Tanzfläche. «Zumindest nicht so.»

Ich nehme sie bei der Hand. «Aber ich. Ich bin ein hervorragender Tänzer. Ich führe dich. Du hältst dich einfach an mir fest und überlässt mir alles andere.»

Genau wie vorhin mit dem Helikopter zögert sie anfangs ein wenig, doch dann gewinnt ihre Abenteuerlust die Oberhand.

«O…kay. Aber sag hinterher nicht, ich hätte dich nicht gewarnt.»

♛

Weil ich zum Abendessen ein paar Gläser getrunken habe, lassen wir uns mit der Limousine zurückfahren. Noch ehe wir die halbe Strecke hinter uns haben, ist Olivia in meinem Arm eingeschlafen. Als wir endlich in Manhattan sind, ist es bereits so spät – oder früh, je nach Blickwinkel –, dass es keinen Sinn mehr hat, noch ins Hotel zu fahren. Ich weise Logan an, uns direkt zu Olivia zu bringen.

Gut, dass sie im Auto geschlafen hat, denn an Schlaf ist für den Rest der Nacht mit Sicherheit nicht mehr zu denken. Vor dem Coffee Shop auf dem Bürgersteig warten mitten in der Nacht Hunderte von Menschen.

Auf mich – und jetzt auch auf sie.

Dem Equipment nach zu urteilen, ist es eine Mischung aus Fans, Autogrammjägern und Presse. Eins steht fest: Olivias Identität, ihre Adresse und ihr Beruf sind definitiv kein Geheimnis mehr.

«Heilige Scheiße!» Blinzelnd sieht sie durch die getönten Scheiben hinaus auf die Menge.

«Willkommen in meiner Welt.» Ich zwinkere ihr zu.

«Hey, Lo», meldet James sich zu Wort. «Wann kommt gleich noch mal die Verstärkung?»

«Morgen.»

«Das ist gut, Jungs.» Tommy räuspert sich. «Wie heißt es noch in *Der weiße Hai? Ich glaube, wir brauchen ein größeres Boot.*»

13

OLIVIA

Hat sich schon mal jemand gefragt, wie es ist, über Nacht zum Celebrity zu werden? Also, ich weiß jetzt, wie sich das anfühlt. Es ist genauso wie in den Krankenhausserien, wo ein praktisch toter Patient dank Defibrillator zappelnd zum Leben erwacht, nachdem der knackige junge Arzt «Und weg!» geschrien hat.

Genau so fühlt es sich an: wie ein heftiger, markerschütternder Schock. Es ist, als hätte mich jemand durch ein Schwarzes Loch in eine Art Paralleluniversum geschubst, mitten rein in das Leben eines anderen Menschen. Und so ist es wahrscheinlich auch. Ich wurde mit Gewalt in das Leben von Nicholas hineingestoßen. Es reißt mich auf seiner Flutwelle mit sich, und ich kann nichts anderes tun, als den Kopf über Wasser zu halten, weiter zu atmen und es zu genießen.

Der Anfang ist am schwierigsten. Ist das nicht mit allem so? Als ich mit Bosco am ersten Morgen vor die Tür ging, um ihn zum Pinkeln rauszubringen, war ich plötzlich umringt von Menschen, die ich noch nie gesehen hatte. Sie wollten alles Mögliche von mir wissen, fotografierten mich. James und Tommy waren bei mir geblieben, und ich lernte sie von einer völlig neuen Seite kennen. Sie bewegten sich zielstrebig und einschüchternd, drängten die Leute zurück und ließen keinen zu mir durch.

Nicholas fiel es schwer, mich in dieser ersten Nacht allein zu lassen. Sein Blick war wild, weil er bei mir bleiben wollte. Er wirkte wie ein Löwe, der die Hyänen in Schach hält. Doch ihm war klar, dass seine Anwesenheit die Dinge nur schlimmer machen würde, weil sich die neugierige Menge bei seinem Anblick in einen völlig durchgeknallten Mob verwandeln würde.

Am nächsten Tag lässt Nicholas seine Verwaltung – die Anzugträger, wie er sie nennt – Kontakt zur Polizei aufnehmen, um dafür zu sorgen, dass vor dem Coffee Shop keine Leute rumlungern. Bei Amelia's gilt ab sofort die Regel, dass der Aufenthalt nur bei Verzehr gestattet ist, weil die Unmengen von Leuten, die plötzlich bei mir auftauchen, zum Gaffen und nicht zum Kuchenessen kommen. Durch die neue Regel belebt sich das Geschäft ganz wesentlich, was allerdings eine zweischneidige Sache ist. Ellie kommt jetzt nach der Schule in den Laden, um sich mit mir abzuwechseln, und das hilft natürlich ungemein. Marty ist wie immer: mein ruhiger, unerschütterlicher Fels in der Brandung, auf den ich mich blind verlassen kann. Beide baden genussvoll in der Aufmerksamkeit, posieren für Fotos und geben sogar Autogramme, wenn sie darum gebeten werden – was ich allerdings mehr als schräg finde. Außerdem sind sie in der Lage, auf neugierige Fragen hin die Klappe zu halten – über mich und Nicholas dringt nichts nach außen.

Am dritten Tag nach Ausbruch des Vulkans gehe ich nach getaner Arbeit erschöpft nach oben in die Wohnung, um eine heiße Dusche zu nehmen. Na ja, lauwarm, aber ich tue immer so, als wäre sie heiß. Als ich an Ellies Zimmertür vorbeigehe, höre ich sie laut fluchen, und zwar heftig. Es ist eher Kreischen als Fluchen. Ich mache die Tür auf. Meine Schwester sitzt an ihrem Minischreibtisch und brüllt ihren Laptop an.

Sogar Bosco lässt das nicht kalt, er sitzt auf dem Bett und bellt.

«Was ist denn hier los?», frage ich. «Du wirst unten gebraucht. Marty steht momentan allein im Laden, das hält er nicht länger als zehn Minuten durch.»

«Ja, ja, ich weiß, komme gleich.» Sie winkt ab. «Ich befinde mich gerade in einem Twitter-Krieg mit einer fiesen kleinen

Schlampe. Lass mich die nur noch kurz fertigmachen und ihr das Haus unterm Hintern anzünden, dann gehe ich runter und verkaufe seelenruhig Kaffee.»

«Was ist denn passiert?», frage ich grinsend. «Hat sie sich über dein Make-up-Tutorial lustig gemacht?»

Ellie stößt einen übertrieben gequälten Seufzer aus. «Ach, Liv, das ist Instagram. Echt, in welchem Jahrhundert lebst du eigentlich? Außerdem hat sie nicht mich beleidigt, sondern dich.»

Ihre Worte treffen mich wie ein Kübel Eiswasser. «Mich? Ich habe auf Twitter höchstens zwei Follower.»

Ellie tippt in Ruhe zu Ende. «Bam! Nimm das, du blöde Kuh! Und zack!» Dann dreht sie sich langsam zu mir um. «Du warst in letzter Zeit wohl nicht online, oder?»

Da kommt was auf mich zu. Ich weiß es, und meine Eingeweide wissen es auch. In mir fängt es an zu grummeln und zu rumpeln. «Äh, nein?»

Ellie nickt, steht auf und zeigt auf den Bildschirm. «Vielleicht siehst du dir das besser selbst an. Oder auch nicht. Unwissenheit kann ja bekanntlich ein Segen sein. Solltest du dich allerdings dazu entschließen, einen Blick darauf zu werfen, stell dir vorsichtshalber vorher für den Notfall was Hochprozentiges bereit.» Sie tätschelt meine Schulter und verschwindet mit wippendem Pferdeschwanz nach unten.

Ich werfe einen vorsichtigen Blick auf den Bildschirm. Mein Atem wird rau und abgehackt, mein Herz fängt wie wild an zu pochen, und das Blut rauscht durch meine Adern wie auf Speed. Ich war noch nie im Leben in einen echten Streit verwickelt. Ich bin es nicht gewohnt, dass Leute mich hassen. Aber nach meinem Twitter-Profil zu urteilen, haben sich jetzt Tausende – quatsch, eher Zehntausende – dazu entschlossen, ihren Hass über mir auszuschütten.

@arthousegirl47 findet, ich habe einen fetten Arsch. @princessbill sagt, ich bin eine geldgierige Schlampe. @twilightbella5 vermutet, meine Mutter war eine Außerirdische, weil meine Augen so komisch aussehen. Und @342fuckyou gibt einen Scheißdreck auf die Gerüchte, Nicholas gehört ihr.

Ach, und sieh mal einer an, ich habe sogar einen eigenen Hashtag: #Oliviaistscheiße.

Wunderbar.

Ich knalle den Laptop zu, springe auf, schnappe mir mein Telefon und schreibe Nicholas.

Ich: Warst du in letzter Zeit mal auf Twitter? Dank Photoshop bin ich jetzt eine Außerirdische.

Seine Antwort kommt ein paar Sekunden später.

Nicholas: Hände weg von Twitter. Die reinste Jauchegrube.

Ich: Also hast du's gesehen?

Nicholas: Augen zu. Die sind nur neidisch. Zu Recht.

Ich: Aha. Bescheiden wie immer.

Nicholas: Bescheidenheit ist was für Weicheier.

Und einfach so klingt das schreckliche Gefühl in mir wieder ab, mit leichter Hand weggewedelt wie Zigarettenrauch.

Diese unglaubliche Geschichte – diese Sommeraffäre mit

Nicholas – ist echt und wirklich, ich kann sie mit meinen zwei Händen greifen. Und weil sie ein konkretes Ablaufdatum hat, werde ich keine Zeit, keine einzige Sekunde, darauf verschwenden, mir den Kopf über bedeutungslose Kommentare zu zerbrechen, an denen ich nichts ändern kann und die am Ende überhaupt keine Rolle spielen.

Nicholas: Am besten, du lässt den Computer ganz aus. Und den Fernseher auch. Geh lieber vor die Tür (mit den Jungs). Es ist wunderschön heute.

Wenn ich für diesen Satz jedes Mal, wenn meine Mutter ihn zu mir sagte, fünf Cent bekommen hätte, wäre ich heute so reich wie ... Nicholas. Mindestens.

Ich: Okay, Mama.

Nicholas: Sorry, funktioniert bei mir nicht. Probier's mal mit Daddy, könnte sein, dass ich darauf abfahre.

Ich: Igitt!

Nicholas: Ich muss los, habe gleich ein Meeting. Ich sage Barack einen schönen Gruß von dir.

Ich: IM ERNST?

Nicholas: Nein.

Ich schüttle den Kopf.

Ich: Du Prinzenarsch!

Nicholas: Weiß ich selbst. Das hat der Erzbischhof von Dingleberry mir bereits am Tag meiner Geburt attestiert.

Ich: Dingleberry? Du willst mich wohl verarschen. Das klingt obszön nach Gemächt.

Nicholas: Nein, der heißt wirklich so. Meine Vorfahren waren ein ziemlich kranker Haufen.

Ich: Seh ich auch so.

Nicholas: Wo wir von meinem Prinzenarsch sprechen. In meiner Phantasie bewegt er sich gerade zwischen deinen gespreizten Schenkeln auf und ab. Ich krieg das Bild nicht aus dem Kopf. Was sagst du dazu?

Sofort springt mir dasselbe Bild in den Kopf. Und, Gott, in meinem Unterbauch fängt es heiß an zu brodeln, die Hitze breitet sich aus, bis sich auf den Oberschenkeln ein köstliches Kribbeln bemerkbar macht. Meine Hände fangen an zu zittern.

Ich: Ich finde, wir sollten aufhören zu quatschen und anfangen, es zu tun.

Nicholas: Ausgezeichnet. Komm ins Hotel. Der Portier lässt dich nach oben. Ich will, dass du in meinem Bett liegst, wenn ich in zwei Stunden wiederkomme.

Vorfreude blubbert durch meine Adern wie frischer Champagner.

Ich: Zu Befehl, Hoheit.

Nicholas: Falls du es darauf abgesehen hast, dass ich mit einem Ständer bei den Barmherzigen Schwestern aufkreuze, hast du dein Ziel erreicht.

Ich springe vom Bett und rase ins Bad, um mich frischzumachen. Auf dem Weg schreibe ich eine letzte SMS.

Ich: Wie peinlich ☺

Die Tage vergehen, und was eben noch aufregend und neu war, wird zum normalen Tagesablauf. Es ist erstaunlich, wie schnell das geht, wie schnell wir uns aneinander gewöhnen.

Ich habe einen Freund – zumindest einen Sommer lang. Einen umwerfenden, humorvollen, sexy Freund, der zufällig auch noch königlicher Abstammung ist. Das verkompliziert die Dinge zwar, aber was für das Twitterversum, die Kommentatoren auf Facebook und die Reporter wohl am erstaunlichsten wäre, ist, wie ... normal sich all das anfühlt.

Wir gehen zusammen zum Lunch – umgeben von Security, aber trotzdem ist es lediglich ein Mittagessen. Wir besuchen die Kinderstation in einem Krankenhaus. Die Kinder stellen ihm Fragen über seine Krone und den Thron, und ich bekomme Applaus, weil ich für sie jongliere. Das hat mir mein Vater vor vielen Jahren in der Küche von Amelia's beigebracht. Ich erlaube Nicholas, mich einzukleiden – lässig, aber unglaublich teuer –, weil ich ihn nicht in Verlegenheit bringen will, wenn wir zusammen fotografiert werden. Ich setze, sobald ich vor die Haustür trete, eine Sonnenbrille auf und höre die Fragen, die Reporter mir ständig irgendwo zubrüllen, eigentlich kaum noch.

Es ist für mich schon normal geworden.

Doch dann wird die für uns beide wunderbar angenehme Routine mit einem Schlag über den Haufen geworfen, mit einer einzigen, harmlosen Frage: «Hast du Lust auf eine Party?»

Blitze zucken um uns herum, warmer Regen fällt vom Himmel, und James hält fürsorglich den Schirm über uns, als Nicholas und ich aus dem Wagen steigen. Wir sind auf dem Weg in einen todschicken Club, überall auf Hochglanz polierter Onyx, Lack und Edelstahl, ohne Fenster und mit schalldichten Wänden, um den eher konservativen und megareichen Nachbarn in diesem Viertel nicht die Laune zu verderben. Die Tür ist mit einer Samtkordel gesichert, und ein hünenhafter Türsteher in schwarzem Anzug und mit Sonnenbrille erwartet uns mit Regenschirm. Warteschlangen gibt es keine – was nicht am Wetter liegt. In diesen Club kommt man nur auf Einladung. Grundsätzlich.

Als wir den Club betreten, schallt uns *My House* von Flo Rida entgegen, und ich finde mich auf einer Mottoparty wieder – offensichtlich sind heute die Achtziger dran. Ich entdecke eine Madonna, zweimal Prince – Prince wie in *Purple Rain*, nicht wie Prinz von Wessco – und eine Horde menschgewordener Cabbage-Patch-Puppen. Auf den Bildern, die ich bis jetzt gesehen habe, kamen die Dinger allerdings nie so sexy rüber. Der Hauptraum ist nicht sehr groß und spärlich möbliert, nur mit ein paar Samtsitzecken und einer verspiegelten Bar entlang der Wand. Außerdem gibt es eine mit im Takt der Musik zuckenden Lichtern geschmückte Bühne.

Ellie würde sagen, das hier ist *der heiße Scheiß*.

Auf der Bühne steht Tom Cruise aus *Lockere Geschäfte* – ein Typ mit Sonnenbrille, rosa Hemd und, jep, Feinrippunterhose. Er tanzt und wedelt mit den Armen und heizt die Menge auf der Tanzfläche an.

«Siehst du den Typen da drüben?», brülle ich Nicholas ins Ohr und deute auf die Bühne.

Nicholas' Gesicht ist zu Stein erstarrt. «Allerdings.»

Ich sehe genauer hin. Plötzlich wird mir schlecht. «Ist das dein Bruder?» Man hat Nicholas per Telefon informiert, dass sein jüngerer Bruder in Manhattan eingetroffen ist.

«Allerdings.» Nicholas knurrt beinahe.

«Wow.»

«Er ist eine verzogene Göre», sagt Nicholas und schüttelt den Kopf. «Das war er schon immer.»

«Okay. Was problematische jüngere Geschwister betrifft, hast du gewonnen.»

Nicholas spricht mit einem Security-Mann – es ist einer von den Neuen, dessen Namen ich immer noch nicht kenne. Der

Typ nickt und eilt davon, und Nicholas nimmt mich bei der Hand. «Komm mit.»

Wir bahnen uns einen Weg entlang der Tanzfläche, drängen uns an einer Debbie Gibson und einer Molly Ringwald aus *Pretty in Pink* vorbei und bleiben seitlich der Bühne stehen. Als der Song von einem Technomix abgelöst wird, gehen die Security-Jungs zu Tom Cruise, ähm, Henry, auf die Bühne und sprechen ihn an.

Er reißt den Kopf hoch und starrt fassungslos zu Nicholas rüber. Und dann, zögerlich, als könnte er es nicht fassen, lächelt er. Es ist ein unschuldiges, niedliches Kleiner-Bruder-Lächeln, das mein Herz zum Schmelzen bringt. Er rennt auf uns zu, springt mit einem katzenhaften Satz von der Bühne und landet einen knappen Meter vor uns auf beiden Füßen. Seine Lippen bewegen sich. Der Lärm verschluckt seine Stimme, aber ich kann lesen, was er sagt.

«Nicholas.»

Ich mache einen Schritt zur Seite, um nicht mitgerissen zu werden, als Henry seinen Bruder stürmisch umarmt und in die Luft hebt. Sie halten einander ein paar Sekunden lang rückenklopfend im Arm, dann tritt Nicholas einen Schritt zurück, nimmt seinem kleinen Bruder die Sonnenbrille ab und sieht ihm forschend in die Augen.

Besorgnis gleitet über seine Züge. Trotzdem gibt er ihm einen freundlichen Klaps auf die Wange und sagt: «Schön, dich zu sehen, Henry.»

Henry ist so groß wie Nicholas, hat dieselben breiten Schultern und auch seine langen Beine. Ich entdecke die Ähnlichkeit im Schnitt der Wangenknochen, doch Henry ist vom Typ her heller, er hat blonde, ungestüme Locken, und auch seine Augen sind heller als die von Nicholas. Wie wildes Gras nach einem Gewitter. Doch beide haben dieselbe Haltung – aufgerichtet und gerade, mit einer strahlenden Aura von Autorität. Als trügen sie einen Heiligenschein. Oder eine Krone.

«Hast du deine Hose vergessen?», fragt Nicholas.

Henry strahlt ihn an – ein großes, ansteckendes Lächeln.

«Das ist eine Mottoparty.» Er tritt zurück, formt mit den Fingern eine imaginäre Kamera, durch die er nun seinen Bruder betrachtet. «Lass mich raten ... Charlie Sheen aus *Wall Street?*» Und dann richtet Prinz Henry seine Aufmerksamkeit auf mich. «Und wer magst du wohl sein?»

Schnell durchforste ich meine Achtziger-Filmdatenbank, die ich der Filmleidenschaft meiner Mutter verdanke, löse den Haarknoten und schüttle meine Locken. «Andie MacDowell aus *St. Elmo's Fire.*»

Henry ergreift meine Hand, führt sie an seine Lippen und küsst sie. «Eine flinke Zunge, das gefällt mir. Ist deine Zunge auch in anderen Dingen so talentiert, Süße?»

O ja, er ist definitiv Nicholas' Bruder.

Nicholas versetzt ihm einen Schubs – nur halb im Scherz. «Das ist Olivia.»

«Ist sie mein Willkommensgeschenk?»

«Nein.» Nicholas sieht ihn finster an. «Sie ... ist mit mir hier.»

Henry nickt und mustert mich eingehend von Kopf bis Fuß. «Okay. Lass uns tauschen.»

«Tauschen?»

Er zeigt auf mich und lässt den Zeigefinger spielerisch kreisen. «Sie gegen irgendein Mädchen hier im Raum.»

Nicholas schüttelt den Kopf. «Wir haben uns ziemlich lange nicht gesehen. Bring mich nicht dazu, dir als Erstes nach der Begrüßung eine zu verpassen. Benimm dich, Henry.»

Ich trete näher. «Er zieht dich nur auf, Nicholas.» Und da ich nicht möchte, dass Henry auch dafür Schelte bezieht, gebe ich ihm etwas zur Verteidigung an die Hand. «Und was gutes Benehmen betrifft, solltest du lieber still sein. Du hast mir an dem Abend, als wir uns kennenlernten, Geld für Sex angeboten.»

Nicholas zuckt zusammen.

Und Henry fällt die Kinnlade runter. «Nein! Mein Bruder? Mr. Überkorrekt? Ich fasse es nicht.» Er stößt mich mit dem Ellbogen an. «Wie viel hat er dir geboten?»

Ich lächle Nicholas zuckersüß an, und er sieht allen Ernstes aus, als würde er mich am liebsten erwürgen.

«Zehntausend Dollar.»

«Geizkragen!»

«Ich war stockbesoffen!», bringt Nicholas zu seiner Verteidigung vor. «Nüchtern wäre das Eröffnungsangebot sehr viel höher ausgefallen.»

Wir fangen alle drei an zu lachen.

Nicholas legt seinem Bruder die Hand auf die Schulter. «Ich wohne im Penthouse vom Plaza. Komm, wir verschwinden von hier. Fahr mit uns zurück, okay?»

Henry wirkt plötzlich angespannt. Als würde die Vorstellung, allzu lange an einem ruhigen Ort zu sein, ihn in Panik versetzen. Er lächelt gezwungen, versucht, sich nichts anmerken zu lassen. Erst jetzt fällt mir auf, wie eingefallen seine Wangen sind, und ich bemerke auch die dunklen Ringe unter seinen Augen.

«Ich kann nicht. Bin grad erst gekommen. Da warten jede Menge Leute auf mich, die mir einen ausgeben wollen, und dann auch noch die ganzen Girls, die traurig wären, wenn ich ohne einen Quickie wieder abhauen würde. Du weißt ja, wie das ist.»

Nicholas verengt die Augen. «Wann können wir uns dann sehen? Es gibt viel zu besprechen, Henry. Kommst du morgen zum Frühstück?»

Henry schüttelt den Kopf. «Ich frühstücke nicht. Seit meiner Entlassung stehe ich nicht vor Mittag auf.»

Jetzt verdreht Nicholas die Augen. «Gut. Dann Lunch?»

Henry zögert kurz, dann nickt er. «Okay, Nicky. Lunch.» Er dreht den Kopf und mustert die Menge. «Ich muss weiter. Da drüben wartet ein niedliches kleines Ding auf mich. Ich habe ihr versprochen, Kostüme zu tauschen.»

Er zeigt auf eine zierliche, kleine *Meerjungfrau.*

Nicholas packt seinen Bruder an der Schulter, als wolle er ihn nicht gehen lassen. «Bis morgen also.»

Henry klopft ihm auf den Rücken, nickt mir zu und verschwindet im Gewühl.

Auf der Rückfahrt ins Hotel ist Nicholas schweigsam. Nur der trommelnde Regen und ab und zu ein Donnergrollen durchbrechen die Stille.

«Alles in Ordnung?», frage ich ihn schließlich.

Er streicht sich nachdenklich über die Unterlippe. «Er sieht furchtbar aus. Wie getrieben, regelrecht gequält. Als würde er sich vor etwas verstecken.»

Ich will ihm nicht sagen, dass alles wieder gut wird; das wäre zu oberflächlich, zu einfach. Stattdessen nehme ich ihn nur stumm in die Arme.

Während draußen der Regen gegen die Fenster prasselt, dringt Nicholas mit tiefen, langsamen Stößen von hinten in mich ein. Mit seinen Schenkeln umklammert er meine geschlossenen Beine. Bei jedem Stoß spüre ich, wie sich seine Muskeln anspannen, spüre seinen gegen meinen Rücken gepressten Brustkorb, sein Becken dicht an meinem Hintern, so als könne er mir nicht nahe genug sein. Dann zieht er sich plötzlich so abrupt zurück, dass das Bett wackelt, und richtet sich auf.

Er klopft mir mit dem feuchten Schwanz gegen den Rücken. «Umdrehen, Süße.»

Willig folge ich seinem Wunsch. Ich sehe zu, wie sich Nicholas über den harten Schwanz fährt, das Kondom abstreift und es auf den Fußboden schleudert. Er ist, was Verhütung betrifft, unglaublich vorsichtig. Ich habe vor ein paar Wochen mit der Pille angefangen, und obwohl sie inzwischen mit Sicherheit wirkt, hat er das Kondom noch nie weggelassen.

Jetzt tippt er mir mit seinem Penis gegen den Bauch, dann schiebt er sich, immer noch auf Knien, weiter nach oben. Ungebändigte Lust schwelt in seinem Blick, als er auf mich heruntersieht, und ich bleibe nicht lange im Unklaren, was er vorhat.

Nicholas nimmt meine Brüste in seine großen, schönen Hände, und ein Schauer der Erregung rieselt von da bis zwischen meine Beine. Er fängt an, mit meinen Nippeln zu spielen, zwickt und liebkost sie, bis sie steinhart sind, und ich fange laut an zu stöhnen, bäume mich ihm lustvoll entgegen. Ich will mehr. Er bewegt sich auf mich zu und presst den Schwanz gegen mein Brustbein. O Gott, Spanisch; das habe ich noch nie gemacht. Aber ich will es – mit ihm will ich es wirklich. Ich will zusehen, wie seine Hüften pumpen, will sehen, wie er kommt, will seinen heißen Samen auf meiner Haut spüren, will ihn vor Lust und Befriedigung stöhnen hören.

Und als könnte er Gedanken lesen, tut Nicholas genau das. Er schiebt den Schwanz zwischen meine Brüste, drückt sie zusammen, anfangs ganz zart, dann heftiger. Er bewegt sich wild, als hätte er sich kaum noch unter Kontrolle. Ich öffne die Augen, ich will ihn sehen, will ihn ansehen, ihm zusehen. Weil ich mich für immer daran erinnern will. Es ist der heißeste, erotischste Anblick, der mir je vergönnt war. Sein muskulöser, von einem schimmernden Schweißfilm überzogener Körper bewegt sich immer schneller. Seine Finger graben sich in das Fleisch meiner Brüste, und tief aus seiner Kehle lösen sich kleine Knurrlaute, als ich meine Hände über seine lege und die Führung übernehme.

Er soll sich nicht länger zusammenzureißen, ich will, dass er sich gehenlässt. Mich nimmt. Sich alles nimmt, was er will.

Ich presse meine Brüste zusammen, schaffe einen engen Tunnel für seinen harten Schwanz, der gleichmäßig vor- und zurückgleitet. Er packt das Kopfende des Bettes, um das Gleichgewicht zu halten, und fickt meine Brüste. Sein Kiefer ist fest zusammengepresst, an seinen Augenbrauen zittern Schweißperlen, die erstaunlich kühl auf mein Schlüsselbein tropfen.

Dann entweicht seinem perfekten Mund ein Seufzer, und er ruft meinen Namen. Herrisch, fordernd und flehend. «Olivia. *Fuuuuck!* Olivia.»

Ich habe noch nie etwas so Unglaubliches, so Intensives erlebt, wie dabei zuzusehen, wie dieser Mann auf solch eine unvergleichlich schmutzige, erregende Art und Weise Liebe mit mir macht – und uns beiden mehr Lust und Vergnügen bereitet, als ich jemals kannte. Das Kopfteil knallt rhythmisch gegen die Wand, einmal, zweimal, dreimal, dann bäumt Nicholas sich auf, wirft den Kopf in den Nacken und fängt an zu brüllen. Sein Samen schießt aus ihm heraus, trifft meine Brust, heiß und dick und klebrig, rinnt über meinen Hals, vermischt sich mit meinem Schweiß.

Als sein wunderschöner Schwanz aufhört zu pulsieren, sinkt Nicholas auf mich nieder, streckt sich auf mir aus, bedeckt meinen Körper mit seinem, presst sich eng an mich, nimmt mein Gesicht zwischen seine Hände und küsst mich leidenschaftlich. Es ist klebrig und schwitzig und schmutzig – und wunder-wunderschön.

Mitten in der Nacht reißt uns ein Klopfen an der Tür aus dem Schlaf. Ich habe keine Ahnung, wie spät es ist, aber es ist noch stockdunkel, und es hat aufgehört zu regnen. Nicholas zieht sich den Morgenmantel über und öffnet die Tür.

Es ist Logan, mit sorgenvoller Miene. «Bitte verzeihen Sie die Störung, Hoheit, aber ich vermute, das wollen Sie sehen.» Er nimmt die Fernbedienung vom Nachttisch und schaltet den Fernseher ein. Ich muss die Augen zusammenkneifen, weil es plötzlich so hell ist, und ich brauche ein paar Sekunden, um etwas zu sehen, aber dann – *Mist!*

«Dieser Idiot!», entfährt es Nicholas.

Auf dem Bildschirm ist zu sehen, wie sein Bruder Henry in Handschellen auf ein Polizeirevier geführt wird. Der Lauftext darunter verkündet: «Prinz Henry & Gefolge verhaftet.»

14

NICHOLAS

V*etter Marcus ist ein Volltrottel. Vetter Marcus ist ein Volltrottel. Vetter Marcus ist …* Ich muss mich förmlich zu diesem Gedanken zwingen. Damit ich meinen Bruder nicht umbringe, wenn ich ihn sehe. Wessco braucht dringend einen Plan B, und ungeachtet seiner jüngsten Eskapaden ist Henry immer noch die beste Wahl.

Was für ein Desaster!

Es ist fast drei Uhr morgens, als wir auf dem Polizeirevier eintreffen. Olivia gähnt, ihre Haare sind wild und ungebändigt, und sie sieht in ihrem Sweatshirt und der kurzen Jeans herrlich aus, zerknittert und verschlafen. Zum Glück gibt es einen Hintereingang, denn der Haupteingang ist unpassierbar. Die Verhaftung eines Mitglieds des Königshauses ist eine Sensation – vor allem in Amerika, wo man nur eine Sache noch mehr liebt, als jemanden zum Star hochzujubeln, nämlich, ihn wieder in den Dreck zu treten.

Ich gebe einem korpulenten, grauhaarigen Beamten die Hand, der mich mit unverhohlenem Mitleid betrachtet. «Kommen Sie mit.» Er führt uns einen Gang entlang, durch zwei Gittertüren, die sich mit einem Summen öffnen, bis zu einer offenen, quadratischen Fläche mit einem Schreibtisch, an dem ein junger Polizist sitzt. Der Flur hinter ihm ist zu beiden Seiten mit Gittertüren gesäumt – die Arrestzellen.

Gedämpft höre ich von irgendwo die Stimme meines Bruders. Er singt.

«Noooobody knows the trouble I'm in … Nooobody knows till tomorrow.»

Vetter Marcus ist ein Volltrottel. Vetter Marcus ist ein Volltrottel, ein Voll-

trottel, ein Volltrottel. Und Louis Armstrong dreht sich im Grabe um.

Der junge Polizist reicht mir einige Papiere zur Unterschrift. «Der Rest geht an die Botschaft», sagt er.

«Vielen Dank», antworte ich angespannt.

Und dann wird Henry hereingeführt. Er ist betrunken, unsicher auf den Beinen, und er braucht dringend nicht nur einen Kamm, sondern auch einen Haarschnitt. Ich bin zwischen Verachtung und Sorge hin- und hergerissen. Was zum Teufel ist eigentlich los mit ihm?

Schwankend fixiert er Olivia und schenkt ihr ein dämliches Grinsen. «Olive. Du bist ja immer noch da, ich bin so froh! Du kannst mir beim Laufen helfen. Ich bin im Augenblick nicht so gut zu Fuß, weißt du?» Er wirft ihr die Arme um den Hals und schmeißt sie fast um.

Ich reiße ihn von ihr los und schubse ihn in Logans Arme. «Hilf du ihm laufen.» Ich atme einmal tief durch. «Und jetzt reiß dich zusammen», warne ich ihn, «sonst sorge ich dafür, dass sie dich auf einer Trage hier rauskarren.»

Er zieht eine Grimasse und äfft mich nach wie ein Achtjähriger. Ich hätte nicht übel Lust, ihm eine zu kleben. Aber das wird nicht geschehen. Wir sind schließlich in der Öffentlichkeit. Mag sein, dass Henry für seine Stellung in der Welt null Respekt hat, ich jedoch schon.

Prinzen wird grundsätzlich nur im Privaten eine runtergehauen. Aber ganz kann ich mich trotzdem nicht zurückhalten. Ich zische ihm zu: «Kokain, Henry? Ernsthaft? Bist du deshalb so ein Wrack, ist das dein Problem?»

Die Drogen wurden in dem Wagen gefunden, mit dem er mit diversen *Freunden* unterwegs war – natürlich ohne Security –, als sie in eine Verkehrskontrolle gerieten.

Er hält sich mit Logans Hilfe aufrecht und hebt den glasigen

Blick. «Nein», lallt er. «Das Zeug rühre ich nicht an. Ich berausche mich am Leben.» Er reibt sich die Stirn. «Das Zeug gehört Damian Clutterbuck. Ich habe ihn in Las Vegas getroffen, und er ist mit mir nach New York gekommen. Ich hatte keine Ahnung, dass er Stoff dabeihat. Er ist ein ...» Er runzelt die Stirn und sieht Olivia fragend an. «Schmick? Schmack?»

«Schmock?», schlägt Olivia vor.

Henry schnippt mit den Fingern. «Genau! Das ist es. Damian ist ein Schmock.»

«Du bist ein Schmock.» Ich beuge mich nahe zu ihm. «Du wirst ausgewiesen.»

«Tja, dann ... Ein Hoch auf die diplomatische Immunität, würde ich sagen.» Er zuckt die Achseln. «Ich wollte sowieso nach Amsterdam.»

«Oh, nein, Brüderchen», sage ich mit warnendem Unterton. «Du fliegst nach Hause. Und wenn ich dich dafür fesseln und in eine Holzkiste stecken muss. Du gehst jetzt nirgendwo mehr hin.»

Henry holt tief Luft, als wolle er etwas sehr Bedeutsames verkünden, aber «Du bist ein Spielverderber, Nicholas» ist alles, was er zustande bringt.

Ich reibe mir die Augen und schüttle den Kopf. «Sei einfach still, Henry.»

Und dann verlassen wir das Polizeirevier.

♛

Angesichts der Uhrzeit bringe ich Olivia nach Hause, ehe ich mich um Henry kümmere. Für alle Fälle parken wir in der Seitengasse, obwohl sich die Menschenansammlungen, seit uns das NYPD zur Seite steht, merklich verringert haben. Ich begleite Olivia ins Haus, und Henry lässt sich nicht davon abbringen, mitzukommen. Ich schlage vor, ihn im Kofferraum einzusperren, aber davon will Olivia in ihrer Großherzigkeit nichts hören.

Sieht so aus, als wäre dies die Nacht der kleinen Geschwister, denn als wir durch die Hintertür die Küche betreten, steht Ellie Hammond vor uns, von Kopf bis Fuß mit Mehl und Puderzucker bestäubt. Ihre Frisur sieht aus wie eine gepuderte Perücke aus der Revolutionszeit, und aus ihren Ohrstöpseln dröhnt so laut *Pressure* von Billy Joel, dass man es bis zur Tür hören kann. Sie hüpft und singt zur Musik und schleudert ausgelassen Hände voll Mehl auf die Arbeitsfläche und auch sonst überallhin.

Plötzlich dreht sie sich um. Und fängt ohrenbetäubend an zu kreischen.

«Ach du lieber Gott!» Sie reißt sich die Ohrstöpsel heraus. «Das könnt ihr doch nicht machen. Ihr habt mich gerade um zehn Jahre meines Lebens gebracht!»

Olivia sieht sich fassungslos um. «Was treibst du hier, Ellie?»

Die kleine Blondine lächelt stolz und reckt das Kinn. «Mich nützlich machen. Ich übernehme inzwischen zwar die Nachmittagsschichten, aber ich dachte, ich könnte dir wirklich auch mal bei den Vorbereitungen helfen. Also habe ich Moms Rezepte rausgekramt. In ein paar Monaten bin ich sowieso mit der Schule fertig.»

Olivias Gesichtszüge werden weich. «Ich danke dir, Ellie.» Sie lässt den Blick über das Chaos schweifen. «Glaube ich zumindest.» Sie nimmt ihre gezuckerte Schwester in die Arme. «Ich hab dich lieb.»

«Ich dich auch!», sagt Ellie leise. Als sie den Kopf von Olivias Schulter hebt, entdeckt sie meinen Bruder, der an die Wand gelehnt dasteht und zusieht. «O! Mein! Gott! Du bist Prinz Henry.» Sie schüttelt sich das Mehl aus den Haaren wie ein Hund das Wasser aus dem Fell.

«Live und in Farbe, Mäuschen. Die sehr viel interessantere Frage lautet natürlich: Wer bist du?»

«Ich bin Ellie.»

Mein Bruder grinst wollüstig. «*Hallo*, Ellie!»

«Sie ist minderjährig!», sage ich drohend.

Sein Grinsen versiegt. Er tätschelt ihr den Kopf. «Auf Wiedersehen, Ellie.» Henry macht auf dem Absatz kehrt. «Ich glaube, ich warte doch im Auto», sagt er gähnend. «Ich könnte ein Nickerchen vertragen.»

♛

Als wir endlich wieder in meinem Penthouse sind, stürzt Tommy auf uns zu. «Die Queen ist in der Leitung. Auf Skype, Hoheit.» In seiner Stimme liegt Angst. «Sie hat gewartet.»

Die Queen wartet nicht gern.

Ich nicke knapp. «David soll mir einen Scotch bringen.»

«Oh ja, mir auch!», meldet Henry sich zu Wort.

«Für ihn Kaffee», befehle ich.

Ich glaube, Henry streckt mir hinter meinem Rücken die Zunge raus.

Ich gehe nach nebenan in die Bibliothek, und er trottet mir hinterher. Er wirkt inzwischen ein winziges bisschen nüchterner – zumindest geht er wieder ohne Hilfe und ohne zu schwanken. Ich setze mich hinter den Schreibtisch und öffne den Laptop. Auf dem Bildschirm blickt mir meine Großmutter entgegen. Sie trägt einen blassrosa Morgenrock, die flauschigen Haare sind frisch frisiert, und sie sieht mich aus ihren stechend grauen Augen mit grimmiger Miene an.

Das wird lustig.

«Nicholas», begrüßt sie mich ohne den Hauch einer Gefühlsregung.

«Großmutter», entgegne ich ebenso unbewegt.

«Granny!», ruft Henry wie ein Kind, kommt um den Schreibtisch und stellt sich vor die Kameralinse. Er wirft sich nach vorn, umarmt den Computer und fängt an, den Bildschirm zu küssen.

«Henry, oh Hen…» Meine Großmutter wedelt mit den Händen durch die Luft, als würde er sie tatsächlich küssen.

Ich muss mich sehr zwingen, nicht zu lachen.

«*Schmatz!*»

«Henry! Benimm dich! Grundgütiger!»

«*Schmaaaatz!*» Grinsend wie ein Idiot hockt Henry auf der Armlehne meines Stuhls und zwingt mich, zu rutschen. «Es tut mir leid, Großmutter. Ich freue mich nur so, dich zu sehen.»

Sie antwortet nicht, rückt bloß ein Stückchen näher an ihren Bildschirm heran und mustert ihn forschend. Ich weiß, dass sie die gleichen Dinge sieht, die ich an ihm entdeckt habe. Ein beinahe sorgenvoller Zug legt sich um ihre Lippen.

«Du siehst müde aus, mein Junge.»

«Das bin ich auch, Majestät», sagt er leise. «Ich bin sehr, sehr müde.»

«Gut. Dann kommst du jetzt nach Hause, um dich auszuruhen, ja?»

«Ja, Ma'am.»

Ihre Stimme wird scharf. «Und ich will nie wieder auch nur ein einziges Wort über dich und irgendwelche Drogen hören. Hast du mich verstanden? Ich bin sehr enttäuscht von dir, Henry.»

Henry wirkt tatsächlich aufrichtig zerknirscht. «Das war von einem Freund, Granny, wirklich. Aber … es wird nie wieder vorkommen.»

«Du sorgst dafür.» Sie wendet sich an mich. «Ich schicke euch das Flugzeug. Ich wünsche, euch binnen vierundzwanzig Stunden hier zu sehen, bei mir im Palast.»

Mir dreht sich der Magen um, und meine Kehle schnürt sich zusammen.

«Ich habe Verpflichtungen, die ...»

«Sag sie ab.»

«Nein! Das werde ich nicht!», fahre ich meine Großmutter an. In dem Ton habe ich noch nie mit ihr gesprochen. Jedem anderen, der so mit der Queen redet, würde ich den Arsch versohlen.

«Verzeiht, Majestät, es war eine lange Nacht.» Ich fahre mir mit der Hand über das Gesicht. «Ich habe hier noch Verpflichtungen, die mit Sorgfalt behandelt werden müssen. Ich habe ... Versprechungen gemacht. Ich brauche etwas mehr Zeit, um die Dinge zu ordnen.»

Meine Großmutter starrt mich an, als würde sie mich vollkommen durchschauen – und ich hege keinen Zweifel, dass sie genau das auch tut. Sie hat inzwischen mit Sicherheit von Olivia gehört, wenn nicht von den Anzugträgern, dann aus der Zeitung oder aus dem Netz.

«Achtundvierzig Stunden und keine Sekunde länger», sagt sie. Ihre Stimme gleicht einem Peitschenhieb.

Unter dem Schreibtisch balle ich die Hand zur Faust. «Selbstverständlich.»

Wir tauschen noch ein paar Höflichkeiten aus, dann trennen wir die Verbindung, und ich klappe den Bildschirm zu. Ich koche stumm vor mich hin, bis Henry das Schweigen bricht.

«Und? Was gibt's Neues?»

Schneller, als ich denken kann, habe ich ihm eine gescheuert. Mit der flachen Hand und so laut, dass der Knall von den Wänden widerhallt.

Henry fasst sich an die Wange. «Fuck! Wofür war das denn?» Er stößt mir den Ellbogen in die Seite. Ich boxe ihn gegen die Schulter. Und schon wälzen wir uns fluchend und prügelnd auf dem Boden.

«Du verwöhntes kleines Arschloch!»

«Drecksack!»

Irgendwann steckt Logan den Kopf zur Tür rein. «Verzeihung!», sagt er und verschwindet wieder.

Irgendwann entscheiden wir, dass es unentschieden steht, beide fix und fertig und viel zu erschöpft, um noch weiterzumachen. Keuchend sitzen wir auf dem Boden, nebeneinander an die Wand gelehnt.

Henry betastet vorsichtig seine blutende Lippe. «Du bist wirklich sauer, oder?»

«Ja, Henry. Das bin ich. Ich wollte den Sommer in New York verbringen. Mit Olivia. Aber das geht dank deiner tollen Nummer jetzt nicht mehr.»

Er wirkt verwirrt. «Ich dachte, sie wäre minderjährig.»

Stumm flehe ich um Geduld. «Das war Ellie. Olivia ist die Dunkelhaarige.»

«Oh.» Er sieht mich eindringlich an. «Du magst sie.»

«Ja.» Meine Stimme ist rau. «Ich mag sie. Und wenn wir abreisen, werde ich sie nie wiedersehen.»

«Warum denn nicht?»

Erst jetzt fällt mir wieder ein, wie lange er weg war. Es gibt so vieles, das er nicht weiß. Ich sehe meinem kleinen Bruder ins Gesicht. Er wirkt tatsächlich erschreckend müde.

«Es ist viel passiert. Das erzähle ich dir alles morgen. Jetzt schlaf dich erst mal aus.» Ich stehe auf, klopfe mir die Hose ab und richte mir den Kragen. «Ich fahre zu Olivia. Ich bin bald zurück. Und du bleibst hier.»

«Es tut mir leid, Nicholas. Tut mir leid, dass ich deine Pläne ruiniert habe.»

Plötzlich habe ich das Gefühl, die Armbänder um mein Handgelenk würden sich zusammenziehen. Ich gehe vor ihm in die Hocke. Dann rolle ich den Ärmel hoch, löse das Gliederarmband und lasse es in seine geöffnete Hand gleiten. Henry bekommt feuchte Augen.

«Du hast drauf aufgepasst.»

«Natürlich.» Ich lehne meine Stirn an seine und lege meine Hände an seinen Hinterkopf. «Ich bin froh, dass du wieder da bist, Henry. Jetzt wird alles gut. Okay?»

«Okay.»

Kurz nach Sonnenaufgang fährt der Wagen vor dem Hintereingang von Amelia's vor. Schon wieder. Der Himmel ist rosarot gefärbt, und ich weiß, dass das Schild in der Eingangstür noch auf GESCHLOSSEN hängt. Ich betrete die inzwischen wieder blitzblanke Küche und folge der leisen Musik nach vorne in den Laden.

Mit gekreuzten Armen lehne ich mich in den Türrahmen und genieße den Anblick. Der Fernseher läuft. Dolly Parton und Kenny Rogers singen ein Lied über irgendwelche Inseln, und Olivia fegt den Fußboden. Sie hat mich noch nicht bemerkt. Aber sie fegt nicht einfach nur, sie tanzt mit ihrem Besen. Alles an ihr ist in Bewegung, ihr Hintern, die Hüften, die Knie, alles tanzt. Und ab und zu gleitet sie an ihrem Besenstiel runter und wieder rauf, als wäre er ein Mikrophonständer – oder eine Pole-Stange.

Gott! Sie ist umwerfend. Unwillkürlich muss ich lächeln, und mein Schwanz wird hart. Leise trete ich hinter sie, lege die Arme um ihre Taille, und sie kreischt erschrocken auf. Der Besen fällt zu Boden. Dann dreht sie sich in meinen Armen um und schlingt mir die Hände um den Hals. Ganz natürlich drängt sie sich gegen mich, warm und weich und wunderschön.

«Ich bin ein besserer Tanzpartner als dein Besenstiel.»

Sie lässt das Becken kreisen und reibt sich an meiner Erektion.

«Und besser bestückt.» Olivia reckt sich und gibt mir einen sanften, süßen Kuss. «Wie geht es Henry?»

Ich streiche ihr über das Haar, sehe ihr direkt in die Augen und fühle mich, als würde sich in mir ein Abgrund auftun. Eine karge, schmerzvolle Ödnis, ein fernes Echo des Gefühls, das mich damals überkam, als ich erfuhr, dass meine Mutter tot war.

«Ich muss abreisen, Olivia. Wir fliegen nach Hause.»

Ihre zierlichen Hände klammern sich an mich, und ihr Mund zieht sich zu einer traurigen kleinen Knospe zusammen.

«Wann?», fragt sie kaum hörbar.

«In zwei Tagen.»

Ihr Blick berührt meine Augen, meine Lippen, meine Wangen, als wolle sie sich alles ganz genau einprägen. Sie senkt den Kopf und lehnt die Wange an meine Brust, direkt über mein tobendes Herz.

Dolly und Kenny singen davon, gemeinsam davonzusegeln. In eine andere Welt.

«So bald?»

Ich drücke sie an mich. «Ja.» Wir wiegen uns im Takt der Musik, und die Worte purzeln einfach so aus meinem Mund: «Komm mit.»

Olivia reißt den Kopf hoch. «Was?»

Und je mehr ich rede, desto besser wird die Idee. «Olivia, komm mit und verbring den Sommer mit mir in Wessco. Du kannst im Palast wohnen.»

«Im Palast?»

«Ich werde mich um alles kümmern. Ich zeige dir meine Stadt. Sie ist wunderschön, vor allem nachts. Atemberaubend. Ich fahre mit dir ans Meer, wir werden nackt in den Wellen schwimmen und uns die Ärsche abfrieren.»

Sie lacht, und ich stimme ein.

«Das wird ein großartiges Abenteuer, Olivia.» Ich fahre sanft mit dem Daumen über ihre Wange. «Ich bin noch nicht bereit, das zu beenden. Du etwa?»

Sie lehnt sich an mich. «Nein.»

«Dann sag ja. Komm mit.» *Scheiß auf die Konsequenzen.*

In ihren Augen glänzt ein Hoffnungsschimmer, ihre Wangen sind vor Aufregung gerötet. Dann umarmt sie mich, legt den Kopf an meine Schulter und flüstert: «Nicholas, ich … ich kann nicht.»

15

OLIVIA

Das ist nicht die Antwort, die er erwartet hat. Es ist nicht die Antwort, die ich ihm geben will. Aber ich habe keine Wahl. Verzweifelt presst er mich an sich.

«Ich will ja, Nicholas. Gott, wie sehr ich mir das wünschen würde. Aber ich kann hier nicht weg.»

Aus der Küche ertönt lautes Scheppern, das schrille Geräusch von Töpfen, die zu Boden fallen. Und dann stürzt meine kleine Schwester in den Raum, sprichwörtlich, sie stolpert über ihre eigenen Füße und geht zu Boden.

«Oh doch, du kannst!»

«Ellie, was machst du denn?»

Sie rappelt sich wieder auf. «Lauschen? Aber darum geht es jetzt nicht. Ich lasse nicht zu, dass du Wessco sausen lässt, verdammt noch mal! Liv! Ein ganzer Sommer! In einem Palast! Spinnst du?» Sie dreht sich um ihre eigene Achse wie in einem Ballkleid. «So eine Chance bekommt man nur einmal im Leben, und du wirst sie nicht verpassen. Weder für mich noch für Dad, noch für diesen Coffee Shop. Ganz sicher nicht!»

Ich liebe meine kleine Schwester. Ganz egal, was für eine Nervensäge sie sein kann, wenn's drauf ankommt, hat sie ein Herz aus Gold. Aber das ändert nichts an der Tatsache, dass sie völlig danebenliegt.

«Du hast noch mehrere Wochen Schule. Du kannst den Laden unmöglich alleine schmeißen.»

Ellie verschränkt die Arme vor der Brust. «Wenn ich nicht hier bin, ist Marty hier. Der Laden läuft wie eine Eins. Dank der

Werbetrommel, die dein königlicher Lover ungewollt für uns gerührt hat, können wir es uns sogar leisten, Marty die Überstunden zu bezahlen. Und endlich einen Tellerwäscher einzustellen!»

«Es geht doch nicht nur um den Laden, Ellie. Was ist mit der Buchhaltung?»

«Das kann ich machen.»

«Bestellungen? Lagerhaltung?»

«Pah! Kinderspiel!»

«Mit Lieferanten verhandeln?» Ich wende mich an Nicholas. «Manche von denen wollen einen über den Tisch ziehen.» Ellie will etwas erwidern, aber ich hebe die Hand. «Und mindestens tausend andere Kleinigkeiten, die du ohne Erfahrung unmöglich auf die Reihe kriegen kannst. Ich selbst habe Jahre gebraucht, um hier durchzublicken.»

Darauf hat sie keine Antwort mehr. Sie sieht aus, als würde sie jeden Moment anfangen zu heulen.

Bis Nicholas sich zu Wort meldet: «Ich habe jemanden, der ihr zur Hand gehen kann.»

Am nächsten Nachmittag stehe ich mitten in meinem Zimmer und packe – weil ich nach Wessco reisen werde! Über Schmetterlinge im Bauch bin ich weit hinaus? In meinen Innereien flattert ein ganzer Schwarm Spatzen herum, es ist eine seltsame Mischung aus Aufregung, Vorfreude und nackter Panik. Ich hab noch nie in einem Flugzeug gesessen. Bis eben hatte ich nicht mal einen Pass. Aber dann hat Nicholas ein paar Telefonate gemacht, und seit heute Morgen besitze ich einen vorläufigen Reisepass. Ich war noch nie im Urlaub, mal abgesehen von dem einen oder anderen Wochenendausflug an den Strand mit meinen Eltern. Und vor mir liegt nicht einfach irgendein schnöder Sommerurlaub, nein, ich reise ins Ausland, ich reise in ein europäisches Königreich, und zwar an der Seite des Thronfolgers! Um bei ihm in seinem Palast zu wohnen! Ich glaube, ich träume. Es ist unfassbar.

Und all das wäre tatsächlich perfekt. Wäre da nicht noch eine Kleinigkeit.

Mein Vater. Er sitzt auf meinem Bett und verfolgt jeden einzelnen Handgriff mit besorgter, missbilligender, anklagender Miene.

«Ich kann es nicht glauben, Liv! Das ist absurd. Du kennst den Typen doch gar nicht.»

Ich fühle mich in die Ecke gedrängt und knalle zornig die Bürste in meinen Seesack. «Ich kenne ihn sehr wohl. Du bist ihm auch schon begegnet, nur wahrscheinlich kannst du dich nicht daran erinnern.»

«Bei deiner Schwester würde mich so was nicht wundern, sie war schon immer ziemlich flatterhaft. Aber du doch nicht!»

Der Bürste folgen mein Lieblingsnagellack, BHs und Höschen, das Parfüm mit Rose und Jasmin, das Nicholas so an mir mag. «Ganz genau. Ich war immer die Vernünftige, die mit der Verantwortung. Diejenige, die hier die Stellung hält. Und jetzt habe ich endlich mal die Gelegenheit, rauszukommen und etwas Wunderbares zu erleben.» Es gelingt mir nicht, die Verletzung aus meiner Stimme fernzuhalten. «Warum kannst du dich nicht einfach für mich freuen?»

Seine Augen verdüstern sich. «Wir brauchen dich hier. Deine Schwester braucht dich. Du kannst deine Verantwortung nicht einfach auf sie abwälzen.»

«Ellie schafft das schon. Ich habe alles arrangiert. Sie bekommt alle Hilfe, die sie braucht.»

Unfassbar, aber ausgerechnet Logan St. James und Tommy

Sullivan, Nicholas' treueste Leibwächter, werden den Sommer über in New York bleiben. Sie bleiben hier, um auf Ellie und den Laden aufzupassen, um dafür zu sorgen, dass keiner sie übers Ohr haut, und um ihr unter die Arme zu greifen. Nicholas hat sie gebeten, es für ihn zu tun – ein absolut persönlicher Gefallen –, und sie waren einverstanden. Tommy scheint regelrecht heiß darauf zu sein, hierzubleiben. Er sagt, die New Yorker Mädels mögen seinen Akzent. Ich habe die beiden in den letzten Wochen ein bisschen kennengelernt und weiß, dass es gute Jungs sind. Außerdem genießen sie Nicholas' Vertrauen, und deshalb vertraue ich ihnen auch.

«Du bist egoistisch», stößt mein Vater aus und steht auf.

Ich erstarre. «Egoistisch? Ernsthaft? Als ob gerade du ein Recht hättest, mir das vorzuwerfen!»

«Was zum Teufel soll das heißen?»

Und jetzt kann ich nicht anders, neun Jahre Groll und Verbitterung brechen sich ungehemmt Bahn. Ich schreie ihn an: «Wir haben Mom auch geliebt! Du bist nicht der Einzige, der sie verloren hat! An dem Tag, als Mom starb, haben Ellie und ich euch beide verloren! Ist dir das eigentlich klar? Du hast dich einfach ausgeklinkt, Dad. Mom hatte keine Wahl, aber du schon!»

Er lässt den Kopf sinken, schafft es nicht, mich anzusehen. «Dieser Typ, dieser Prinz ... er wird dir weh tun, Liv. Wenn er geht – und ich verspreche dir, er wird irgendwann gehen –, macht dich das kaputt. Ich will nicht zusehen, wie jemand meinem kleinen Mädchen das Herz bricht.»

Ich ziehe den Seesack zu und werfe ihn mir über die Schulter. «Ich weiß, worauf ich mich einlasse. Nicholas und ich werden die wenige Zeit, die wir haben, genießen. Und wenn es vorbei ist, werde ich etwas Wunderschönes, ganz Besonderes, haben, auf das ich zurückblicken kann. Auch wenn es nicht lange gedauert hat.» An der Tür drehe ich mich noch einmal zu ihm um und sehe dem Mann in die Augen, der einst mein Held gewesen ist.

«Ich werde nicht daran zerbrechen, Dad. Ich bin nicht du.»

♛

Nicholas steht schon im Coffee Shop an der Tür und wartet. Ellie, Marty, Logan und Tommy haben sich an der Wand aufgereiht. Mit Logan und Tommy fange ich an. Ich berühre beide am Arm und sage: «Danke, dass Sie das für mich tun. Mir ist klar, dass das nicht Ihr Job ist, und ich weiß es sehr zu schätzen.»

Logan nickt mit festem Blick. «Keine Sorge, wir kümmern uns hier. Wir passen gut auf sie auf.»

«Und viel Spaß in Wessco.» Tommy strahlt mich an. «Vielleicht gefällt es Ihnen ja so gut, dass Sie bleiben.»

Logan schüttelt genervt den Kopf. «Halt den Mund, Tommy.»

Dann wende ich mich an Ellie und Marty. Ellie fällt mir stürmisch um den Hals. «Ich vermisse dich jetzt schon. Aber ich will trotzdem, dass du es machst!»

Ich drücke sie so fest an mich, wie ich kann, und ich glaube, mir bricht ein bisschen das Herz. «Ich werde dich auch vermissen. Ich weiß, dass du das kannst, Ellie. Du machst das sicher super. Aber bitte versprich mir trotzdem, dass du aufpasst und auf Marty, Logan und Tommy hörst, okay?»

«Logo.»

Marty umarmt mich und hebt mich in die Luft. «So, Mädchen, das wird der Trip deines Lebens. Und du weißt ja: Wenn es keine Fotos gibt, ist es nicht passiert.» Er zwinkert mir anzüglich zu und deutet mit dem Kopf auf Nicholas. «Ran an den Speck. Ich will Beweise.»

Ich lache und wende mich zur Tür. Doch eine Stimme hinter mir lässt mich erstarren.

«Livvy.» Mein Vater steht in der Küchentür. Langsam kommt er auf mich zu und nimmt mich fest in den Arm, sicher und unerschütterlich. Genauso wie ... früher. Er gibt mir einen Kuss auf die Schläfe und flüstert mir ins Ohr: «Ich hab dich lieb, meine Kleine.»

Augenblicklich überfluten mich Tränen. «Ich hab dich auch lieb, Daddy.» Dann löse ich mich von ihm, schlucke tapfer und lächle ihn an. Ich gehe zur Tür.

Als Nicholas und ich uns zum Gehen wenden, ruft mein Vater uns nach: «Nicholas! Du passt auf sie auf!»

In Nicholas' Stimme liegt ein seltsamer Klang: «Ja. Das werde ich.» Und dann nimmt er mich bei der Hand und führt mich zur Tür hinaus.

Die Tränen fließen immer noch, als ich in die Limousine steige. Henry erwartet uns auf dem Rücksitz.

«Oh, nein, sie weint! Ich hasse es, wenn Mädchen weinen. Was hast du ihr angetan, Nicholas?» Er hebt sein Glas, in dem Eiswürfel in einer ockerfarbenen Flüssigkeit klirren. «Nicht weinen, Olive! Trinken!»

Nicholas zieht mich an sich. «Geht es dir gut, Liebes?»

«Ja, alles gut. Ich bin nur ein bisschen gefühlsduselig.» Ich wische mir über die Augen. «Außerdem habe ich Angst vorm Fliegen.»

Nicholas lächelt und zeigt seine Grübchen. «Du darfst dich gern an meinem Knüppel festhalten.»

Ich kichere, und Henry macht Würgegeräusche. «War das eine sexuelle Anspielung? Igitt, das wird ein furchtbarer Sommer.»

Vor dem riesengroßen, furchterregenden Flugzeug werden wir von Bridget begrüßt, Nicholas' persönlicher Assistentin. Mit ihrem fröhlich violetten Kostüm und der lustigen und gleichzeitig tüchtigen Art erinnert sie mich an eine Lieblingstante.

«Oh weh», stammelt sie, als Nicholas uns vorstellt. «Ich wusste nicht, dass Sie einen Gast mitbringen, Sir.» Aber sie hat sich sofort wieder im Griff, zumindest wirkt es so. «Die Queen wird … überrascht sein.» Sie gibt mir die Hand. Ihr Händedruck ist fest und freundlich. «Es ist mir eine Freude, Sie kennenzulernen, Miss Hammond. Wenn Sie während Ihres Aufenthaltes bei uns irgendetwas benötigen, zögern Sie bitte nicht, mich anzusprechen.»

Ich habe das Gefühl, dass ein Jungfernflug in einer Privatmaschine mich auf immer verderben wird, was das Reisen mit dem Flugzeug anbelangt. Das Innere der *Royal I* strotzt vor königlichen Wappen, hellem Leder und glänzendem Holz. Es gibt zwei richtige Schlafzimmer, und zwar nicht einfach nur Kojen, sondern Zimmer mit echten Doppelbetten. Im Mittelteil der Maschine befindet sich ein Arbeits- und Sitzbereich mit Schreibtisch, Computer und Telefonen, einer langen Ledercouch und vier breiten Kippstühlen, die sich um die eigene Achse drehen lassen. Daneben jeweils grazile Cocktailtische. Zwei Stewardessen stehen bereit, um uns jeden Wunsch von den Augen abzulesen – sie sehen aus wie Supermodels, blond und groß, und auf ihren Köpfen thronen burgunderrote Schiffchen. Der Pilot verneigt sich vor Nicholas, ehe er das Cockpit betritt, und ich bemerke den subtilen Wandel in Nicholas' Verhalten – vielleicht ist es auch nur die Reaktion auf das Benehmen seiner Untergebenen. Sie richten sich nach ihm. Mit einem Respekt, der an Verehrung grenzt. Nicholas führt. Und alle anderen folgen ihm.

Der Start ist … die Hölle. Ich kneife die ganze Zeit die Augen zusammen und schlucke den Drang hinunter, mich zu übergeben. Es ist gut, dass ich mich an Nicholas' Hand festhalte und nicht an seinem *Knüppel*, weil ich den mit Sicherheit zerquetscht hätte.

Dann sind wir oben, und nach erfrischend heißen Handtüchern befragt Nicholas Bridget beim ersten Cocktail zur Lage der Dinge zu Hause. Es geht um Politik. Ihr Blick schweift kurz zu Henry und mir, und ich frage mich, ob diese Dinge vertraulich sind.

Doch dann antwortet sie ihm: «Die Queen hat ihre Bemühungen beim Parlament hinsichtlich der Handels- und Arbeitsmarktpakete verstärkt, doch die Stimmung bleibt gereizt. Der Tonfall ist sehr scharf. Sie wollen Zugeständnisse.»

Henry, der mit einer Gitarre auf der langen Ledercouch lümmelt und müßig die Saiten zupft, richtet sich auf. Nicholas hat mir erzählt, dass er sich gern als *Royal Rockstar* sieht.

«Was für Zugeständnisse?», will er wissen.

«Zugeständnisse von der Queen.» Bridget fühlt sich sichtlich unwohl in ihrer Haut. «Und vom Königshaus.»

«Zwei Jahre sind eine lange Zeit, Henry», sagt Nicholas zu seinem Bruder. «Die Dinge haben sich geändert, seit du zuletzt zu Hause warst.»

«Das Parlament bestand schon immer aus einem Haufen nutzloser Wichser», sagt Henry abfällig.

Nicholas legt den Kopf schief. «Inzwischen sind sie noch schlimmer.»

Ein wenig später macht Bridget mich mit dem Protokoll vertraut. Wie man die Queen – und die Thronfolger – begrüßt, wie man sich in ihrer Gegenwart benimmt. «Wenn Sie sich in der Öffentlichkeit bewegen, müssen Sie sehr auf den Umgang miteinander achten. Die Prinzen kennt bei uns jedes Kind; Sie werden unter permanenter Beobachtung stehen. Wir in Wessco sind überaus konservativ. Also keine öffentlichen Zuneigungsbekundungen.»

Puh. Klingt ja super.

«So konservativ sind wir auch wieder nicht», widerspricht

Henry. «Ihr zwei müsst euch nur einen schönen schummrigen Winkel suchen. Und wenn du wirklich mal ganz dringend das Bedürfnis hast, jemandem die Zunge in den Mund zu schieben, ich stehe immer zur Verfügung.»

Nicholas wirft seinem Bruder einen giftigen Blick zu, und Henry zuckt unschuldig die Achseln. «Nur für alle Fälle.» Er senkt die Stimme zu einem Flüstern: «Was *ich* tue und lasse, ist den Leuten nämlich egal.»

«Das ist nicht wahr», sagt Bridget.

«Dir ist einfach egal, dass es den Leuten nicht egal ist», ergänzt Nicholas trocken.

Henry greift wieder zur Gitarre und spielt das Intro von *Stairway to Heaven*. «Einer der Vorzüge, der Zweitgeborene zu sein.»

Kurz vor Sonnenuntergang landen wir in Wessco. Die Türen werden geöffnet, und eine warme Brise trägt einen Hauch von Seeluft in die Kabine. Die Treppe ist mit Teppich ausgelegt, der in königlichem Purpurrot bis auf das Rollfeld hinunterreicht. Soldaten in roten Fräcken mit glänzenden Goldknöpfen und schwarzen, auf Hochglanz polierten Stiefeln flankieren in Reih und Glied den Weg vom Flugzeug zum Gebäude.

Nicholas verlässt die Maschine als Erster. Von unten ertönt mit tiefer Stimme ein knapper Befehl, Absätze schlagen aneinander, und die Soldaten salutieren. Als ich hinter ihm aus der Kabine ins Freie trete, lasse ich mir einen Augenblick Zeit, um mir das Spektakel anzusehen, es ganz in mich aufzunehmen, damit ich es nicht vergesse. Doch als wir uns dem Gebäude nähern, ist plötzlich etwas anderes zu hören. Es klingt unheilvoll. Ich vernehme undeutlich Rufe und Geschrei. Hinter einem Zaun steht eine Menschenmenge versammelt. Einige von ihnen halten

Schilder hoch, und sie wirken wütend. Sie brüllen und fluchen, und es ist eindeutig gegen uns gerichtet.

Als wir noch näher kommen, lösen sich aus der Geräuschkulisse einzelne Sätze.

«Ich bin arbeitslos, und ihr fliegt in eurem Privatjet durch die Gegend, ihr Schweine!»

«Fickt euch!»

«Wir scheißen auf die Monarchie!»

Ich bleibe dicht hinter Nicholas. Er greift nach hinten, ohne sich umzudrehen, auf der Suche nach mir. Ich nehme seine Hand, und er drückt meine.

«Schiebt euch eure Kronen in den Arsch, Jungs, und eure Großmutter auch!»

Nicholas richtet sich noch ein wenig mehr auf und geht weiter. Henry hat offensichtlich eine völlig andere Herangehensweise. Obwohl die Wachleute versuchen, ihn vom Zaun fernzuhalten, stolziert er breitbeinig direkt auf die Demonstranten zu und winkt einen der Männer mit einer überheblichen Geste zu sich. Dann beugt er sich leicht zurück, schnellt vor und spuckt dem Mann ins Gesicht.

Sofort ist die Hölle los. Die Menschen brüllen und toben und rütteln an der Absperrung. Die Soldaten schließen einen Kreis um uns und drängen uns zur Tür. Nicholas zieht mich zu sich, nimmt mich in den Arm, und wir werden quasi in das Flughafengebäude hineingeschwemmt.

Als sich die Tür endlich hinter uns geschlossen hat und der tosende Lärm nur noch gedämpft zu hören ist, dreht Nicholas sich zu seinem Bruder um.

«Was zum Teufel hast du dir dabei gedacht?»

«Ich lasse nicht zu, dass man so mit mir spricht! Und du, Nicholas? Was hast du getan?»

«Nichts! Natürlich nichts», ruft Nicholas. «Weil mein Verhalten eine Rolle spielt. Was ich sage, was ich tue, wie ich mich verhalte, hat Konsequenzen. Die Leute anzuspucken bringt sie ganz sicher nicht auf unsere Seite!»

Henrys grüne Augen sprühen Funken. Seine Wangen sind rot vor Zorn. «Auf die scheiß ich doch! Diesen Mob brauche ich ganz sicher nicht auf unserer Seite!»

Nicholas reibt sich die Augen. «Das ist unser Volk, Henry. Unsere Untertanen. Sie sind wütend, weil sie keine Jobs haben. Sie haben massive Existenzängste.»

Henry starrt seinen Bruder an, dickköpfig und unnachgiebig. «Wenigstens habe ich mir das nicht bieten lassen.»

Nicholas schnaubt. «Ja, genau. Du hast es nur schlimmer gemacht. Gratuliere.» Er nimmt mich bei der Hand, dreht sich um und sagt zu James: «Olivia und ich fahren im ersten Wagen. Er kann mit Bridget den zweiten nehmen.»

Niemand wagt zu widersprechen.

Tja. Willkommen in Wessco.

In der Limousine schenkt Nicholas sich aus der blau beleuchteten Minibar in der Mittelkonsole einen Drink ein. Er ist angespannt, seine Muskeln hart, der Kiefer zusammengepresst. Sacht streichle ich seine Schultern. «Geht es dir gut?»

Er stößt einen Seufzer aus. «Ja. Das eben tut mir leid, Liebes.» Er spielt mit meinem Haar. «So hatte ich mir deine Ankunft in meiner Heimat nicht vorgestellt.»

«Pah!» Ich winke ab. «Ich bin in New York aufgewachsen, Nicholas. An jeder Ecke Demonstranten und Verrückte. Das war gar nichts. Mach dir um mich keine Sorgen.»

Ich wünsche mir seinen verschmitzten Blick zurück, dieses herrlich hinterhältige Grinsen, die Grübchen. Kurz denke ich darüber nach, mich zwischen seinen Knien auf den Boden rutschen zu lassen und ihm einen zu blasen. Aber ehrlich gesagt, fehlt mir mit dem Fahrer vorn und seinem Bruder und der restlichen Entourage in den Autos hinter uns der Mut dazu.

Stattdessen drücke ich mich eng an ihn, presse meine Brüste gegen seinen Oberarm. Er küsst meine Stirn, saugt meinen Duft in sich auf. Und offenbar geht es ihm damit ein bisschen besser.

♛

Nach etwa einer Stunde Fahrt biegen wir auf die Zufahrtsstraße zum Palast ab. Nicholas sagt, ich soll zum Fenster hinaussehen und ... heilige Scheiße! Ich bin völlig platt. Mir bleibt wortwörtlich die Spucke weg. Ja, okay, ich habe Bilder der Residenz von Wessco gesehen, aber den Palast wirklich vor mir zu haben ist total surreal. Der gewaltige steinerne Bau ist von unten bis oben hell erleuchtet, die Fassade von Hunderten Lichtern angestrahlt. Die von einem riesengroßen vergoldeten Tor eingefasste Front hat mehr Fenster, als ich zählen kann, und ist mit Fresken verziert. Mittig vor dem Palast steht ein mächtiger Springbrunnen, dessen Fontäne bis auf halbe Höhe der Fassade hinaufreicht, rechts davon flattert die burgunderrot-weiße Flagge von Wessco. Und die Blumen! Die Beete vor dem Gebäude und seitlich davon sind mit einer Blütenpracht aus Tausenden, womöglich Millionen von Blumen bepflanzt, die selbst jetzt im Dunkeln noch in ihrer Farbenpracht erstrahlen.

«Das ist ja ein Schloss!» Ja, okay, ich war auch schon mal origineller. Nicholas kichert. Ich packe seinen Arm und schüttle ihn. «Kapierst du das? Du wohnst in einem echten Schloss, Nicholas!»

«Also technisch betrachtet, handelt es sich um einen Palast. Schlösser hat jeder. Dies ist eine repräsentative Residenz, welche dem Monarchen dient, um in angemessener Umgebung darin Hof zu halten.»

Gott, macht der Kerl mich an. Ich will ihm augenblicklich meine Zunge in den Mund schieben, ihn auffressen. «Habe ich dir eigentlich schon gesagt, wie sehr es mich erregt, wenn du mit royalen Fakten um dich schmeißt?»

Der Schalk kehrt in seine Augen zurück. Endlich. «Nein. Aber gut zu wissen. Ich kann dir Dinge erzählen, von denen du garantiert im Handumdrehen sehr, sehr feucht wirst.»

So verführerisch seine Antwort auch ist, ich kann nicht anders, ich starre wieder zum Wagenfenster hinaus, während wir auf den Palast zufahren. «Mein Gott, Nicholas, da ist sogar ein Burggraben!»

«Normalerweise haben Paläste keinen Graben, aber mein Ur-Ur-Ur-Urgroßvater hat ihn anlegen lassen, weil ihm der Anblick so gefiel. Mit elf bin ich mal darin geschwommen und habe mir eine Mandelentzündung geholt. War mir eine Lehre. Aber hinten gibt es einen See. Nacktbaden steht also definitiv auf dem Plan.»

«Wie viele Zimmer habt ihr hier?»

«Fünfhundertsiebenundachtzig, Personalquartiere nicht mit eingerechnet.» Er beugt sich zu mir und leckt meine Ohrmuschel und verwirklicht damit augenblicklich die Sehr-sehr-feucht-Ankündigung. Was er dann sagt, lässt mich fast kommen. «Und ich will dich bis zum Ende des Sommers in jedem einzelnen davon nehmen.»

«Ziemlich ehrgeizig», flüstere ich und tätschle seine Wange. «Kriege ich zwischendurch mal was zu essen?»

Seine Hände gleiten über meinen Rücken und packen meinen Hintern. «Ich werde mich sehr gut um dich kümmern. Versprochen.»

Versprochen. Das ist so ein Wort, nach dem zu oft doch alles ganz anders kommt.

16

NICHOLAS

Meine Großmutter ist eine Nachteule. Sie kommt mit drei bis vier Stunden Schlaf aus. Etwas, das Regierungschefs, Industriemagnaten und hochrangige Führungskräfte mit Psychopathen gemeinsam haben. Ich gehe davon aus, dass sie uns trotz der späten Stunde wird sehen wollen, sobald wir einen Fuß über die Schwelle gesetzt haben, und ich habe mich nicht getäuscht. Alastair, ihr persönlicher Butler, scheucht uns bei der Ankunft sofort in den goldenen Empfangssalon ihrer Privatgemächer. Dort versammeln wir uns – ich, Olivia, Henry, Fergus und Bridget – und warten.

Ob ich nun einen Monat fort war oder ein Jahr, die Queen verändert sich nie. Sie sieht stets absolut gleich aus. Dieser Gedanke ist erschreckend und tröstlich zugleich. Die grauen Haare perfekt frisiert, mit dezentem Lippenstift, hellgrünem Rock und einem leichten Blazer mit einer Diamantbrosche am Revers, tritt sie durch die Tür.

Doch obwohl sie aussieht wie immer, wirkt sie im Augenblick ausgesprochen unzufrieden. Einen nach dem anderen mustert sie uns mit stahlgrauem Blick und lässt die unerbittlichen Augen dann auf Henry ruhen. Sie winkt ihn zu sich.

Er verbeugt sich. «Eure Majestät.»

Sie mustert ihn eindringlich, und für einen kurzen Augenblick bekommt der eiskalte Blick einen Riss. «Willkommen zu Hause, mein Junge. Du bist zu lange fort gewesen.»

«Ja, Ma'am», antwortet er leise und schenkt ihr ein schiefes Lächeln.

Sie nimmt ihn nicht in den Arm, das ist nicht ihre Art. Doch sie berührt seine Schulter, hebt den Arm und tätschelt seine Wange, nimmt dann seine Hände zwischen ihre und drückt sie. Für die Queen kommt das einer Umarmung gleich. Dann winkt sie ihn beiseite und wendet sich uns zu, den Blick erwartungsvoll auf mich gerichtet. Ich verbeuge mich und trete, mit Olivia an der Hand, einen Schritt vor.

«Eure Majestät, darf ich meinen Gast vorstellen, Olivia Hammond.»

Natürlich hat sie von Olivias Anwesenheit längst erfahren. Die Queen mustert sie von Kopf bis Fuß wie einen durchnässten, räudigen Straßenköter, der unerwartet auf der Türschwelle aufgetaucht ist.

Obwohl es mir schwerfällt, reiße ich mich zusammen. Eine heftige Reaktion meinerseits würde die Dinge nur schlimmer machen. Bridget und ich haben auf dem Flug versucht, Olivia auf die Schnelle mit dem Protokoll vertraut zu machen. Ich spüre, wie nervös sie ist, stockstarr und steif. Aber sie versucht es.

«Es ist mir eine Ehre, Sie kennenzulernen, Königin Lenora.» Olivia beugt den Kopf, geht leicht in die Knie, beugt sich nach vorn – und schnellt sofort wieder hoch.

Und meine Großmutter starrt sie nieder. «Was war das denn?»

Olivia wirft mir einen unsicheren Blick zu und wendet sich wieder an meine Großmutter. «Das war ein Knicks?»

Eine Augenbraue hebt sich, unerbittlich. «Ach ja? Ich dachte schon, Sie hätten womöglich Blähungen.»

Genau das ist das Problem mit Monarchen – niemand hat den Nerv, ihnen ins Gesicht zu sagen, dass sie verdammt noch mal unhöflich sind. Und falls doch, kann das dem Monarchen scheißegal sein.

«Sie ist unpassend», sagt meine Großmutter und lässt den Blick zu mir gleiten.

Um Olivias willen versuche ich, die Bemerkung abzumildern. «Keine Sorge, ich werde Olivia alles zeigen und sie mit jedem bekannt machen. Sie wird hier ganz sicher *hineinpassen.*» Und dann mache ich dem Albtraum ein Ende, nehme Olivias Hand und schiebe mich zwischen sie und die Queen. Erleichterung durchfährt mich, als Olivia mich ansieht und lächelt, offensichtlich gänzlich unversehrt von den scharfen, missbilligenden Krallenhieben meiner Großmutter.

«Die Reise war lang, Olivia. Ich schlage vor, du gehst schon einmal hinauf in dein Zimmer und richtest dich ein.»

Ich hatte Olivia bereits im Vorfeld erklärt, dass sie wegen des Protokolls ein eigenes Schlafzimmer beziehen muss, aber das ist unwichtig. Ich kenne Mittel und Wege.

«Ich möchte ein Wörtchen unter vier Augen mit dir sprechen, Prinz Nicholas», sagt meine Großmutter.

Ich schenke ihr ein vernichtendes Lächeln. «Eines nur? Ich war mir sicher, es müssten Dutzende sein.» Ich bitte Fergus, Olivia nach Guthrie House zu bringen. «Ins weiße Schlafzimmer.»

Augenblicklich scheint die Luft zu gefrieren.

«Oh ja», sagt meine Großmutter sanft. «Sehr viel mehr als eines.»

Ohne sie zu beachten, streiche ich Olivia übers Haar. «Geh du ruhig vor. Ich komme bald nach.»

Sie nickt, und dann, weil sie nun mal von Natur aus nett und höflich ist, macht sie einen Schritt um mich herum und sagt zur Queen: «Vielen Dank, dass ich hier zu Gast sein darf. Sie haben ein wunderschönes Zuhause.»

Henry senkt das Kinn auf die Brust und unterdrückt ein Kichern. Und dann führt Fergus Olivia hinaus.

♛

Nachdem auch Henry sich in seine Privatgemächer zurückgezogen hat, verabschiedet Bridget sich mit einer Verbeugung von meiner Großmutter und mir – und wir sind allein.

Und starten einen Anstarr-Contest.

Zu meiner Überraschung blinzelt sie zuerst. «Was treibst du für ein Spiel, Nicholas?»

«Ich treibe kein Spiel, Majestät.»

Ihre Stimme ist hart und spröde wie Glas. «Du hast Pflichten. Wir waren uns einig ...»

«Ich bin mir sowohl meiner Pflichten als auch unserer Vereinbarung vollauf bewusst.» Mein Ton steht ihrem in nichts nach. Er ist scharf, aber respektvoll. «Du hast mir fünf Monate zugestanden. Drei sind noch übrig.»

«Du solltest die Zeit darauf verwenden, dich mit der Liste auseinanderzusetzen, die ich dir gegeben habe. Jene Damen einer Prüfung zu unterziehen, die eine Chance darauf haben, den Platz an deiner Seite einzunehmen. Dich vertraut machen mit ...»

«Ich werde die Zeit, die mir verbleibt, so verbringen, wie ich es für angebracht halte. Und ich halte es für angebracht, sie mit Olivia zu verbringen.»

Ich habe noch nie erlebt, dass die Queen die Beherrschung verloren hat, selbst damals nicht, als meine Eltern starben. Sie verliert sie auch jetzt nicht. Doch sie steht sehr knapp davor. «Ich dulde unter meinem Dach keine Dirnen, Nicholas.»

Ich mache zwei Schritte auf sie zu und senke die Stimme. «Ich an deiner Stelle wäre vorsichtig, Großmutter!»

«Vorsichtig?» Aus ihrem Mund klingt es wie ein Fremdwort. Ein schmutziges Fremdwort. «Ist das ... eine *Drohung*, Nicholas?»

«Ich werde nicht zulassen, dass Olivia beleidigt wird. Von niemandem. Auch nicht von dir.» Wir kreuzen Blicke wie Schwerter. Zwischen uns fliegen Funken. «Ich kann dir das Leben überaus schwer machen, Großmutter. Das liegt keinesfalls in meiner Absicht, aber glaube mir eines: Wenn du sie nicht mit dem Respekt behandelst, der ihr gebührt, dann hat das Konsequenzen.» Ich hole tief Luft und mache kehrt, um den Raum zu verlassen.

In meinem Rücken ertönt leise die Stimme der Queen: «Was um alles in der Welt ist in dich gefahren, Nicholas?»

Die Frage ist berechtigt. Ich bin in letzter Zeit wirklich nicht mehr ich selbst. Ich hebe die Arme, ein hilfloses Achselzucken, und drehe mich noch einmal zu ihr um. «Der Anfang vom Ende.»

Mit einer knappen Verbeugung entschuldige ich mich und gehe.

♛

Olivia steht mit offenem Mund in der Mitte ihres Zimmers und dreht sich langsam um die eigene Achse, betrachtet staunend Wände und Vorhänge und Möbelstücke. Ich versuche, nachzuvollziehen, wie das alles auf sie wirken muss. Die Vorhänge vor den raumhohen Fenstern sind ein Hauch von schimmerndem Grau, so leicht, dass sie sich bei jeder Brise regen. Die Kommode, der Frisiertisch und das Himmelbett glänzen im Schein des Kronleuchters beinahe silbern, die elfenbeinfarbenen Tapeten sind aus Seide, und die kostbaren Gemälde an den Wänden sind silberweiß gerahmt.

Als sie mich entdeckt, zuckt sie zusammen. «Himmel, du bist wie ein Ninja. Wie wär's das nächste Mal mit einer Warnung?»

Ich hatte geahnt, wie gut Olivia in das Weiße Schlafzimmer passen würde, dass die Farbgestaltung ihre erlesenen Züge noch besser zur Geltung bringen würde. Doch ihr Anblick stellt meine Phantasie in den Schatten – sie ist atemberaubend. Die langen Locken schimmern noch dunkler, die Augen leuchten in noch tieferem Blau, strahlen mir entgegen wie zwei Saphire auf einem Kissen aus Samt.

«Gefällt es dir?», bringe ich schließlich heraus. «Das Zimmer, meine ich?»

Sie hebt den Blick zur Decke, sieht sich noch einmal um. «Ich liebe es! Es ist … magisch.»

Ich trete näher.

«Und? Bist du gemaßregelt worden?», fragt sie mich, nur halb im Scherz. «Deine Großmutter klang genau wie meine Mum, wenn sie darauf gewartet hat, dass unsere Freunde endlich gehen, damit sie uns anbrüllen kann.»

Ich zucke die Achseln. «Ich habe es überlebt.»

«Was hat es mit dem Weißen Zimmer auf sich? Als du es erwähnt hast, ist ihr Gesicht so steinhart geworden, dass ich dachte, es bekäme jeden Moment einen Sprung.»

Ich trete ans Fenster und drehe mich zu ihr um. «Es war das Zimmer meiner Mutter. Seit ihrem Tod hat niemand mehr hier gewohnt.»

«Oh.»

Plötzlich merke ich, wie das für sie klingen muss. «Aber ich bin kein Norman Bates oder so, ich habe keine gruselige Mutter-Fixierung. Es … es ist einfach das schönste Zimmer im Palast. Es passt zu dir.»

Olivia knabbert an ihrer Unterlippe. «Hm. Aber deine Großmutter ist offensichtlich nicht gerade glücklich darüber, oder? Bin ich deshalb hier, Nicholas? Bin ich hier als riesengroßes Du-kannst-mich-Mal an die Königin?»

«Nein.» Ich lege einen Arm eng um ihre Taille und ziehe sie an mich. Die andere Hand taucht tief in ihre Lockenpracht, gräbt sich hinein, zieht ihren Kopf nach hinten, und sie muss mir ihr Gesicht zuwenden. «*Nein!* Ich will dich hier bei mir haben, weil ich *dich* will. Und das wäre auch dann nicht anders, wenn meine Großmutter über deinen Besuch außer sich wäre vor Begeisterung.»

«Sie mag mich nicht.»

Ich habe Olivia noch nie Zucker in den Arsch geblasen – was den Körperteil betrifft, habe ich andere Ideen –, und ich werde jetzt nicht damit anfangen. «Sie mag niemanden. An den meisten Tagen mag sie nicht mal mich.»

Das bringt sie zum Lächeln.

Ich lasse Olivia los, mache einen Schritt zurück und nehme ihre Hände. «Du hast recht. Dieses Zimmer ist tatsächlich magisch, und es hat seine ganz eigenen Geheimnisse.» Ich wende mich der Bücherwand hinter mir zu und versetze der Ecke einen sanften Stoß. Die Wand schwingt auf und gibt den dahinter verborgenen Gang frei. «Siehst du?»

In Olivias Augen blitzt helle Aufregung. «Ein Geheimgang!» Ohne zu zögern, steckt sie den Kopf in die entstandene Öffnung, findet nach kurzem Suchen den Lichtschalter, und der knapp zehn Meter lange Gang mit der geschlossenen Türe am anderen Ende wird in Licht getaucht.

«Wie aufregend! Ich hätte nicht gedacht, dass es in Palästen so was wirklich gibt.» Ihre Begeisterung wirkt ansteckend. Ich muss lachen, und mir wird leicht ums Herz.

«Doch, es gibt tatsächlich Geheimgänge. Und der hier führt an einen noch viel magischeren Ort.» Ich zwinkere ihr zu. «Direkt in mein Schlafzimmer.»

Lachend beißt sie sich auf die Lippe. «Hast du den einrichten lassen? Oder deine Eltern?»

«Nein, den gab es schon lange vor unserer Zeit. Wahrscheinlich, damit Würdenträger, die zu Besuch weilten, sich mit einer Maitresse vergnügen konnten, ohne dass die Dienerschaft sich deswegen das Maul zerriss.»

«Wie cool! Genau wie in *Harry Potter und der Stein der Weisen*.» Seufzend schaut Olivia in den Gang.

«Komm. Ich will dir noch was zeigen.» Ich nehme sie bei der

Hand, führe sie zum Balkon und schiebe die Vorhänge beiseite. «Abgesehen von den offensichtlichen Vorzügen eines Geheimgangs zwischen unseren Zimmern wollte ich, dass du dieses Zimmer bekommst, weil», ich öffne die Türen, und Olivia stockt der Atem, «man von diesem Balkon aus den besten Ausblick aller Zeiten hat.»

«Wie schön!», seufzt sie. Vor uns liegen die weitläufigen Parkanlagen. Es ist wie ein Märchenland. Die Steinpfade sind von Tausenden kleiner Laternen beleuchtet. Selbst im Dunkeln sind die Brunnen zu erkennen und die üppigen, immergrünen Hecken und Blumenbeete, geschmückt mit Blüten in allen Größen und Formen – Kirschblüten, Narzissen und Tulpen, so riesig, dass die Kelche nach unten baumeln wie farbenprächtige Glocken. In der Ferne schimmert der See im Mondlicht wie flüssiges Silber.

Amüsiert mustere ich ihr Gesicht. «Nicht übel, oder?»

«Das ist das Schönste, was ich je gesehen habe.»

Ich kann den Blick nicht von ihr nehmen. «Geht mir genauso.»

Sie dreht sich langsam zu mir um, hebt den Kopf, und wir küssen uns. Ihre Lippen sind sanft und weich und fest zugleich, und endlich habe ich das Gefühl, nach Hause zu kommen. Ich atme tief ein, sauge ihren Duft in mich auf, beuge mich noch weiter zu ihr, will mehr, will sie ...

«Meine Güte, ihr beide seid echt schlimmer als zwei Teenager. Könnt ihr mal einen Augenblick damit aufhören, euch gegenseitig abzuschlabbern?» Mein Bruder tritt ins Zimmer und schenkt sich von dem Cocktailtisch neben dem Kamin ein großes Glas Cognac ein.

Ich lächle Olivia entschuldigend an. «Was willst du denn hier, Henry?»

«Meine Räumlichkeiten werden derzeit renoviert, und Großmutter hat verfügt, dass ich in einem deiner Gästezimmer wohne.»

Fünfhundertsiebenundachtzig Zimmer, und sie quartiert ihn in Guthrie House ein. Bei uns. Feinfühligkeit war noch nie ihre Stärke.

«Außerdem ist mir langweilig», mault er. «Komm schon, lass uns Olivia herumführen, dann haben wir wenigstens was zu tun. Und wir können unserer Köchin einen Besuch abstatten. Sie soll mir meine Lieblingskekse backen. Ich habe die Dinger furchtbar vermisst.»

Im Grunde ist das keine schlechte Idee. Wenn Olivia sich den Sommer über hier wohlfühlen soll, muss ich sie mit dem Personal bekannt machen.

«Bist du zu müde für eine kleine Runde?»

«Nein. Überhaupt nicht», antwortet Olivia. «Aber ich wollte auspacken.»

Ich winke ab. «Darum kümmern sich die Zimmermädchen.»

Sie tippt sich an die Stirn. «Stimmt ja, die *Zimmermädchen.* Wie konnte ich das nur vergessen?» Sie nimmt meine Hand. «Na dann zeig mir mal dein Häuschen, Nicholas.»

♛

Wir beginnen unseren Rundgang unten in der Küche und wollen uns von dort langsam aufwärtsarbeiten. Unsere Köchin, eine dicke, wunderbare, ungestüme Frau, die in Guthrie House schon das Regiment führte, als mein Vater noch ein Kind war, stürzt sich auf Henry, sobald sie ihn sieht. Sie rügt ihn, weil er so lange weg gewesen ist, und füllt ihm dann ein ganzes Backblech seiner Lieblingskekse in eine große grüne Dose.

Auch Olivia wird mit einer überschwänglichen Umarmung begrüßt. Dann wird es etwas peinlich, weil ich unsere Köchin automatisch als Cook vorstelle – Henry und ich kennen sie nur unter diesem Namen, der eigentlich mehr eine Berufsbezeichnung ist –, aber sie lacht und fordert Olivia auf, sie ebenfalls Cook zu nennen. Cook hat den ausgeprägtesten irischen Akzent, den ich kenne, und während sie munter drauflosplappert, lächelt Olivia höflich, obwohl sie mit Sicherheit kein Wort versteht.

Fergus hat Olivia bereits kennengelernt, und auf dem Weg zu den Ballsälen begegnen wir Mrs. Everston, der Ersten Hausdame, und ich stelle Olivia vor. Außerdem laufen wir Winston über den Weg, dem Chef der Anzugträger. Er weiß alles, kontrolliert alles und ist verantwortlich für jede noch so winzige Kleinigkeit, die die königliche Familie betrifft, innerhalb der Mauern des Palastes und außerhalb. Laut Henry war Winston früher Auftragskiller, und seine eiskalte, berechnende Art lässt mich das fast glauben. Wir treffen Jane Stiltonhouse, zuständig für sämtliche Reisearrangements des Palastes. Sie erinnert mich an ein menschliches Steakmesser. Dürr, schneidend und mit einer Stimme so schrill, wie wenn man zwei Besteckstücke aneinanderreibt.

Mit glänzenden Augen und vor Staunen offenem Mund bewegt sich Olivia von einem historischen Prachtraum in den nächsten. Die Ahnengalerie haben wir uns bis zuletzt aufgehoben, einen langen, finsteren Gang, an dessen Wänden unzählige Porträts einstiger Herrscher und ihrer Familien hängen. Schüchtern blinzelt Olivia den dämmrigen Flur hinunter, der sich irgendwann im Dunkeln verliert, ohne dass ein Ende zu erahnen wäre.

«Hier bist du aufgewachsen?», fragt sie mich.

«Mit sieben wurde ich aufs Internat geschickt, dort habe ich den Großteil des Jahres verbracht. Aber in den Ferien und im Sommer waren wir grundsätzlich hier.»

Sie schaudert. «Hattest du nie Angst, dass es hier spukt?»

«Zugegeben, die Porträts sind ein bisschen unheimlich. Aber nur, bis man sich daran gewöhnt hat. Henry und ich sind in diesem Flur immer Dreirad gefahren.»

«Niedlich», sagt Olivia leise. «Wie der Junge in *Shining*.»

Ich muss lachen. «Ja, stimmt, bis auf den blutigen Aufzug passt es.»

Sie lässt den Blick über mein Gesicht gleiten, und ich kann beinahe sehen, wie ihre Gedanken eine unanständige Richtung einschlagen. Sie beugt sich nah an mein Ohr, damit Henry sie nicht hören kann. «Wenn du so lachst, kommen deine Grübchen raus. Ich würde am liebsten auf dich klettern und sie kosten, Nicholas.»

Bei der Vorstellung werde ich augenblicklich hart. «Du kannst alles kosten, was du möchtest. Jederzeit, Liebes.»

Nach unserer Besichtigungstour hat Cook uns eine Riesenschüssel gesalzenes Karamellpopcorn gemacht, und ich habe großes Vergnügen, Olivia dabei zu beobachten, wie sie sich zwischendurch immer wieder die klebrigen Finger ableckt.

Ich darf nicht vergessen, Cook morgen dafür einen Kuss zu geben.

Das Popcorn ist für den Film, den Olivia sehen wollte. Es gibt in Guthrie House zwar selbstverständlich ein Multimedia-Zimmer, aber Oliva war mein privates Wohnzimmer lieber, also haben wir es uns in unseren Pyjamas in einem Meer aus Kissen auf dem Fußboden bequem gemacht. Und mit Henry.

«Unfassbar, dass ihr *Die Schöne und das Biest* nicht kennt. Hier ist es genau wie in dem Schloss im Film. Cook wäre Mrs. Potts, und Fergus könnte der griesgrämige Cogsworth sein», sagt Olivia und türmt ihre schwarze Lockenpracht zu einem wilden Knoten.

«Tja, Süße, die Sache ist nur die ...», sage ich grinsend. «Wir sind Jungs. Mit Schwänzen. Mit einer derartigen Ausstattung hat man auch als Kind schon andere Interessen als Disney-Filme.»

«Quatsch. Den *König der Löwen* habt ihr doch auch gesehen.»

«Na ja ... da gibt es Löwen. Und Mord.»

«Und Könige», fügt Henry hinzu. «Der Titel sagt alles.»

Also sehen wir uns *Die Schöne und das Biest* an. Besser gesagt, Olivia sieht sich den Film an, mit einem seligen Lächeln auf dem Gesicht. Ich sehe mir die meiste Zeit nur Olivia an. Weil ich froh bin, dass sie hier ist. Im Grunde kann ich es kaum glauben. Sobald ich den Gedanken zulasse, durchfährt ein warmes, schmerzhaft fließendes Gefühl meine Brust – als würde mein Herz schmelzen. Und ich fühle mich ... zufrieden.

Als die letzte Szene abblendet und der Abspann einsetzt, presst Olivia sich die Hände gegen die Brust und seufzt. «Dafür werde ich nie zu alt sein. Das ist für alle Zeiten mein absoluter Lieblings-Disneyfilm.»

Henry leert das fünfte Glas Cognac. «War ja ganz nett, aber *Die kleine Meerjungfrau* ist mir trotzdem lieber.»

Olivia zieht die Augenbrauen hoch. «Ich dachte, Jungs mit Schwänzen stehen nicht auf Disney-Zeichentrick?»

«Hast du Arielle mal gesehen?», kontert Henry. «Auf *die* steht mein Schwanz definitiv.»

Olivia zieht die Nase kraus. «Du bist unmöglich. Wobei, ich hab mal irgendwo gelesen, dass die meisten Typen auf Arielle stehen.»

«Echt? Das Buch, in dem das stand, sollte ich lesen!», sagt Henry.

«Superidee, Henry. Am besten, du gehst sofort und suchst in der Bibliothek danach.» Ich lasse den Finger unter den Kragen von Olivias Pyjamaoberteil gleiten und streichle die zarte, weiche Haut an ihrem Hals. Ich senke die Stimme und raune ihr zu: «Ich fühle mich gerade auch wie ein Biest.»

Olivia sieht mir in die Augen und lächelt. Offensichtlich gefällt ihr die Idee.

Leider hat Henry es auch gehört und verzieht angewidert das Gesicht. «Was soll das denn heißen? Doggiestyle?»

Wo er mich ohnehin schon gehört hat … «Ja, Henry, genau das soll es heißen.»

Er wirft Kissen und Decken von sich und steht schwankend auf. «Damit ist diese Stellung für mich auf ewig ruiniert. Herzlichen Dank auch, Nicholas.»

Ich sperre die Tür hinter ihm zu, und dann stürzen Olivia und ich uns für den Rest der Nacht in unsere ganz eigene Version von *Die Schöne und das Biest*.

17

OLIVIA

Am nächsten Morgen lässt Nicholas sich von Fergus das Frühstück ans Bett bringen. Ich verstecke mich im Bad, während Fergus serviert. Nicholas sagt, ich wäre albern und sollte mich so schnell wie möglich daran gewöhnen, dass es Fergus wirklich scheißegal ist, dass ich in Nicholas' Bett liege und wir letzte Nacht völlig irrsinnigen, phantastischen, umwerfenden Sex hatten, der selbst das Biest zum Erröten gebracht hätte.

Aber ich kann nicht anders. Ich weiß nicht, ob ich mich je an Personal gewöhnen werde und an diese ... Vertrautheit ..., ständig irgendwen um mich herum zu haben. Ganz abgesehen davon, dass spätestens im September auch niemand mehr um mich herumwuselt, mir das Frühstück ans Bett bringt und mir die Klamotten in den Schrank hängt. Ich glaube, es ist besser, mich gar nicht erst daran zu gewöhnen.

Nach dem Frühstück geht Nicholas unter die Dusche, und ich mache es mir kurze Zeit später auf der gepolsterten Bank in seinem riesigen Badezimmer bequem und sehe ihm beim Rasieren zu – natürlich mit einem echten Rasiermesser. Wie er die scharfe Klinge über sein markantes Kinn führt, hat etwas unglaublich Männliches an sich, animalisch und sexy. Nicholas steht fast nackt vor dem Spiegel, hat nur ein flauschiges Handtuch um die Hüften. Ich würde am liebsten sofort über ihn herfallen – mit der Zunge über seine Brust lecken, mich an seinem Hals festsaugen. Schon wieder!

Dann zieht er sich an, dunkelblauer Anzug und burgunderrote Krawatte, und geht in die Arbeit, ich meine, in den Bürotrakt am anderen Ende des Palastes. Er sagt, sein Terminkalender quillt über, weil er so lange in New York geblieben ist, aber er will rechtzeitig zurück sein, um mit mir zusammen in Guthrie House zu Abend zu essen. Danach soll ich mit ihm auf eine Party gehen.

Weswegen ich heute ebenfalls einen *Terminplan* habe, wie Nicholas sich ausgedrückt hat: Um zehn Uhr kommen eine Stylistin und eine persönliche Garderobiere, die sich um alles kümmern werden.

Und da wären wir also.

Ich liege auf einem Kosmetikstuhl im Weißen Schlafzimmer und werde gepeelt und gezupft, manikürt und pedikürt, frisiert, enthaart und selbstverständlich auch massiert. Ich werfe einen Blick in den Spiegel und komme mir vor wie Dorothy im *Zauberer von Oz*, wie sie von einem Schwarm Kosmetikerinnen aus der Smaragdstadt aufpoliert wird.

Danach fühlt meine Haut sich weicher und glatter an als in meinen kühnsten Träumen. Sämtliche Muskeln sind butterweich und entspannt; selbst Verspannungen und Schmerzen, von denen ich vorher nichts ahnte, sind völlig wegmassiert. Erst als auch die letzte Mitarbeiterin der Beautybrigade ihr Wunderköfferchen schließt und auf leisen Sohlen den Raum verlässt, wage ich einen Blick in den Spiegel.

Wow!

Ich bin immer noch ich – aber viel strahlender und eleganter. Meine Augenbrauen sind zu zwei perfekt definierten Bögen gezupft, meine perfekt gefeilten Fingernägel dezent und makellos lackiert, meine Haut strahlt, selbst ohne einen Hauch Make-up, meine Haare glänzen, die Locken haben Sprungkraft wie in der Werbung, und nirgendwo ist auch nur eine Spur von Spliss zu sehen.

Ich sehe gepflegt aus. Kultiviert. *Reich.*

Tja. Letzteres ist der entscheidende Punkt. Deshalb sehen

reiche Menschen grundsätzlich immer so unglaublich gepflegt aus. Weil sie sich ein ganzes Team leisten können, das sich ausschließlich um ihr Äußeres kümmert.

Ich streichle mir zum wiederholten Male über die Wange, als es an der Tür klopft. Ich gehe aufmachen, und Fergus steht vor mir.

«Ihre Modeberaterin ist hier, Miss Hammond», schnarrt er und erinnert mich damit irgendwie an Bosco. «Darf ich sie heraufschicken?»

Automatisch sehe ich mich um, auf der Suche nach Unordnung. Aber nur aus Gewohnheit. Die Zimmermädchen, die etwa einmal pro Stunde durchs Zimmer huschen, würden nie zulassen, dass es so weit kommt.

«Äh ... ja, sicher. Fergus. Vielen Dank.»

Er nickt zackig und verschwindet den Flur hinunter.

Kurz darauf tritt eine zierliche, fröhlich zwitschernde, wunderschöne Französin durch die Tür. Sie ist jung, Anfang zwanzig etwa, und erinnert mich an Ellie, eine Ellie mit braunen Haaren und französischem Akzent. Zwar heißt sie Sandrine, aber ich nenne sie in Gedanken French Ellie.

Ein halbes Dutzend männlicher Assistenten schiebt dichtbehängte Kleiderstangen herein, Kleider und Hosen und Blusen und Röcke. Sie verschwinden wieder und kehren mit großen Taschen voller Dessous zurück, BHs und Höschen und Korsagen und Strümpfe. Zum Schluss wird ein Podest hereingerollt, auf das ich mich vermutlich zur Anprobe stellen soll. Als der letzte Assistent den Raum wieder verlässt, ist das Weiße Schlafzimmer nicht mehr weiß, sondern gesprenkelt mit Stoffen in allen Farben. Es sieht aus, als wäre die Damenabteilung von Barrister's in meinem Zimmer explodiert.

Sandrine hält ein Blatt Papier hoch. «Bridget», sagt sie. Offensichtlich hat Nicholas' Sekretärin Bridget eine Liste mit sämtlichen Events erstellt, für die ich eine Garderobe brauche: die Party heute Abend, ein Polospiel, noch eine Party, ein Brunch, ein Nachmittagstee bei der Königin. *O Gott!* Nicht zum ersten Mal frage ich mich ernsthaft, was zur Hölle ich hier eigentlich mache. Doch ich schiebe die Gedanken beiseite. Jetzt bin ich nun mal hier. Und solange ich hier bin, nehme ich mir vor, werde ich ganz und gar *hier* sein. Mit Haut und Haar, furchtlos und offen. Ich werde alles ausprobieren und mir alles ansehen – an seiner Seite.

♛

Ich hätte nie gedacht, wie anstrengend es ist, Klamotten anzuprobieren. Zumindest, wenn man es zwei Stunden am Stück tut. Gerade, als ich kurz davor bin, um eine Pause zu flehen, gleitet geräuschlos die Tür auf, und ohne anzuklopfen betritt Prinz Henry mein Zimmer. Er hat langstielige Gläser dabei und zwei Flaschen Dom Perignon. Er trägt einen schwarzen Kaschmirpullover über einem weißen Hemd und dazu dunkelbraune Hosen. Der ordentliche Internatsschüler-Look steht in krassem Kontrast zu seinem ungebändigten blonden Lockenschopf und der Tätowierung, die unter dem hochgeschobenen Ärmel hervorlugt. Henry Pembrook ist ein wandelnder Widerspruch.

«Alle sind beschäftigt», sagt er und streckt mir die Gläser und Flaschen entgegen. «Mir ist langweilig. Komm, Olive, wir betrinken uns.»

Ich sehe zu Sandrine hinunter, die gerade damit beschäftigt ist, auf Knien den Saum einer schwarzen schmalen Hose abzustecken. Der Mund mit den Stecknadeln verzieht sich zu einem Lächeln.

Tja, es heißt doch in Reiseführern immer, man soll sich den örtlichen Sitten anpassen, oder?

«Okay.»

Der Korken knallt, die Gläser werden gefüllt, dann sieht Henry sich genüsslich die Dessous an, die auf dem Bett ausgebreitet liegen. «Das hier sieht an dir bestimmt phantastisch aus. Und das hier auch.» Er spielt mit den rosa Bändern einer verführerischen schwarzen Spitzenkorsage. «Geht das auf? Oh ja, definitiv das hier. Mein Bruder wird sich in die Hose spritzen, wenn er dich darin sieht.» Er schnappt sich ein apricotfarbenes Babydoll aus Seide und schiebt es sich in die Hosentasche. «Falsche Farbe.»

«Ich glaube, das ist nicht ganz deine Größe, Henry.» Ich ziehe spöttisch die Augenbrauen hoch. «Hattest du schon immer eine Vorliebe für Frauenkleider?»

Sein Grinsen erinnert mich an seinen Bruder. «Ich stehe auf Frauen. Ich kenne Frauen. Und ich kenne eine bestimmte Frau, die sich sehr über dieses Teil hier freuen würde. Und die ich sehr gern darin sehen würde.» Er tritt vor den Ständer mit Cocktailkleidern und geht sie eines nach dem anderen durch. «Müll. Müll. Müll ...»

Sandrine setzt sich zur Wehr. «Das ist Louis La Cher.»

«Oh!» Henry wackelt mit den Augenbrauen. «Teurer Müll.»

Bei einem sexy Seidenteil in Schwarz mit Spitzenbesatz hält er inne. «Das hier. Definitiv.» Er hält mir das Kleid hin. «Allerdings in Silber. Das ist wie für dich gemacht. Wie lange bleibst du? Bis Ende des Sommers?»

«So lautet der Plan.»

Er wirft Sandrine einen Blick zu. «Dann braucht sie ein Ballkleid. Am besten in Hellblau.» Er wendet sich wieder an mich. «Für das Sommerjubiläum, das jährliche Sommerfest im Palast. Das ist ein richtiger Ball mit allem Drum und Dran, Frack und Zylinder und wogenden Brüsten. Da kommen sie alle.»

«Tja. Dann brauche ich wohl ein Ballkleid.»

Henry dreht sich um, geht langsam auf Sandrine zu und sagt

etwas auf Französisch zu ihr. Ich habe zwar keine Ahnung, was er gesagt hat, aber die Röte, die plötzlich ihre Wangen überzieht, und den entzückten Blick in ihren Augen kann sogar ich deuten, als sie lächelnd «*Oui*, Henry» sagt.

Während Sandrine sich im Ankleidezimmer zu schaffen macht und die nächste Runde vorbereitet, setze ich mich mit Henry auf das schneeweiße Sofa.

«So einfach ist das also für dich, ja?», frage ich und meine das unanständige Angebot, auf das Sandrine soeben offensichtlich eingegangen ist.

«Ja. So einfach ist das.» Er kippt den Champagner hinunter wie Schnaps und füllt sich sofort nach. Im Sonnenlicht, das durchs Fenster fällt, wirken seine Wangen hohl, und sein Blick verliert sich in der Ferne. Was hat Nicholas neulich gesagt? Er sähe getrieben aus. Gequält. Die große Schwester in mir kann sich nicht zurückhalten.

«Geht es dir gut, Henry? Ich weiß, wir kennen uns eigentlich gar nicht, aber ... dein Bruder, er macht sich Sorgen um dich.»

Er lacht gezwungen. «Na klar geht es mir gut. Das ist mein Job. Mein einziger Job. Mir hat es gutzugehen.»

Ich berühre seine Schulter. «So ein Quatsch. Es muss einem auch mal nicht gutgehen dürfen. Ich meine, wir haben alle Dinge, die uns ab und zu zu schaffen machen. Keinem geht es immer nur gut.» Ich nippe an meinem Glas. «Okay. Bis auf Serienmördern vielleicht. Aber die will keiner um sich haben.»

Diesmal klingt sein Lachen echt, und er lässt die sanften grünen Augen über mein Gesicht gleiten.

«Ich mag dich, Olive. Wirklich. Du bist süß und ... von Natur aus ehrlich. Das ist ziemlich selten hier.» Er kippt das halbe Glas hinunter, holt tief Luft und sagt: «Okay. Und weil ich dich mag, gebe ich dir jetzt einen wichtigen Rat. In Ordnung?»

«Sicher.»

«Verlieb dich nicht in meinen Bruder.»

In mir zieht sich alles zusammen, als würden meine Knochen sich in hohle Eiszapfen verwandeln. Trotzdem schwitzen meine Hände.

«Er kann dir nicht gehören. Er gehört nicht mal sich selbst.»

Ich schlucke hart. «Das ist mir klar.»

«Nein, nein.» Er droht mir mit dem Finger. «Das sagst du jetzt, aber ich glaube nicht, dass du es wirklich verstehst. Ich sehe doch, wie du ihn ansiehst.» Ich antworte nicht, und Henry spricht weiter: «Ich habe an der Universität einen Theologiekurs besucht, es ging um das Konzept von Himmel und Hölle. Eine Theorie besagt, dass der Himmel mit der Gegenwart Gottes gleichzusetzen ist, der sein Angesicht über dir leuchten lässt. Und die Hölle entsteht, wenn Gott sich abwendet und dich verlässt und du weißt, dass du diese vollkommene Wärme und Liebe nie wieder spüren wirst.» Er senkt die Stimme. «Mit Nicholas ist es genauso. Wenn er über dir leuchtet, dann erstrahlt die ganze Welt. Aber wenn er enttäuscht ist – und weil Nicholas noch höhere Ansprüche stellt als Gott, wird er immer irgendwann von dir enttäuscht sein –, dann stürzt du ab, mitten hinein in die eiskalte Hölle.»

Ich kann kaum schlucken. Aus Angst wahrscheinlich. Angst vor dem Unbekannten. Also halte ich mich an meine Wahrheit. «Das ist nicht der Nicholas, den ich kenne.»

«Stimmt. Bei dir ist er anders. Glücklicher ... freier.» Henry legt mir die Hand aufs Knie. «Aber vergiss eines nicht: Ob du ihn nun kennst oder nicht, in Wirklichkeit ist er genau so, wie ich es sage.»

Nach dem Abendessen erscheint eine weitere Stylistin, um mich für die Party hübsch zu machen. Sie föhnt meine Haare zu einem langen, seidigen Vorhang und dreht die Spitzen in große, federnde Locken. Um mein Make-up kümmere ich mich allerdings selbst – ich möchte nicht zu aufgedonnert aussehen.

Nicholas hat offensichtlich keine große Lust auf die Feier. «Es wird erwartet, dass ich mich dort blicken lasse», sagt er. Dafür gefällt ihm mein Kleid umso besser, ein schimmerndes, graues Trägerkleid mit Wasserfallausschnitt, der einen Hauch von Busen zeigt.

Gegen einundzwanzig Uhr fahren wir vor einer Villa vor, die auf einem Hügel steht. Nein, Villa trifft es nicht ganz. Es ist ein Landsitz, ein historisch wirkendes Anwesen, etwa halb so groß wie der Palast, aber immer noch riesig. Überall ist Security, Männer, die aussehen wie vom Geheimdienst, im Smoking und mit Knopf im Ohr, aber Nicholas hat seine eigenen Leute dabei, unter der Leitung von James.

Nicholas hält meine Hand. Ich habe keine Ahnung, gegen wie viele Regeln der Etikette er damit verstößt, aber das ist ihm gleichgültig. Er führt mich durch ein riesiges Foyer, einen breiten Flur entlang und durch weitgeöffnete Flügeltüren in einen Ballsaal. Und weiter in ein Casino. Ich kann es nicht fassen: ein voll ausgestattetes Casino mit Spieltischen und allem Pipapo, besser als Vegas. Der Raum ist überfüllt, überall elegant gekleidete Menschen, alle jung und schön, die lachen und trinken.

Ich bin erstaunt, dass ich ihn so schnell entdecke, aber irgendwie fällt mein Blick sofort auf Henry. Er steht an der Bar und ist zwar nicht ganz so umwerfend wie sein Bruder, sieht aber in seinem schwarzen Smoking trotzdem gut aus. Er ist umringt von einer Traube aus Männern und Frauen, die offenbar alle an seinen Lippen hängen.

«Also? Was sagst du?», raunt Nicholas mir ins Ohr, und seine Stimme bereitet mir augenblicklich Gänsehaut.

«Ich ... ich glaube, ich weiß jetzt, wie Alice sich fühlte, als sie durch das Kaninchenloch ins Wunderland runterplumste.»

Er zwinkert. «Du hast recht. Wir sind hier alle völlig verrückt.»

Plötzlich verstellt mir ein Wirbelwind aus roter Seide die Sicht – und Nicholas verschwindet in einer lachenden Umarmung. Sie hat dichtes, honigfarbenes Haar, ist so groß wie er und genauso umwerfend. Eindeutig das Mädchen aus dem *People*-Magazin, die *alte Freundin*, die Nicholas erwähnt hat.

«Da bist du ja, du untreue Tomate! Kaum blinzelt man, schon verschwindest du für zwei Monate in die Staaten. Wie geht es dir, mein Lieber?»

Nicholas lächelt sie an. «Hallo, Ezzy. Mir geht es ausgezeichnet.»

Cognacaugen, funkelnd wie die riesigen Rubine an ihren Ohren, mustern mich. «Das sehe ich. Was für ein hübsches Ding!»

Nicholas stellt uns vor. «Lady Esmerelda, das ist Olivia Hammond. Olivia, das ist Ezzy.»

«Hi, Ezzy.»

Sie schüttelt mir freundschaftlich die Hand. «Freut mich, Süße. Und? Bist du Jungfrau?»

Nicholas stöhnt. «Ezzy!»

«Was denn? Ich mache bloß Smalltalk.» Sie rempelt ihn an. «Wer es auf diesen traurigen Sack abgesehen hat, dessen Jungfräulichkeit muss absolut intakt sein. Also, Olivia?»

Ich richte mich zu meiner vollen Größe auf. «Zählt anal auch? Falls ja, bin ich im Rennen.»

Esmereldas schimmernd rote Lippen öffnen sich zu schallendem Gelächter. «Die gefällt mir, Nicky.»

Nicholas stimmt in das Lachen ein, und in seinen grünen Augen funkelt so etwas wie Stolz. «Mir auch.» Er nimmt zwei Gläser Wein vom Tablett eines Kellners und reicht mir eines.

Schon nähert sich uns die nächste Frau, wieder blond, diesmal in dunkelblauem Kleid, mit weichen, hübschen Zügen und eisblauen Augen. Nicholas und Ezzy verstummen gleichzeitig, eine unangenehme Stille breitet sich aus.

«Hallo, Nicholas», haucht die Frau. Ihre Stimme klingt zart wie ein Windspiel.

Nicholas nickt. «Lucy.»

Ihr Blick fixiert mich. «Willst du mir dein neues Spielzeug nicht vorstellen?»

Nicholas beißt sichtlich die Zähne zusammen. «Nein. Will ich nicht.»

Sie zuckt die Achseln. «Egal.» Sie hält mir die Hand hin. «Ich bin Lady Deringer, und wer sind Sie?»

«Olivia Hammond.»

«Ich habe schon von Ihnen gehört. Die Kellnerin.» Sie spitzt die Lippen und sieht Nicholas an. «Du hast dich ja schon immer gerne unters gemeine Volk gemischt, nicht wahr, Liebling?»

Es ist das *Liebling*, das mich trifft – es sticht mir ins Herz.

«Lucy, es reicht», sagt Nicholas mit dieser ganz speziellen Strenge im Tonfall.

Gegen die sie offensichtlich völlig immun ist. «Nein, ich glaube nicht, dass es reicht», faucht sie. «Noch nicht einmal annähernd.» Ihr Blick fällt wieder auf mich, und sie beugt sich zu mir. «Er wird Sie vernichten, ist Ihnen das bewusst? Erst bricht er Ihnen das Herz, und dann tritt er Sie mit dem Absatz seiner glänzenden Schuhe in den Dreck.»

Weniger die Worte selbst als vielmehr die Art, wie sie es sagt, sind verstörend. Freundlich. Und mit einem Lächeln.

«Fick dich doch, Lucille. Komm endlich drüber hinweg», bellt Ezzy und wedelt mit der Hand. «Und jetzt verzieh dich.»

Die Frau prostet mir zu. «Sie werden schon sehen.» Und dann schwebt sie davon.

Ich trinke einen großen Schluck und beschließe, die Sache auf sich beruhen zu lassen. Für den Moment jedenfalls. Aber ganz widerstehen kann ich doch nicht. «Und? Exfreundin?»

«Na ja. Eher Ex-Psychostalkerin», antwortet Esmerelda an

seiner Stelle. Sie nimmt meine Hand. «Vergiss sie. Kommt, wir gehen lieber Daddys Geld verjuxen.»

Nicholas holt tief Luft, nickt, und wir gehen zu den Tischen.

Aber ich verliere niemandes Geld. Eine Stunde später bin ich am Blackjack-Tisch acht große schwarze Jetons im Plus. Ich glaube, ich hoffe, die sind einen Tausender pro Stück wert – falls es mehr sein sollte, falle ich auf der Stelle in Ohnmacht. Mein Vater hat mir Blackjack beigebracht, als ich zwölf war. An seinen guten Tagen spielen wir immer noch ab und zu ein paar Runden.

Dann spüre ich den Druck von Nicholas' großen, warmen Händen auf meinen Schultern. «Ich muss mal für kleine Jungs», flüstert er mir ins Ohr.

Ich sehe zu ihm hoch. «Okay.»

Unsere Blicke treffen sich, und ich kenne ihn inzwischen gut genug, um den Ausdruck zu deuten, der in seinen Augen lodert. Er will mich küssen – und zwar sofort. Er starrt auf meinen Mund wie ein Ertrinkender.

Doch dann macht er einen Rückzieher, sieht sich um, weiß wieder, wo wir sind.

«Ezzy, kümmerst du dich bitte kurz um Olivia?»

«Na klar.» Sie nickt, und Nicholas geht weg.

Doch eine Viertelstunde später ist er noch immer nicht zurück. Und Esmerelda entdeckt eine Gruppe Freundinnen, die sie seit Ewigkeiten nicht gesehen hat. Sie tätschelt meinen Arm, sagt, sie sei im Nu wieder da, und verschwindet.

Und lässt mich mutterseelenallein in einem Raum voller Außerirdischer, die Geld pinkeln und Gold scheißen.

Ich sehe einen Kellner mit weißen Handschuhen durch eine Schwingtür verschwinden – wahrscheinlich in die Küche – und wäre ihm am liebsten gefolgt. Mein Heimatplanet liegt definitiv hinter dieser Tür. Meine Leute, mein Volk.

Dutzende neugierige, unfreundliche Blicke taxieren mich im Vorbeigehen, zu zweit und zu dritt lachend und plaudernd. Ich hebe den Saum meines Glitzerkleids und verdrücke mich an die Wand, um nicht ganz so auffällig dazustehen. Ich hole das Handy aus der Tasche und schreibe Ellie eine SMS. Ich habe gestern mit ihr und Marty telefoniert, kurz nachdem sie den Laden zugesperrt hatten. Sie klangen gut. Ich habe ihnen Fotos von meinem Zimmer und von der Aussicht geschickt. Martys Antwort war mit derart vielen Emojis geschmückt, dass er wahrscheinlich den Knopf kaputt gemacht hat. Er neigt zur Übertreibung.

Als Ellie nach ein paar Minuten nicht geantwortet hat, stecke ich das Telefon wieder weg. Ich will Nicholas ja wirklich nicht zu sehr auf die Pelle rücken, aber – wo steckt der Kerl? Weitere fünf Minuten vergehen, und in meinem Magen bildet sich ein scheußlicher Knoten. Er weiß genau, dass ich hier niemanden kenne. Warum lässt er mich einfach hier stehen?

Was soll's. Ich stelle mein Champagnerglas einem Kellner aufs Tablett und mache mich auf die Suche. Jeder Raum, in den ich komme, sieht aus wie das Innere eines Kronleuchters: funkelnd und glitzernd. Außerdem herrscht ein Höllenlärm, überall klingelnde Spielautomaten und feiernde Menschen. Dem Adel macht es offensichtlich Spaß, Geld zu gewinnen, auch wenn schon mehr als genug davon da ist. So ganz kapiere ich es nicht.

Ein Raum ist bis auf bunte Stroboskoplichter und eine erleuchtete Tanzfläche fast völlig dunkel, und aus den Boxen dröhnen Technobeats. In der Mitte der Tanzfläche entdecke ich Henrys unverwechselbaren Blondschopf, umringt von sich windenden Frauen, und ich will schon zu ihm gehen, um ihn nach seinem Bruder zu fragen.

Doch dann zieht eine Flügeltür am anderen Ende des Raums mich magisch an. Sie führt ins Freie, hinaus auf einen Balkon. Mit plötzlich schweißnassen Händen gehe ich darauf zu. Meine Absätze klicken vernehmlich auf dem Steinboden draußen. Ich komme nicht weit, dann sehe ich sie. Am anderen Ende der Balustrade, im weichen Schimmer einer tränenförmigen Laterne.

Nicholas und Lucy.

Mir steigt bittere Galle hoch, und ich muss schlucken.

Sie hat mir den Rücken zugewandt, die blonden Haare fallen kaskadenartig bis hinunter auf ihren Po, ihr Kopf ist zu ihm erhoben, und ihre Hände ruhen auf den breiten Schultern, von denen ich meine Finger nicht lassen kann. Ob er sie an sich zieht oder von sich stößt, kann ich nicht erkennen. Die Galle verätzt mir den Mund, Bitternis dringt bis in meine Knochen. Wut mischt sich mit Scham – und der Fluchtreflex siegt. Ich drehe mich um, reiße die Tür auf und meine noch, meinen Namen zu hören, doch die wummernden Bässe verschlucken alles andere. Eilig durchquere ich das Tanzzimmer, fliehe zurück in die große Spielhalle.

Ich schaffe es gerade mal ein paar Schritte in den Raum, da schließt sich ein eiserner Griff um mein Handgelenk. Es fühlt sich an wie Handschellen.

«Was denkst du, wo du jetzt hingehst?», erklingt eine weibliche Stimme.

Ich hebe den Blick, und mir verschlägt es wortwörtlich den Atem. Vor mir steht die schönste Frau, die ich je gesehen habe. Sie ist einfach nur umwerfend. Gut zehn Zentimeter größer als ich, mit schimmernden dunkelbraunen Haaren, onyxfarbenen Augen, einem perfekten Puppengesicht und blassem, makellosem Teint.

«Hä?» *Tolle Reaktion, Liv,* beglückwünsche ich mich innerlich.

«Lass mich raten. Du bist auf den Balkon gegangen und hast Lucille und Nicholas gesehen. Sie haben sich nicht geküsst, aber so richtig nicht geküsst haben sie sich auch nicht. Stimmt's?»

«Woher wissen Sie das?»

Sie schnaubt – und schafft es irgendwie, dass es bezaubernd klingt.

«Weil Lucy das einfallsloseste Miststück ist, das ich kenne.» Sie tippt an meine Nasenspitze. «Also wirst du nicht weglaufen, auf keinen Fall. Die Genugtuung gönnst du ihr nicht.» Sie angelt sich zwei Gläser Champagner von einem vorbeischwebenden Tablett, reicht mir eines und stößt mit mir an. «Trinken und lächeln, du stehst unter Beobachtung.» Ich sehe mich verstohlen um. «Von wem denn?»

«Von allen natürlich. Du bist neu und schimmernd und ... arm. Und du hast deine Pfoten auf etwas gelegt, das jede einzelne Frau hier im Raum – mal abgesehen von Esmerelda und mir – gern für sich hätte. Die königlichen Kronjuwelen.» Sie legt den Kopf schief. «Bist du tatsächlich Kellnerin?»

Wieso fragt mich das hier eigentlich jeder? Ich trinke meinen Champagner. In Wirklichkeit stürze ich eher das ganze verdammte Glas hinunter. Das habe ich mir verdient. «Äh ... ja?»

«Dieser Idiot. Ich kann nicht fassen, dass er dich hierhergeschleppt hat.» Sie schüttelt mitleidig den Kopf. «Weißt du, Liebes, die Welt ist voller Fotzen. Manche stinken einfach nur übler als die anderen. Wenn du das beherzigst, kann dir keine mehr was anhaben.»

Ich hab mich wohl verhört. Entgeistert starre ich sie an. «Wer sind Sie?»

Wenn sie lächelt, ist sie noch schöner. «Ich bin Lady Frances Eloise Alcott Barrister. Du darfst Franny zu mir sagen.»

Franny?

«Franny! Simons Franny. Das Blubberblasenmädchen.»

Franny zieht eine entzückende Schnute. «Hat er mal wieder vor versammelter Mannschaft das Telefon auf laut gestellt? Ich fürchte, ich muss mir meinen Göttergatten noch mal zur Brust nehmen.»

«Weswegen das denn, Täubchen?» Plötzlich steht Simon neben ihr und legt ihr liebevoll den Arm um die Taille.

Franny grinst ihn an. «Kaum dass man vom Teufel spricht.»

Simon ahmt mit den Zeigefingern zwei Teufelshörner nach und lächelt mich mit seinen blauen Strahleaugen an. «Olivia! Wie schön, dich wiederzusehen.»

Er hat etwas Warmherziges an sich, eine aufrichtige Herzlichkeit, die mir das Gefühl gibt ... getröstet zu sein, obwohl er genau genommen gar nichts gemacht hat. Simon Barrister gehört zu den Menschen, die einem auch im strömenden Regen beim Reifenwechsel helfen würden, die einer alten Dame die Einkäufe schleppen oder einem Kind mit Tobsuchtsanfall eine lustige Grimasse schneiden.

«Hallo, Simon. Ich freue mich auch, dich zu sehen.»

«Wie geht es dir?»

«Was für eine Frage, Simon!» Franny knufft ihn in die Schulter. «Sieh dir das arme Mädchen doch an. Sie ist am Ende. Lucille lässt mal wieder die Schlampe raushängen.»

Simon zieht die Nase kraus. «Oh, Olivia, am besten, du ignorierst Lucy. Sie ist ein bisschen niederträchtig.»

«Sie ist eine Fotze.» Franny lächelt aufmunternd. «Mein Liebster ist nur zu höflich, um es laut auszusprechen.» Sie tätschelt mir den Arm. «Im Gegensatz zu mir.»

Mir steigt schon wieder bittere Galle hoch, und mir wird schlecht. «Ich glaube, ich brauche frische Luft.»

«Wunderbar!» Franny nimmt mich am Arm und führt mich zu einem Paar großer Flügeltüren. «Komm, wir gehen auf eine Zigarette raus auf die vordere Veranda. Ich habe eben erst mit dem Rauchen angefangen. Der Versuch, die Pfunde wieder loszuwerden, die ich aus den Flitterwochen mitgebracht habe.»

Gut möglich, dass Franny ein bisschen verrückt ist. Aber auf nette Weise verrückt, nicht beängstigend. Draußen raucht sie genüsslich ihre Zigarette, während Simon sich mit dem Mann neben ihm über Geschäfte unterhält. Dann drückt sie den Stummel auf dem schmiedeeisernen Geländer aus, ohne die Türen zum Ballsaal aus den Augen zu lassen.

«Er hat dich gefunden.»

«Nicholas?» Ich will mich umdrehen, aber sie hält mich fest.

«Ja. Er kommt direkt auf uns zu.» Sie klatscht in die Hände. «Und wenn er kommt, dann lächelst du huldvoll und tust, als sei alles in allerbester Ordnung.»

«Warum sollte ich das machen?»

«Weil er nicht weiß, wie er damit umgehen soll. Das treibt ihn zum Wahnsinn. Die Waffen einer Frau mit Massenvernichtungspotenzial heißen Gleichgültigkeit und Verwirrung.»

Ich glaube, den Spruch sollte ich mir aufschreiben.

«Er kommt. Bereit zum Gefecht.» Sie versetzt mir einen Klaps aufs Steißbein. «Kinn hoch, Titten raus.»

Als würde mein Körper jetzt ihr gehorchen und nicht mehr mir, reckt sich mein Kinn, und die Schultern gehen ein Stückchen zurück und schieben die Brust nach vorn. Kaum zu glauben, aber ich fühle mich dadurch tatsächlich ein bisschen stärker. Souveräner.

«Olivia.» Bis er meinen Namen sagt. Ich muss die Augen schließen. Der Tag, an dem ich den Klang meines Namens auf seinen Lippen nicht mehr liebe, wird niemals kommen.

Ich wappne mich und drehe mich zu ihm um, sehe ihn aber nicht an. Stattdessen richte ich den Blick über seine rechte Schulter hinweg direkt in das helle Gleißen eines goldenen Kronleuchters. Ich spüre seinen forschenden Blick auf meinem Gesicht. Er versucht, in mir zu lesen.

Ich kann gar nicht so tun, als wäre alles in Ordnung, denn Nicholas nimmt ohne ein Wort meine Hand und zieht mich mit sich die Freitreppe hinunter, die von der Veranda in den Garten führt. «Komm.» Er führt mich über einen gewundenen Kiesweg bis zu einem weißen Holzpavillon. Das Gebäude ist von kleinen Laternen umringt, die es in sanften Schimmer tauchen, doch unter dem Dach ist es schummrig und heimelig. Mit gerafftem Saum steige ich die Stufen hinauf.

«Warum magst du Franny nicht?»

Er hat mir in New York erzählt, dass sie nicht besonders gut miteinander auskommen. Die Frage überrascht ihn. «Äh ... Simon war vom ersten Augenblick an bis über beide Ohren in sie verliebt, aber sie hat ihn immer wieder abblitzen lassen. An dem Abend, als er ihr seine Liebe gestand, sagte sie zu ihm, sie könne niemals mit ihm zusammen sein. Als ich später am selben Abend nach Hause kam, fand ich sie in meinem Bett. Nackt.»

Eifersucht, brennend und heiß, durchzuckt mich. «Hast du mit ihr geschlafen?»

«Natürlich nicht!», sagt er grimmig. «Das hätte ich Simon niemals angetan. Aber ich habe es ihm natürlich erzählt. Es war ihm egal. Er sagte, sie würden an ihren Problemen arbeiten, wie er es nannte. Kurz darauf wurden die beiden ein Paar, und einige Monate später fand die Hochzeit statt. Ich habe es aufgegeben, schlau daraus werden zu wollen.»

Ich sinke auf die Bank. «Himmel! Sie wirkt gar nicht wie ... wie eine Frau, die so was tun würde. Sie war richtig nett zu mir.»

Nicholas steht direkt vor mir, das Gesicht im Schatten. «Ich bin froh, dass sie nett zu dir war, aber hier sind die Dinge nicht immer so, wie sie scheinen. Das hätte ich dir vorher sagen sollen.» Er fährt sich mit der Hand durch die Haare. «Ich hätte dir vieles sagen sollen, Olivia, aber ... ich bin es nicht gewohnt. Ich bin nicht gewohnt, die Dinge auszusprechen.»

«Ich verstehe nicht, was das heißen soll.»

Er setzt sich neben mich. Seine Stimme ist gedämpft. «Ich will mit dir über Lucy sprechen. Ich will es dir erklären.»

Ich wäre so gern souverän, erwachsen. Die Sorte Frau, die sagt, dass er ihr keinerlei Erklärungen schuldet. Weil das mit uns nur vorübergehend ist. Aber mein Herz ... mein Herz ruft laut pochend etwas anderes.

«Warum warst du bei ihr? Warum hast du mich allein da stehen lassen? Hast du sie geküsst, Nicholas? Es sah nämlich ein bisschen so aus, als würdet ihr euch küssen.»

Sanft umfasst er mein Kinn. «Es tut mir leid, dass du alleine warst, das wollte ich nicht. Und nein, ich habe sie nicht geküsst. Das schwöre ich dir, beim Grab meiner Eltern. Es ist nichts dergleichen passiert.»

Erleichterung löst die eisernen Fesseln um mein Herz. Er würde niemals seine Eltern erwähnen, wenn er nicht die Wahrheit sagen würde.

«Aber was war das dann?»

Er beugt sich vor, stützt die Ellbogen auf die Knie und starrt zu Boden. «Ich kenne Lucy schon seit dem Internat, seit Briar House. Wir waren damals beide in der zehnten Klasse. Sie war das hübscheste Mädchen, das ich je gesehen hatte, zart und zerbrechlich, und sie weckte in mir den Wunsch, sie zu beschützen. Wir fingen an, miteinander zu gehen. Die Medien flippten völlig aus, und ich bekam Angst, der Rummel könnte sie verscheuchen. Doch es war ihr egal, und ich weiß noch, wie ich dachte, sie ist stärker, als sie wirkt.» Er holt tief Luft und reibt sich den Nacken. «Als wir siebzehn waren, wurde sie schwanger. Ich war dumm. Unachtsam.»

«O mein Gott!»

Er nickt, hebt den Kopf und sieht mich an. «Eine Schwangerschaft in dem Alter ist für jeden schwierig, aber wenn man ...»

«Die Sache mit Künftiger-König-eines-ganzen-Landes dazunimmt», beende ich den Satz für ihn.

«Es war der reinste Horror. Ihre Familie wollte unverzüglich mit den Hochzeitsvorbereitungen beginnen, bestand darauf, dass der Palast unsere Verlobung verkündet. Meine Großmutter verlangte Tests und noch mehr Tests, um zu beweisen, dass sie tatsächlich schwanger war, und zwar tatsächlich von mir.»

Ich bin wieder mal fassungslos, welch kruden Regeln Nicholas' Leben gehorcht – was für archaische Gesetze ihn einengen. «Und was wolltest du?», frage ich, weil ich mir sicher bin, dass ihm diese Frage damals niemand gestellt hat.

«Ich wollte ... ich wollte das Richtige tun. Ich habe sie geliebt.» Er fährt sich mit der Hand über das Gesicht. «Aber am Ende spielte das keine Rolle mehr. Nur ein paar Wochen später verlor Lucy das Kind. Sie war untröstlich.»

«Und du?»

Er antwortet nicht sofort. Dann spricht er weiter, sehr leise: «Ich war ... erleichtert. Ich wollte diese Verantwortung nicht. Noch nicht.»

Ich streichle seine Schulter. «Das kann ich verstehen.»

Er nickt und schluckt heftig. «Als das Schuljahr vorbei war, schickte meine Großmutter mich über den Sommer nach Japan auf eine humanitäre Mission. Am Anfang telefonierten wir noch regelmäßig, schrieben uns ... aber ich war so beschäftigt. Als ich im Herbst zurück in die Schule kam, hatten die Dinge sich verändert. *Ich* hatte mich verändert. Sie war mir nach wie vor wichtig, aber meine Gefühle für sie waren nicht mehr dieselben. Ich beendete die Sache so behutsam wie möglich, aber Lucy hat es trotzdem ... schlecht verkraftet.»

Mich überschwemmt eine Welle der Traurigkeit. «Wie schlecht?»

«Eine Woche später versuchte sie, sich das Leben zu nehmen.

Ihre Familie schickte sie fort, in ein Sanatorium. Ein guter Ort, aber sie kam nie wieder in die Schule zurück. Und ich … ich habe mich deswegen immer schuldig gefühlt. Verantwortlich. Nichts davon drang zur Presse durch. Ich weiß nicht, wen der Palast dafür bestechen oder umbringen musste, jedenfalls erschien nie auch nur eine einzige Zeile darüber.»

«Bist du deshalb so vorsichtig? Mit der Verhütung, meine ich?»

«Ja.» Er zieht mich zu sich auf den Schoß und hält mich fest im Arm. Mir ist klar, dass ihm dieses Geständnis nicht leichtgefallen ist.

«Danke, dass du mir das erzählt hast. Danke für die Erklärung.» Eine ganze Weile bleiben wir einfach nur so sitzen, geborgen in der Dunkelheit und umhüllt von erdig duftender Luft. Dann frage ich: «Wollen wir auf die Party zurück?»

Er denkt kurz nach, dann sagt er: «Ich habe eine bessere Idee.»

Das Horny Goat.

Es erinnert mich an eine New Yorker Kneipe – gemütlich, familiär, ein bisschen versifft. Nachdem Nicholas Simon, Franny, Henry und die niedliche Rothaarige eingesammelt hatte, die an dessen Arm klebte, verließen wir zu sechst die Casinonacht und landeten im Horny Goat.

Franny und ich tranken Tequila-Shots. Henry sang Karaoke. Simon und Nicholas machten sich gegenseitig wegen ihrer Dart-Künste nieder.

In den frühen Morgenstunden stolperten Nicholas und ich in sein Schlafzimmer, fielen bäuchlings aufs Bett – und schliefen sofort ein, in voller Montur, ineinander verschlungen. Und glücklich.

18

NICHOLAS

Die nächste Woche ist wunderbar ereignislos. Tagsüber kümmere ich mich um Palastbelange, und die Nächte verbringe ich überaus wunderbar mit Olivia.

Tagsüber lässt sie es sich gut gehen und entspannt, so wie ich es mir für sie wünsche. Sie unternimmt lange Spaziergänge und hat sich mit Franny angefreundet. Die beiden essen ab und zu gemeinsam zu Mittag, was ich zwar nicht prickelnd finde, aber wenigstens ist Olivia bei Simons Frau gut aufgehoben. Franny mit ihrer spitzen Zunge wird sie vor den Lucys dieser Welt beschützen, die nur darauf warten, sie mit ihren Halb-Wahrheiten zu verletzen.

Wenn mein Bruder nüchtern ist, was nur selten vorkommt, wird er schrecklich unruhig. Mir kommt es vor, als hielte er es mit sich allein nicht aus und ertrüge nichts, was irgendwie mit dem Zustand der Stille zu tun hat. Schließlich beschließt er, für sich selbst eine Willkommensparty zu schmeißen.

Ich stehe im Badezimmer und mache mich für seine Yacht-Party fertig. Frisch geduscht, mit einem Handtuch um die Hüften, schabe ich mir den letzten Rest Rasierschaum von der Wange, als Olivia im Türrahmen auftaucht. In meinen Augen war sie immer schon entzückend, vom ersten Moment an. Aber sie jetzt hier stehen zu sehen – die nackte, weiche Haut in einen Morgenmantel aus rosa Seide gehüllt, das Gesicht strahlend vor Entspannung und Glück – ist einfach nur umwerfend.

«Puh ... sag mal, gibt's hier bei euch zufällig einen Kiosk oder so was?»

Ich muss lachen. «Meinst du einen Souvenirshop?»

Sie hält einen hellblauen Wegwerfrasierer hoch. «Ich habe keine Rasierklingen mehr. Das Ding ist so stumpf, ich könnte mir damit über die Zunge fahren, ohne mich zu schneiden.»

«Die Theorie sollten wir auf keinen Fall überprüfen. Dazu ist mir deine Zunge zu lieb.» Ich wische mir mit einem Handtuch das Kinn sauber. «Ich lasse dir was aufs Zimmer bringen.» Das Teufelchen auf meiner Schulter – und das Engelchen auch – versetzen mir eine Kopfnuss. Und flüstern mir eine bessere Idee ins Ohr. «Oder ... ich helfe dir aus?»

Olivia runzelt die Stirn. «Wie, du hilfst mir aus? Dein Rasiermesser kann ich ja wohl schlecht verwenden.»

«Nein. Auf keinen Fall. Du würdest dir die Haut in Streifen schneiden.» Ich fahre mit dem Daumen über die scharfe, glatte Klinge. «Was ich damit sagen will ... Ich könnte dich rasieren.»

Ihre Augen verdunkeln sich, so wie immer, wenn sie kurz vor dem Abgrund steht – unmittelbar bevor sie kommt. Lasziv bewegt sie sich auf mich zu.

«Willst du das denn?»

Genussvoll lasse ich den Blick über jeden einzelnen Zentimeter ihres prächtigen Körpers gleiten.

«Oh ja.»

«Dann ... okay», raunt sie.

Meine Mundwinkel bewegen sich wie von selbst nach oben, als ich ihr sanft den seidenen Morgenmantel über die Schultern streife und ihn zu Boden gleiten lasse. Zum Vorschein kommen blasse, volle Kurven und weiche, verheißungsvolle Mulden. Bei diesem Anblick läuft mir das Wasser im Munde zusammen. Ich greife Olivia um den Hintern und hebe sie mit einer einzigen fließenden Bewegung auf den breiten Waschtisch.

Bei der Berührung mit dem kalten Marmor quietscht sie kurz auf, und wir lachen. Sie bietet mir den Mund zum Kuss dar, aber ich reiße mich zusammen. «O nein, jetzt nicht. Ich benötige volle Konzentration für ...» Ich lasse die Hand zwischen ihre Beine gleiten und umschließe ihre Muschi. «... das hier.»

Olivia schließt unwillkürlich die Augen und drängt sich meiner Hand entgegen. Oh, wie gern würde ich meine Finger in sie hineingleiten lassen, hinein in ihre heiße, pochende verheißungsvolle, enge Höhle. Sie scharf machen, heiß machen, bereit machen für meinen Schwanz. Ich atme laut aus. Die Sache wird schwieriger, als ich dachte. Ich lecke mir über die Lippen, greife zum Pinsel und rühre die Seife zu einem warmen, cremigen Schaum an. Ich halte ein Handtuch unter heißes Wasser, wringe es aus und breite es über Olivias Schienbein und Wade, um die Haut ein wenig aufzuweichen.

Und dann seife ich sie mit dem Dachshaarpinsel ein. Lasse die Borsten über ihr Bein langsam aufwärtsgleiten, fahre die Kurve ihrer Wade nach und hinterlasse eine Spur aus weißem Schaum. Ich atme gleichmäßig, versuche mich unter Kontrolle zu halten, dann greife ich zum Messer und lasse die Klinge mit sanftem Druck über Olivias Bein nach oben gleiten. Ich halte das Messer unter fließendes Wasser und fahre fort, wiederhole die Prozedur wieder und wieder, langsam und sorgfältig.

Nachdem die Unterschenkel erledigt sind, mache ich mit ihren Schenkeln weiter. Olivia keucht, leise Schauer fahren über ihre Haut, und als der Pinsel über ihre Leiste gleitet, ringt sie nach Luft. Und als die Rasierklinge der Spur des Pinsels folgt – bis hinauf zu jenem Punkt zwischen Schenkel und Unterleib –, entfährt Olivia ein Stöhnen.

Ich habe nur den Wunsch, mir endlich das Handtuch von den Hüften zu reißen und sie hier an Ort und Stelle zu nehmen, direkt auf dem Waschtisch, und nie wieder aufzuhören.

Das Beste kommt zum Schluss. Jetzt ist ihre hinreißend schöne Muschi dran. Ich wiederhole die Prozedur, lege ihr zuerst das heiße Handtuch zwischen die Beine. Dann reibe ich sanft mit dem feuchten Frottee über ihre Klitoris. Wie könnte ich nicht? Aber als Olivia beginnt, sich zu bewegen, sich unter meiner Berührung zu winden, ermahne ich sie. «Halt still. Ich muss aufhören, wenn du nicht stillhältst.» Das ist absolut gelogen. Ich will sie nur reizen. Ich könnte jetzt gar nicht mehr aufhören, selbst wenn ich wollte.

Olivia krallt sich mit den Händen an der Marmorkante fest, bis ihre Knöchel weiß hervortreten. In ihren Augen glänzt ungehemmte, wilde Lust. Ich schäume mit aufreizender Langsamkeit ihre kleinen Locken ein, dann werfe ich den Pinsel ins Waschbecken. Ich greife zum Messer und presse die Klinge gegen ihr geschwollenes Fleisch – oh, sie ist so perfekt! Ich halte inne und sehe ihr tief in die Augen.

«Du vertraust mir.»

Sie nickt, fast von Sinnen. Ich lasse das Messer nach oben gleiten und entferne winzige, beinahe unsichtbare Stoppeln. Dann wende ich mich ihrem Venushügel zu und streife mit dem Messer in kurzen, präzisen Strichen abwärts über ihre Haut, sorgfältig, damit in der Mitte die herrlich weichen Locken erhalten bleiben, die ich so mag.

Als ich fertig bin, lege ich das Rasiermesser sorgfältig beiseite und greife zu dem immer noch warmen Handtuch. Ich gehe vor ihr in die Hocke. Sorgsam tupfe ich jeden noch so kleinen Rest Rasierschaum von ihren Schamlippen, ihrem Hügel, ihrer Haut. Dann hebe ich den Kopf und sehe sie an.

Ohne den Blick von ihr zu nehmen, beuge ich mich nach vorne und lege meinen Mund auf ihre Muschi.

«Ja, ja ...», haucht sie mit rauer Stimme.

Ich sauge und lecke, verschlinge sie, dringe wie von Sinnen mit der Zunge in sie ein – und vielleicht habe ich tatsächlich den Verstand verloren. Sie ist so unglaublich nass und weich, pochendes Fleisch unter meinen Lippen, unter meiner Zunge. Ich könnte bis in alle Ewigkeit hier hocken bleiben, nichts anderes mehr tun in meinem ganzen Leben.

Aber bis in alle Ewigkeit ist für meinen Schwanz entschieden zu lang. Keuchend und mit pochendem Herzen richte ich mich auf und löse mit fahrigen Bewegungen das Handtuch um meine Hüften. Ich schiebe Olivias Knie nach oben und stelle ihre nackten Füße auf den Marmorwaschtisch, direkt neben ihre Hände. Spreize ihre Beine noch weiter. *Was für ein Anblick!*

Ich nehme meinen heißen, harten Schwanz in die Hand und fahre mit der Eichel durch ihre Nässe, spiele mit ihrer Knospe, lasse meine Spitze über die rosa Perle gleiten.

Und es gibt in diesem Moment keine Sorgen. Keinen einzigen Gedanken an Konsequenzen, an Verantwortung, an Gefahr. Weil sie es ist. Olivia. Mit ihr ist alles anders.

«Bist du sicher?», stöhnt sie.

Ich lasse meine Eichel durch ihre Schamlippen gleiten, hin zu ihrer engen, nassen Öffnung, umkreise sie, genieße den fast übermächtigen Drang, zuzustoßen, hart und tief.

«Ja. Ja, ich bin sicher.»

Olivia nickt, und ich dringe in sie ein. Ihre enge Höhle umschließt mich, fest und eng, und ich stöhne laut auf.

«O Gott ...» Das Gefühl, sie direkt zu spüren, meine Haut auf ihrer Haut, ist unglaublich. Mehr noch. Ihre feuchte Hitze unmittelbar zu erleben, ohne trennende Barriere zwischen uns, bereitet mir unbeschreibliche Lust. Ich sehe mir selbst dabei zu, wie ich ganz in sie eindringe, bis zur Wurzel in sie stoße und dabei jeden einzelnen göttlichen Millimeter von ihr erspüre und erlebe. Definitiv der erotischste Anblick meines Lebens. Olivia stöhnt, wir beide stöhnen.

Und eines weiß ich mit Sicherheit: Wir werden zu spät auf Henrys Party aufkreuzen.

OLIVIA

Als wir endlich aufbrechen, ist es so spät, dass Nicholas Bridget bittet, anzurufen, damit das Schiff nicht ohne uns ablegt. Er sagt, es wäre keine große Sache, wir würden sowieso nur in der Bucht kreuzen, aber ich hoffe trotzdem, dass Henry nicht sauer auf uns ist, weil sich wegen uns alles verzögert.

Meine Sorgen waren unbegründet. Als wir an Bord gehen, ist Henry bereits viel zu betrunken, um überhaupt noch etwas zu merken. Er umarmt uns beide so stürmisch, als hätten wir uns seit Wochen nicht gesehen.

«Mann, bin ich froh, dass ihr kommen konntet!», lallt er und reißt die Arme hoch. «Ich liebe dieses verfickte Boot.»

Nicholas runzelt besorgt die Stirn. «Streng genommen ist es ein Schiff und kein Boot, Brüderchen.»

Henry verdreht die Augen und wäre beinahe umgefallen. «Bist du's eigentlich nie leid, es ständig besser zu wissen? Kommt, lasst uns trinken, Scheiße noch mal!»

Und genau das tun wir auch.

Ich hatte vorher ein paar Bilder im Kopf, wie eine königliche Yacht wohl aussieht. Aber wie bei den meisten anderen Erlebnissen auf dieser Reise kommt mein kümmerliches Vorstellungsvermögen bei weitem nicht an die Realität heran. Das *Schiff* ist mit jedem erdenklichen Luxus ausgestattet. Es ist nichts anderes als ein schwimmender Palast. Über dem Deck sind Dutzende winziger Lichterketten aufgehängt, und einige Gäste – auch betrunken, aber nicht so sehr wie Henry – haben spontan angefangen zu tanzen. Sie bewegen sich zum Rhythmus der Musik, die aus den riesigen Boxen neben dem Steuerrad dröhnt. Kanye West. Ich muss lachen, weil mir plötzlich mein erstes Date mit Nicholas wieder einfällt. Wie lange das inzwischen her ist. Seitdem ist so viel passiert. Seitdem hat sich ... so viel verändert.

Mit den Drinks in der Hand mischen wir uns unter die Leute. Nicholas stellt mich allen möglichen Adeligen vor – Herzögen und Baronen und Freifrauen und einer Marquise, was immer das auch sein mag. Wir entdecken Franny und Simon und halten uns in ihrer Nähe.

Etwa eine Stunde später stehen wir an die Reling gelehnt, eine leichte Brise spielt mit meinem Haar, aber zu sanft, um meiner Frisur ernsthaft Schaden zuzufügen, und Simon erzählt von den Expansionsplänen für sein Kaufhausimperium. Er möchte seine Produktpallette erweitern.

Eher zufällig streift mein Blick Nicholas' Gesicht, und mir gefriert das Blut in den Adern. Denn er hört Simon nicht mehr zu – seine Augen sind starr auf die andere Seite des Schiffs gerichtet. Ich habe ihn noch nie entsetzt erlebt. Doch nichts anderes gräbt sich jetzt in seine Gesichtszüge: blankes Entsetzen.

«Henry!», flüstert er tonlos.

Und dann fängt er an zu brüllen: «Henry!» Er stürzt vorwärts, rennt quer über das breite Deck, und ich drehe mich gerade noch rechtzeitig um, um mitzubekommen, was ihn derart zu Tode erschreckt hat. Henry steht lachend und schwankend jenseits der Reling.

Und dann, ohne ein Wort, stürzt er ins Wasser.

Jemand schreit. Nicholas brüllt Henrys Namen. Ein Matrose begeht den Fehler, ihn aufhalten zu wollen, und bekommt zum Dank Nicholas' Ellbogen gegen die Nase.

Als Nicholas die Stelle erreicht hat, wo sein Bruder eben noch stand, hält er keine einzige Sekunde inne. Er packt die Reling, springt mit einem Satz darüber, mit den Füßen voraus.

Und dann sind Nummer eins und Nummer zwei in der Thronfolge von Wessco über Bord.

Vor der Tür des privaten Krankenzimmers stehen schwarz gekleidete Security-Leute. Irgendwer hat Nicholas etwas Trockenes zum Anziehen gebracht, Jeans und ein schlichtes schwarzes T-Shirt.

Er hat sich erst umgezogen, nachdem der Chefarzt ihn und den engsten Berater der Queen über Henrys Zustand informiert hat. Sie gehen davon aus, dass er sich bei seinem Sturz an der Schiffswand den Kopf gestoßen hat. Eine leichte Gehirnerschütterung, nichts Ernstes, und alle Anzeichen sprechen gegen bleibende Schäden.

Doch diese Informationen können Nicholas offensichtlich nicht beruhigen. Er sitzt auf einem Stuhl am Fußende des Bettes, die Ellbogen auf die Knie gestützt, gekrümmt und angespannt, mit zusammengebissenen Zähnen. Er lässt seinen bewusstlosen Bruder keine Sekunde aus den Augen, als könnte er ihn mit seinem durchdringenden Blick dazu zwingen, wieder zu sich zu kommen. Bis auf Henrys regelmäßige Atemzüge und das Piepsen des Überwachungsmonitors herrscht Totenstille im Raum.

Wir sind allein. Ich fühle mich nicht unwohl und nicht fehl am Platz. Ich bleibe einfach, wo ich bin. Ich weiß, dass Nicholas mich hier bei sich haben will. Er braucht mich jetzt an seiner Seite. Und deshalb würde ich auch nirgendwo anders sein wollen. Ich lege ihm die Hände auf die Schultern und massiere die steinharten Verspannungen. Er dreht den Kopf und sieht mich an. Sein Blick ist überflutet von Traurigkeit und Schuldgefühlen und Wut. Nicholas wirkt, als wüsste er nicht, ob er lieber weinen oder seinen Brüder verprügeln soll.

Mir würde es bei Ellie genauso gehen. Ich würde sie packen wollen und schütteln und umarmen und erwürgen, alles zugleich. Also lächle ich ihm nur zu und nicke stumm.

Und als hätte Henry gespürt, dass Nicholas' Aufmerksamkeit ein bisschen nachgelassen hat, kommt wieder Leben in ihn.

Seine dichten blonden Augenbrauen ziehen sich unter Schmerzen zusammen, er fängt an zu stöhnen. Dann öffnen sich seine Augen – die denen seines Bruders so unglaublich ähneln – einen winzigen Spaltbreit. Er hebt die Lider, sein Blick schweift durch den Raum, bleibt dann an Nicholas hängen und wird von Sekunde zu Sekunde klarer. Wachsamer.

Mit rauer, brüchiger Stimme nuschelt er: «Verficktes Scheißboot.»

Nach einem kurzen Augenblick schüttelt Nicholas den Kopf. Seine Stimme ist leise und verzerrt, als er sagt: «Jetzt ist Schluss, Henry. Wir sind alles, was von ihnen geblieben ist, du und ich. Du kannst nicht ... Schluss damit!»

Roher Schmerz kriecht über Henrys Gesicht, vertreibt die fröhliche Maske, die er selbst jetzt schon wieder aufgesetzt hatte.

«Was ist passiert?», will Nicholas wissen. «Ich weiß, dass etwas passiert ist. Etwas nagt an dir, irgendwas frisst dich auf, Henry, Stück für Stück, bei lebendigem Leibe, und du wirst mir erzählen, was es ist. Und zwar jetzt.»

Henry nickt, leckt sich über die spröden Lippen und bittet um einen Schluck Wasser. Ich schenke ihm aus dem Plastikkrug auf seinem Nachttisch einen Becher ein. Nach ein paar langen, gierigen Schlucken mit dem Strohhalm stellt er den Becher weg und reibt sich die Augen. Dann, ohne seinen Bruder anzusehen, fängt er an zu erzählen. Sein Blick ist in eine Zimmerecke gerichtet.

«Es passierte ungefähr zwei Monate vor Ende meines Wehrdienstes. Sie hatten mich die ganze Zeit von allem ferngehalten, was auch nur entfernt nach Action aussah. Ich kam mir vor wie auf einem Kindergeburtstag. Du kennst das ja.»

Nicholas hatte mir erklärt, wie das abläuft. Er und sein Bruder galten als ‹hochrangige Ziele›. Obwohl sie die gleiche Ausbildung durchliefen wie die übrigen Soldaten, wurde bei den Auslandseinsätzen im Rahmen der UN speziell Rücksicht genommen, weil sie als besonders gefährdet galten. Für den einen oder anderen wären die Prinzen von Wessco eine hübsche Trophäe.

«Und dann kamen eines Tages die Anzugträger und sagten, es gäbe eine Mission zur Stärkung des Kampfgeistes, irgendeine Publicitykiste. Ich sollte einen Stützpunkt besuchen, zwar innerhalb der sicheren Zone, aber doch außerhalb des üblichen Gebiets. Auf dem Posten wären ein paar Männer schon eine ganze Weile stationiert, es wäre dringend Zeit für eine Aufmunterung. Wie zum Beispiel durch den Besuch ihres Prinzen. Zur Belohnung für treue Dienste. Also fuhren wir im Konvoi da raus, und ich besuchte sie. Fünfzehn Mann ungefähr. Nette Kerle. Einer von denen war so eine richtige mürrische alte Bulldogge. Wollte mich unbedingt mit seiner Enkeltochter verkuppeln. Und da war noch einer ... Er war erst achtzehn ...» Henry steigen Tränen in die Augen, seine Stimme wird dünn und bricht. «Er hatte noch nie ein Mädchen geküsst. Er freute sich so auf zu Hause, weil er das endlich ändern wollte.» Er fährt sich mit der Hand über das Gesicht, wischt die Tränen ab. «Also hab ich Witze erzählt, sie zum Lachen gebracht. Und nach ein paar Fotos haben wir uns auf den Rückweg gemacht. Wir waren vielleicht ... vielleicht sieben Minuten unterwegs, als der Posten von Raketen angegriffen wurde. Ich befahl dem Fahrer, sofort kehrtzumachen, aber er hat mir nicht gehorcht. Was hat denn das alles hier für einen Sinn, wenn sie uns nicht *gehorchen?*», fragt er gequält. «Also hab ich den Mann neben mir k. o. geschlagen, bin über ihn geklettert und sprang aus dem Geländewagen. Ich rannte und rannte ...» Henry verschluckt sich an seinen Schluchzern. «Ich schwör's, Nicholas, ich bin so schnell gerannt, wie ich nur konnte. Aber als ich schließlich dort ankam ... Als ich ankam, war nichts mehr übrig. Nur noch ... Leichen.»

Ich lege mir die Hand vor den Mund und weine mit ihm.

Henry holt schluchzend Luft und wischt sich wieder über das

Gesicht. «Ich packe das einfach nicht. Vielleicht sollte man über so was auch gar nicht hinwegkommen. Vielleicht ist es richtig, dass es mich langsam von innen her auffrisst, Stück für Stück.» Er sieht Nicholas an. Seine Stimme wird bitter. «Diese Männer sind meinetwegen gestorben. Gestorben wegen eines Pressetermins.»

Zuerst sagt Nicholas nichts. Auf seinem Gesicht spiegelt sich eine wilde Mischung aus Gefühlen, während er seinen Bruder anblickt. Und dann steht er auf.

Seine Stimme, diese wunderbare Stimme, die ich so liebe, klingt gleichzeitig tröstend und bestimmt. Dieser Ton, der Gehorsam verlangt.

«Vor dieser Tür stehen zwei Männer, die für dich ihr Leben opfern würden. Im Palast sind es ein paar hundert, über das Land verteilt mehrere tausend. Sie alle sind bereit, für dich oder mich zu sterben, Henry. Für das, was wir repräsentieren. Diese Bürde ist uns auferlegt. Sie ist der Preis für das Leben, das wir führen. Daran kannst du nichts ändern. Alles, was du tun kannst, ist, diese Männer zu ehren. Zu versuchen…»

«Erzähl mir nicht, dass ich für sie weiterleben soll!», stößt Henry aus. «Das ist völliger Bullshit. Sie sind tot! Ich raste aus, wenn du das sagst!»

«Nein, das wollte ich nicht sagen», erwidert Nicholas sanft. «Wir können nicht für sie weiterleben. Wir können nur versuchen, Männer zu sein, für die es sich lohnt zu sterben. Wir sind, wer wir sind. Wenn du stirbst, wird auf deinem Grabstein ‹Henry, Prinz von Wessco› stehen. Und hättest du dich heute Nacht umgebracht, stünde dort: ‹Henry, Prinz von Wessco – Er fiel von einem Scheißboot.› Und dann wäre das alles verdammt noch mal *umsonst* gewesen.» Nicholas tritt an Henrys Bett, beugt sich über ihn und sieht seinem Bruder in die Augen. «Es gibt nur wenige Menschen auf der Welt, die tatsächlich die Chance und die Möglichkeit haben, etwas zu verändern. Wir können das,

Henry. Und wenn es dir gelingt, dich zusammenzureißen und etwas Großes aus deinem Leben zu machen, dann werden diese fünfzehn Männer für etwas *Großes* gestorben sein. Mehr können wir nicht tun.»

Die Brüder verstummen. Henry wirkt ruhiger und denkt offensichtlich über Nicholas' Worte nach.

«Hast du Kontakt zu den Familien aufgenommen?», frage ich sanft. «Vielleicht ... vielleicht würde es dir helfen, ihnen zu helfen. Sie zu unterstützen, rauszufinden, wie es ihnen finanziell ...»

«Ich werde denen bestimmt kein Geld anbieten. Das ist würdelos.» Henry schüttelt entschieden den Kopf.

«Das kannst du nur sagen, weil du Geld hast. Für jemanden, der kämpfen muss, um über die Runden zu kommen, ist es nicht würdelos, sondern ein Segen. Außerdem rede ich nicht nur von Geld. Du könntest mit ihnen sprechen, Freundschaft schließen, vielleicht versuchen, die Lücke zu füllen, die der Tod gerissen hat. Nicht weil du ein Prinz bist, sondern weil du ein ziemlich netter Typ bist.»

Henry grübelt einen Augenblick stumm. Er schnieft und wischt sich mit den Händen das Gesicht ab. «Stimmt. Ich bin ziemlich nett.»

Ich muss lachen. Meine Augen sind immer noch nass von Tränen, aber ich muss trotzdem lachen. Und Nicholas und Henry lachen mit.

Nicholas richtet sich auf und setzt sich zu Henry aufs Bett. Er beugt sich vor und nimmt seinen kleinen Bruder fest in die Arme. Genau wie in dem Moment auf dem Video, an jenem furchtbaren Tag, als sie ihre Eltern zu Grabe trugen.

Und genau wie damals sagt Nicholas ihm, dass alles gut wird.

19

NICHOLAS

In der darauffolgenden Woche sollen Henry und ich an einem Polospiel teilnehmen. Henry lässt sich auf Anraten der Ärzte entschuldigen, die Gehirnerschütterung ist noch nicht völlig ausgeheilt. Meine Großmutter verliert ihm gegenüber keinen einzigen Ton über den *Zwischenfall*, obwohl die Presse breit über «Henry: Der wilde Prinz in seinem Element» berichtet hat. Ich glaube, sie weiß, dass er an etwas zu knabbern hat und dass er nicht in der Verfassung für den öffentlichen Auftritt auf einem Polo-Turnier ist.

Ich für meinen Teil habe keinen Grund, das Spiel abzusagen. Ich mag Polo, es ist ein herausforderndes Spiel, das auf mich entspannend wirkt, weil man währenddessen nicht an andere Dinge denken kann. Polo wird zwar manchmal als Spiel der Könige bezeichnet, aber ursprünglich wurde es bei der Kavallerie als Training für Ross und Reiter betrieben. Einem guten Polospieler muss die Kontrolle über sein Pferd zur zweiten Natur geworden sein.

Außerdem mag ich Olivias Reaktion auf meine Polo-Kleidung. Ich betrete ihr Zimmer durch den Geheimgang, und sie lässt genüsslich den Blick über mich gleiten – das schwarz-weiße Shirt, das sich an meinen Bizeps schmiegt, die eng anliegenden weißen Hosen, unter denen sich ein gewisser Körperteil deutlich abzeichnet. Ohne ein Wort dreht Olivia sich um. Der wadenlange rosa Sommerrock schwingt um ihre Beine, als sie zur Tür geht. Sie schließt ab. Der Schlüssel dreht sich mit sattem Klang im Schloss, und ich weiß, dass ich gleich flachgelegt werde.

Langsam, mit wiegenden Hüften, kommt sie auf mich zu,

geht vor mir auf die Knie, zieht mir lachend das Shirt aus dem Hosenbund und öffnet die Gürtelschnalle. Die Reitstiefel stellen ein Problem dar, also bleiben sie, wo sie sind. Olivia bearbeitet mich mit ihrem geschickten Mund, mit ihrer heißen Zunge, bis ich derart heftig in ihrem Mund komme, dass ich Sternchen sehe. Wahrscheinlich das Licht Gottes.

Jepp. Ich liege ihr zu Füßen. Flachgelegt. Wusst ich's doch.

♛

Am Spielfeldrand und auf den Tribünen wimmelt es von Presseleuten – das liegt nicht nur daran, dass ich heute spiele, nein, die Queen befindet sich unter den Zuschauern. Die von Olivias weißem Häkeltop zur Schau gestellte seidenweiche Haut macht es mir schwer, sittsam Abstand zu wahren, aber ich schaffe es, als ich sie zu ihrem Platz geleite. Sie wird bei Franny sitzen. Simon spielt ebenfalls. Sobald Olivia sich niedergelassen hat, setze ich den Helm auf. Und dann streife ich das Teakarmband meines Vaters ab und reiche es ihr. «Passt du bitte für mich darauf auf?»

Sie wirkt überrascht, dann überzieht bezaubernde Röte ihre Wangen. «Mit meinem Leben», sagt sie und streift sich das Armband über ihr Handgelenk. «Hals- und Beinbruch», sagt Olivia und dann, ganz leise: «Ich würde dich ja jetzt küssen, um dir Glück zu wünschen, aber ich weiß natürlich, dass das nicht geht, deshalb sage ich es dir einfach.»

«Ich habe meinen Glückskuss vorhin schon bekommen. Hätte ich noch einen gekriegt, könnte ich jetzt nicht mehr laufen», antworte ich und zwinkere ihr zu, dann drehe ich mich um und gehe in Richtung der Ställe davon, während mir ihr helles Lachen in den Ohren klingt.

♛

Obwohl sich dunkle Wolken am Himmel türmen und drohender Regen schwer in der Luft liegt, schaffen wir es durch zwei Runden. Meine Mannschaft gewinnt beide Spiele, und ich bin entsprechend guter Laune. Verschwitzt und dreckbespritzt führe ich meine Ponystute in den Stall. In ihrer Box reibe ich sie eigenhändig ab und flüstere ihr zu, was für ein braves Mädchen sie ist – denn egal, ob Mensch oder Tier, Komplimente hört jeder gern.

Als das Pferd versorgt ist, trete ich aus der Box in den Mittelgang und sehe mich ausgerechnet Hannibal Lancaster gegenüber. Ich stöhne innerlich. Wir sind zusammen zur Schule gegangen, und er ist zwar kein kannibalistischer Serienkiller wie sein Namensvetter, aber ein schmieriger, widerlicher Scheißkerl allemal. Seine Eltern dagegen – seine ganze Familie eigentlich – sind gute Leute. Und mächtige Verbündete der Krone. Was mal wieder beweist, dass auch die besten Bäume faule Äpfel tragen können. Seine Familie ist, was Hannibals Wesen betrifft, völlig ahnungslos, was mich zwingt, mich ab und zu mit ihm abzugeben, anstatt ihm, wie ich es gerne täte, die Zähne einzuschlagen.

Er verbeugt sich knapp und fragt mich dann: «Und, Pembrook, wie geht's?»

«Sehr gut, Lancaster. Gutes Spiel.»

Er schnaubt verächtlich. «Unsere Nummer vier ist ein nutzloser Wichser. Der hat heute zum letzten Mal für unseren Club gespielt. Dafür werde ich sorgen.»

Ich bin mehr als bereit, mich von ihm zu verabschieden, doch so einfach lässt er mich nicht davonkommen.

«Sag mal, was läuft da mit dem hübschen Souvenir, das du dir aus den Staaten mitgebracht hast?»

«Souvenir?», frage ich.

«Die Kleine. Wirklich hübsch.»

Saftsäcke wie Lancaster kriegen alles, was sie wollen. Egal, was.

Und deshalb werden sie verbissen, wenn sie etwas sehen, das nicht zu haben ist. Dann lassen sie ums Verrecken nicht locker. Ich musste schon vor sehr langer Zeit lernen, dass die Welt von Idioten wimmelt, die haben wollen, was ich habe, nur, weil es mir gehört. Und dass die effektivste Art, dafür zu sorgen, dass sie ihre schmutzigen Finger bei sich lassen, ist, so zu tun, als wäre es mir völlig egal, als sei es im Grunde unwichtig – als würde es mir womöglich nicht einmal gehören. Verdreht, ich weiß, aber so läuft die Welt nun mal. *Diese* Welt zumindest.

«Stimmt ...» Ich grinse verschlagen. «Aber das dürfte dich doch eigentlich nicht überraschen. Ich hatte schon immer einen guten Geschmack.»

«*Darüber* bin ich auch nicht überrascht. Nur bringst du deine Nutten normalerweise nicht mit nach Hause, um sie deiner Großmutter vorzustellen.»

Ich beäuge den Poloschläger in der Ecke und stelle mir vor, wie ich ihm damit die Eier zertrümmere.

«Mach dir nicht so viele Gedanken, Lancaster, davon bekommst du nur Kopfschmerzen. Ich habe einfach festgestellt, wie bequem es ist, bei Bedarf immer eine Muschi parat zu haben. Außerdem ist sie Amerikanerin. Die werden schon feucht, wenn sie das Wort ‹Royal› nur hören.» Ich zucke die Achseln, aber mein Magen zieht sich zu einem schmerzhaften Knoten zusammen. Mir wird schlecht. Wenn ich nicht bald hier wegkomme, kotze ich ihm vor die Füße.

Lancaster lacht. «Eine amerikanische Muschi würde ich gern mal probieren. Lass mich sie mal eine Runde reiten, ja? Das macht dir doch nichts aus, oder?»

Ich bringe ihn um. Die Hände zu Fäusten geballt, drehe ich mich zu ihm um, aber was ich sage, lässt nicht im Geringsten erahnen, was ich wirklich denke. «Natürlich nicht, aber erst, wenn ich mit ihr fertig bin. Verstanden, Hannibal? Sollte ich vorher mitbekommen, dass du um sie rumschnüffelst, nagle ich deinen Schwanz an eine Wand.»

Na ja, vielleicht kann man den *einen* Gedanken erahnen.

«Puh, deswegen musst du nicht gleich die Keule rausholen.» Er streckt mir die Hände entgegen. «Ich weiß, dass du nicht gern teilst. Lass mich wissen, wenn du von der Schlampe die Nase voll hast. Bis dahin lasse ich die Pfoten von ihr.»

Ich bin schon auf dem Weg ins Freie. «Richte deinen Eltern Grüße von mir aus.»

«Mach ich doch immer, Nicholas.»

Einen Augenblick später öffnen sich alle Schleusen, der Donner dröhnt, und der Regen prasselt nieder, als wären die himmlischen Heerscharen geschlossen in Tränen ausgebrochen.

♛

«Was soll das heißen, Sie wissen nicht, wo sie ist?» Ich stehe im Morgensalon von Guthrie House, und vor mir steht mit zu Boden gerichtetem Blick ein junger Security-Mitarbeiter.

«Sie ist zur Toilette gegangen, Sir. Und weil es so lange gedauert hat, bin ich reingegangen, um nachzusehen, und da war sie verschwunden.»

Ich musste nach dem Spiel noch ein paar Interviews geben. Olivia sollte allein zurückfahren, um hier auf mich zu warten. Aber sie kam nie hier an. Während ich meine Zeit damit verschwendet habe, dämliche Fragen zu beantworten und mit Leuten zu sprechen, die ich hasse, hat Olivia … was? Sich verlaufen? Sich entführen lassen? Mir rasen eintausend Horrorszenarien durch den Kopf.

Ich raufe mir die Haare. «Verschwinden Sie.»

Winston ist an der Sache dran. Er wird sie finden. Das ist sein Ding, in so was ist er gut. Und ich? Gehe auf und ab wie ein Tiger im Käfig, weil eigentlich ich derjenige sein sollte, der da draußen nach ihr sucht.

«Alles wird gut, Nick», sagt Simon. Er sitzt neben Franny auf dem Sofa. «Sie taucht wieder auf. Wahrscheinlich hat sie sich einfach nur verlaufen.»

Draußen rüttelt wie zum Hohn der nächste Donnerschlag an den Fenstern.

Dann klingelt das Telefon. Fergus geht ran und dreht sich zu mir um. Wüsste ich es nicht besser, würde ich fast sagen, er lächelt. «Miss Hammond hat soeben das Südtor passiert, Hoheit. Sie wird gerade hergeführt.»

Ich habe das Gefühl, als würde mir vor Erleichterung sämtliche Luft entweichen.

Bis sie vor mir steht, triefend nass, mit riesigen, waidwunden Augen. Ich stürze auf sie zu und nehme sie in die Arme. «Bist du verletzt? Himmel, was ist passiert, wo warst du?»

«Ich musste nachdenken», sagt Olivia gepresst. «Ich kann beim Gehen besser denken.»

Ich fasse sie an den Armen, trete einen Schritt zurück und hätte sie am liebsten geschüttelt. «Du kannst nicht einfach allein und ohne Security durch die Stadt spazieren, Olivia.»

Sie sieht mich an, immer noch ausdruckslos. «Doch, kann ich. Du kannst das nicht, ich schon.»

«Ich hätte fast den Verstand verloren!»

Ihre Stimme klingt fahl. Völlig leer. «Warum?»

«Warum?»

«Ja. Warum? Ich bin doch nur deine amerikanische Muschi, von der du zufällig noch nicht die Nase voll hast.»

Wie ein Vorschlaghammer trifft mich der blanke Horror, presst mir sämtliche Luft aus den Lungen, würgt mir jede Antwort ab.

«Nur eine Schlampe, die dein Freund gerne haben kann.

Aber erst, wenn du mit ihr fertig bist, schließlich teilst du nicht gern.»

«Olivia, ich wollte nicht ...»

«Was? Dass ich das höre? Ja, das ist mir schon klar.» Sie schüttelt meine Hände ab und weicht zurück. Ihr Blick ist hart und misstrauisch. «Wie konntest du so etwas nur sagen?»

«Ich habe es nicht so gemeint.»

«Wie es gemeint war, ist mir egal, du hast es gesagt! Sprichst du so mit deinen Freunden über mich, Nicholas?» Sie deutet auf Simon.

Und mir ist scheißegal, dass wir Publikum haben. Ich mache einen Schritt auf sie zu und zische zwischen zusammengebissenen Zähnen hervor: «Lancaster ist nicht mein Freund.»

«Schien aber so.»

«Ist er nicht! Aber ... aber so laufen die Dinge hier nun mal.»

Olivia schüttelt den Kopf. Ihre Stimme klingt belegt. Es hört sich an, als würde sie nur mit Mühe Tränen zurückhalten. «Wenn das so ist, dann fliege ich nach Hause. Ich dachte, ich kann das, aber ... aber ich will nicht mehr.»

Als sie sich zum Gehen wendet, brülle ich: «Stopp!»

Sie dreht sich nicht noch einmal zu mir um. «Fick dich, Nicholas.» Ich packe sie am Arm. Und dann dreht sie sich doch um. Und schlägt mich so heftig, dass mein Kopf zur Seite ruckt und meine Wange brennt.

«Nimm deine dreckigen Finger von mir!» Olivia baut sich vor mir auf, die Hände erhoben, mit loderndem Blick – wie ein wunderschönes, wildes, in die Enge getriebenes Tier. Wie ein verwundetes Tier.

«Lass es mich dir erklären.»

«Ich scheiß auf deine Erklärungen! Ich gehe!», kreischt sie.

Ich werde starr, und die Wut formt meine Worte. Weil sie mir verdammt noch mal zuhören soll. «Nur zu deiner Kenntnis,

Liebes. Es ist mein Auto, mein Schloss, mein verficktes Land! Du gehst nirgendwohin, wenn ich befehle, dich nirgendwohin zu bringen.»

Sie reckt das Kinn, nimmt die Schultern zurück. «Dann laufe ich zu Fuß zum Flughafen.»

«Das ist zu weit, du kannst nicht zu Fuß gehen.»

«Wollen wir wetten?»

Plötzlich ertönt Frannys Stimme, sanft und melodisch, wie die einer Kindergärtnerin, die zwei Streithähne beruhigen will. «Kinder, Kinder ... jetzt ist es genug.» Sie steht auf, nimmt Olivias Hände und dreht sie zu sich um. «Olivia. Nicholas hat recht. Das Wetter ist widerlich, du kannst nirgendwohin gehen. Außerdem siehst du schrecklich aus, so kannst du unmöglich aus dem Haus.» Sie wendet sich an Fergus. «Fergus, die Mädchen sollen ihr ein Bad einlassen und eine Flasche Courvoisier auf ihr Zimmer bringen.» Sanft streicht Franny Olivia die Haare aus dem Gesicht, wie man es bei einem traurigen Kind machen würde. «Jetzt nimmst du erst einmal ein schönes heißes Bad und einen kräftigen Schluck, und wenn du morgen früh immer noch abreisen willst, fahre ich dich höchstpersönlich zum Flughafen.» Ihre dunklen Augen funkeln mich an. «Ich habe zufällig mein eigenes Auto.»

Olivia holt zitternd Luft, als würde sie gleich zusammenbrechen – und das Geräusch zerreißt mir das Herz.

«Geh schon vor», sagt Franny zu ihr. «Ich komme gleich nach.»

Als Olivia den Raum verlässt, will ich ihr sofort hinterher, doch Franny versperrt mir den Weg.

«Oh, nein, *du* bleibst hier.»

«Simon!», sage ich drohend. «Pfeif deine Frau zurück, ehe ich mich vergesse.»

Doch Franny legt lediglich den Kopf schief und mustert mich abschätzig. «Ich dachte ja immer, du wärst ein egoistisches

Arschloch, aber langsam glaube ich, du bist einfach nur dämlich. Ein dämlicher Idiot. Ich bin mir nicht sicher, was schlimmer ist.»

«Ich schätze, dann trifft es sich gut, dass ich einen Scheißdreck auf deine Meinung gebe.»

Lediglich das Zucken in ihrem Mundwinkel deutet an, dass sie mich gehört hat. «Ich denke, du magst es, dass sie so ahnungslos ist. Weil sie damit auf dich angewiesen ist. Und weil es ihre Unschuld bewahrt. Die unbefleckte Jungfer in diesem Haifischbecken, in dem der Rest von uns tagtäglich seine Runden dreht. Aber dadurch hast du sie angreifbar gemacht, Nicholas. Verletzlich. Sie kennt die Regeln nicht. Gott, sie weiß ja nicht mal, welches Spiel gespielt wird.»

«Und du tust jetzt was?», knurre ich. «Du bringst ihr das Spiel bei, Franny?»

Aus Frannys dunklen Augen sprühen Funken.

«Oh nein, du dummer Junge. Ich bringe ihr bei zu gewinnen.»

OLIVIA

Ich habe noch nie Cognac getrunken. Als Franny mir das erste Glas reichte, warnte sie mich: Nippen, nicht kippen. Der erste Schluck lag heiß in meinem Mund und brannte mir in der Kehle. Aber inzwischen – drei Gläser später – fühlt es sich an, wie geschmolzenen Pfirsich zu trinken, süß und schwer.

Die Kombination aus heißer Badewanne und Weinbrand hat meine Nerven beruhigt. Nein, das stimmt nicht. Sie hat mich betäubt. Ich bin mir nicht sicher, ob das für Nicholas und mich jetzt gut oder schlecht ist, jedenfalls denke ich im Augenblick gar nicht an ihn. Ich komme nicht dazu, denn Franny hält mich auf Trab.

Inzwischen liege ich bis unters Kinn zugedeckt auf der schneeweißen Couch, eingehüllt in einen riesengroßen Kaschmirmorgenmantel, die feuchten Haare lockig um mich herumgebreitet. Ich halte Frannys iPhone in der Hand und wische mich durch die Fotos auf ihrem Instagram-Account. Es handelt sich um ein regelrechtes Who is Who der Schönen und Reichen von Wessco, und Franny setzt mich über all ihre schmutzigen und gar so geheimen Geheimnisse und Sünden ins Bild.

«Die blöde Kuh ist ein Crystal-Meth-Junkie.» Franny geht hinter dem Sofa auf und ab wie eine Balletttrainerin. «Hätte bei dem Versuch, ihren eigenen Stoff zu brauen, fast den Wohnsitz der Familie in Schutt und Asche gelegt.» Sie spricht über eine Blondine mit rausgestreckter Zunge, die den Mittelfinger in die Kamera reckt.

Sehr stilvoll. Ich wische weiter zum nächsten Bild.

«Die blöde Kuh hat Bulimie. Alle glauben, sie wäre geheilt, aber keine Mahlzeit kommt an diesen Lippen vorbei, die nicht auch auf demselben Wege wieder rausgeht. Hat sich die Zähne ruiniert. Ihr Gebiss da ist genauso falsch wie ihre Titten.»

Alles blöde Kühe, zumindest laut Franny. Die uneheliche blöde Kuh («die Tochter vom Butler, stell dir vor!»), die glatzköpfige blöde Kuh («Angststörung, reißt sich regelmäßig die Haare raus»), die blöde Kuh mit der Juckmöse («weil ich so nett bin, bekommt sie zu Weihnachten eine Tube Vagisil von mir»). Offensichtlich sind auch die Typen Rindviecher: der Müffel-Ochse («Flatulenzen. Zu viel Zeit in seiner Nähe, und es ätzt dir die Nasenhaare weg»), der Mini-Ochse («Aber der Typ ist doch riesig», wende ich ein. Franny wackelt mit dem kleinen Finger. «Nicht überall!»).

Ich werfe das Handy aufs Kissen und lasse den Kopf auf die Lehne der Couch fallen. «Wozu machen wir das gleich noch?»

«Weil das Spiel nun mal so läuft. Sie hassen dich, sogar die, die du noch gar nicht kennst. Wenn du eine Chance haben willst, brauchst du Munition.»

«Na ja, aber ich werde ja wohl kaum zur unehelichen blöden Kuh gehen, einen auf Darth Vader machen und ihr sagen, dass ich weiß, wer ihr Vater ist.»

Frannys rosige Lippen verziehen sich zu einem Lächeln. «Und genau dafür vergöttert Nicholas dich. Weil du anders bist als alle Frauen, denen er bis jetzt begegnet ist.» Sie tätschelt mein Knie. «Du bist nett.» Nach einer kleinen Pause fährt sie fort: «Es geht auch nicht darum, die Informationen zu verwenden. Es genügt völlig, dass sie wissen, dass du Bescheid weißt. Das werden ihre Kuh-Antennen ihnen in dem Augenblick zufunken, wenn sie dich sehen. Sie erkennen es an deinem Auftreten, daran, wie du sie ansiehst. Die Wahrnehmung bestimmt die Realität. Wenn du kontrollierst, was die Leute sehen, kontrollierst du die Welt. So laufen die Dinge hier nun mal. Und genau das hat Nicholas heute versucht zu tun.»

Ich nehme noch einen wohlig warmen Schluck und denke über ihre Worte nach. Und dann, weil ich lieber rumalbern will, frage ich: «Und ich? Was für eine blöde Kuh bin ich? Die mittellose blöde Kuh?»

«Definitiv.»

«Und meine Schwester wäre die Mini-Kuh.» Ich strecke den kleinen Finger in die Luft. «Die ist nämlich auch nur so groß. Ungefähr.»

«Du hast's kapiert.»

Ich mustere Frannys Profil, den perfekten Teint, die niedliche Nase, die glänzenden exotischen Augen mit den dichten, ewig langen Wimpern. Diese Frau ist wirklich atemberaubend. «Und du? Was wärst du?»

Franny lacht ein kehliges, ausgelassenes Lachen. «Ich wäre die hässliche Kuh.»

«Äh … meinst du die gemeine Kuh?»

Sie antwortet nicht sofort. Nach einer gefühlten Ewigkeit

schiebt sie den Ärmel ihrer Seidenbluse hoch und wirft einen Blick auf die diamantbesetzte Armbanduhr an ihrem zierlichen Handgelenk. «Also gut, meine Süße, mach's dir bequem, es ist Zeit für eine Gutenachtgeschichte. Es war einmal ein kleines Mädchen. Es war das schönste Mädchen auf der ganzen weiten Welt. Und das sagten ihm auch immer alle. Seine Mutter, sein Vater, fremde Leute auf der Straße ... sein Onkel. Er sagte es jedes Mal zu dem Mädchen, wenn er zu Besuch kam, und das war oft. Schrecklich oft. ‹Meine wunderschöne Prinzessin›, sagte er.»

Ich bekomme ein flaues Gefühl im Magen, und der Cognac ist auf einmal viel zu süß. Mir wird schlecht.

«Ich habe Tiere schon immer geliebt», sagt Franny und lächelt plötzlich. «Sie sind uns in Sachen Menschenkenntnis weit voraus. Findest du nicht auch?»

«Ja, absolut. Ich traue keinem über den Weg, den mein Hund nicht mag.»

«Genau.» Sie wendet den Blick wieder zum Kamin. «Der Onkel des Mädchens starb bei einem Reitunfall. Wurde von seinem eigenen Pferd abgeworfen und zu Tode getrampelt. Sein Kopf platzte auf wie eine Wassermelone.»

Gut.

«Doch zu dieser Zeit träumte das schöne Mädchen bereits davon, sich das Gesicht zu zerschneiden, um endlich so zerstört auszusehen, wie es sich im Inneren fühlte. Doch das brachte es nicht über sich.» Franny verstummt und hängt den düsteren Erinnerungen nach, die offensichtlich hinter ihren dunklen Augen lauern. «Also wurde es im Inneren hässlich. Grausam und gemein. Eine richtige Giftspritze. Darin war es wirklich gut. Und so wurde es das hässlichste schöne Mädchen auf der ganzen weiten Welt.» Franny leert ihr Glas. «Bis ihm eines Tages ein Junge begegnete. Er war albern und ungeschickt und der netteste, süßeste Mann, den es je getroffen hatte. Das Mädchen war sich sicher, dass es niemals mit ihm zusammen sein konnte. Denn sobald er wüsste, wie hässlich es im Innern war, würde er es verlassen, und es würde daran zerbrechen. Also war das Mädchen sehr herzlos zu ihm. Versuchte ihn davonzujagen, auf jede nur erdenkliche Weise. Es versuchte sogar, seinen besten Freund zu verführen, doch nichts von alledem funktionierte. Der Junge ... wartete. Nicht weil er schwach war, sondern geduldig. So, wie Eltern ein Kind mit einem Tobsuchtsanfall schreien und weinen und um sich schlagen lassen, bis es keine Kraft mehr hat. Und eines Abends passierte genau das. Das Mädchen schrie und tobte und trat um sich und heulte ... und erzählte ihm alles. All das Hässliche. Und er? Er liebte es nicht nur trotzdem ... Er liebte es noch mehr. Er sagte ihm, er habe sich nicht in ein schönes Gesicht verliebt und dass er das Mädchen selbst dann noch lieben würde, wenn er blind wäre, weil es der leuchtende Funke in ihm gewesen sei, der ihn in dem Augenblick verzaubert hatte, als die beiden sich begegneten. Und das Mädchen konnte endlich anfangen, ihm zu vertrauen. Bei ihm fühlte es sich sicher ... und gut ... und vielleicht sogar ein kleines bisschen schön.»

Ich richte mich auf und nehme Franny in die Arme, streichle ihre weichen, dunklen Haare. Dann lehne ich mich zurück und sehe sie an. «Warum hast du mir das erzählt, Franny?»

«Weil das hier ein riesiger Scheißhaufen ist, Olivia, ein Scheißhaufen, um den eine Million blutrünstiger Fliegen surren. Und trotzdem gibt es auch Gutes hier. Ich habe es erlebt. Ich habe es gefunden.» Sie drückt meine Hand. «Und Simon liebt Nicholas wie einen Bruder. Wenn Simon ihn liebt, muss er einer von den Guten sein. Das ist sogar mir klar.»

In diesem Augenblick klopft es an der Tür. Franny tätschelt mein Knie, steht auf und öffnet. Und Simon Barrister steht davor und sieht sie an. Nicht so, als wäre sie das schönste Mädchen der Welt, sondern so, als wäre sie der Mittelpunkt seines Universums.

«Zeit, nach Hause zu gehen, Liebling.» Er grinst.

Franny winkt mir zu. «Gute Nacht, Olivia.»

«Danke, Franny. Für alles.»

Sie lassen die Tür offen stehen, und ich kann hören, wie sie sich im Weggehen unterhalten. «Ich bin sehr betrunken, Simon», sagt Franny. «Ich fürchte, du musst heute Nacht die ganze Arbeit machen.»

«Soll mir recht sein, Liebling. Du weißt doch, so mag ich's am liebsten. Ich mag alles mit dir am liebsten, egal, wie.»

♛

Ich stelle das Glas auf den Tisch und schließe die Tür. Dann lösche ich die Lichter, schlüpfe aus dem Morgenmantel und gehe ins Bett. Im Schlafzimmer ist es dunkel und still. So still, dass das Knarzen der sich öffnenden Bücherwand deutlich zu hören ist, genau wie die Schritte, die sich sicher durchs Zimmer bewegen. Dann steht Nicholas an meinem Bett und kniet vor mir nieder wie die auf Glas gemalten Heiligen in den Fenstern seiner Kathedrale. Sein gequälter Blick dringt durch die Dunkelheit zu mir.

«Vergib mir.»

Seine Reue wirkt so aufrichtig, so zerknirscht, dass es schwer ist, kein Mitgefühl zu haben.

«An dem Abend», beginne ich leise, «als wir uns begegnet sind, habe ich als Erstes deine Stimme gehört. Noch bevor ich dich sah. Sie ist wunderschön. Kräftig und tief und beruhigend.» Ich muss schlucken und schmecke Tränen. «Und jetzt habe ich nur noch im Ohr, wie du mit dieser wunderschönen Stimme diese ganzen schrecklichen Dinge sagst.»

«Vergib mir», flüstert er rau und betroffen. «Ich habe versucht, dich zu beschützen. Das schwöre ich dir. Ich wollte, dass du ... sicher bist.»

Ich vergebe ihm. Einfach so. Weil ich es inzwischen verstehe.

Und weil ich ihn liebe.

Meine Augen haben sich längst an die Dunkelheit gewöhnt, und ich sehe ihn deutlich vor mir. Durchs Fenster scheint das Licht des Mondes auf sein Gesicht, betont den Schwung seiner Wangenknochen, die Wölbung seines sturen Kinns, die männlich kantige Kieferpartie, den vollen, sinnlichen Mund. Das Gesicht eines Engels. Eines gefallenen Engels mit Geheimnissen in den Augen.

«Ich fühle mich hier nicht wohl, Nicholas.»

Seine Miene wird starr, als hätte er Schmerzen. «Ich weiß. Ich hätte dich niemals herbringen dürfen. Das war das Egoistischste, das ich je in meinem Leben getan habe. Aber ... es tut mir nicht leid. Weil du mir inzwischen mehr als alles andere bedeutest.»

Ich hebe die Bettdecke hoch, und er gleitet neben mich aufs Laken. Unsere Arme suchen und finden einander. Nicholas' Mund liegt auf meinem, zärtlich und gleichzeitig voll drängender Verzweiflung. Ich öffne die Lippen, schenke ihm meine Zunge, und er stöhnt auf. Das Geräusch lässt mich zerfließen, und die Traurigkeit, die sich zwischen uns eingenistet hatte, verwandelt sich in Verlangen.

Wir brauchen das jetzt.

Ich schiebe ihm mit den Füßen die Hose von den Hüften, gleite, seinen Körper mit Küssen bedeckend, an ihm hinab. Sein Schwanz ist bereits hart und schön. Ich wäre nie auf die Idee gekommen, einen Penis als ... schön zu bezeichnen, aber seiner ist es. Er ist perfekt geformt, gerade und groß. Hart und heiß liegt er in meiner Hand, mit seidenweicher, glänzender Spitze. Ich nehme ihn ganz in den Mund – für neckische Spielchen ist jetzt nicht der Moment. Ich fange heftig an zu saugen, und er stöhnt fast verzweifelt meinen Namen, während meine Zunge die weiche Haut und die geschwollenen Adern nachfährt.

Keuchend zieht Nicholas mich zu sich hoch. Er verschlingt meine Lippen, dreht uns beide um, schiebt mit einer fließenden Bewegung mein Nachthemd hoch und dringt in mich ein. Mein Gott, dieses köstliche Gefühl, ausgefüllt zu sein. Als er ganz in mir ist, hält er inne – in dem Augenblick, wo wir uns so nah sind, so miteinander verschmolzen wie zwei Menschen es nur sein können. Er hebt den Kopf, streichelt meine Wange und sieht mich nur an, mit glänzenden Augen.

Und ich weiß ohne jeden Zweifel, dass ich ihn liebe. Es liegt mir auf der Zunge, auf den Lippen, wartet nur auf den einen Atemhauch, der mir hilft, es laut auszusprechen. Er küsst mich, und ich lege ihm die Worte in den Mund. Stumm. Es ist alles so schrecklich kompliziert. Ich habe das Gefühl, wenn ich diese Worte laut ausspreche, übertrete ich damit eine Grenze, über die ich nie wieder zurückkann.

Nicholas bewegt sich über mir, in mir, langsam, mit tiefen Stößen. Treibt uns beide immer höher. Meine Augen schließen sich von selbst, ich schlinge die Arme um ihn und halte ihn, halte mich an ihm fest, spüre, wie die straffen Rückenmuskeln sich mit jedem Stoß anspannen, während meine Hände sich an seine Schultern klammern.

Ich bin verloren. Löse mich auf. Schwebe in einer Wolke aus reiner Glückseligkeit. Das Gefühl breitet sich aus in mir, weitet mich, schraubt sich weiter hinauf in ungeahnte Sphären ... bis ich komme, mit einem Schrei auf den Lippen. Ich presse den Mund an seinen Hals, schmecke ihn, atme den wunderbar männlichen Duft ein, mit jedem einzelnen keuchenden Atemzug.

Seine Stöße werden schneller, fordernder, rauer, weil auch er jetzt kurz davor ist. Ein allerletztes Mal stößt er tief in mich und kommt mit einem leisen Keuchen. Ich kann ihn in mir fühlen, ein heißes, pulsierendes Zucken. Ich klammere mich an ihn, schlinge die Beine um seine Hüften, will ihn in mir festhalten, für immer.

Später, als wir im Dunkeln liegen, meine Wange auf seiner warmen Brust und seine starken Arme eng um mich geschlungen, frage ich: «Was sollen wir tun, Nicholas?»

Er küsst meine Stirn und zieht mich fest an sich. «Ich weiß es nicht.»

20

NICHOLAS

«Bastard! Ich konnte Sie eh noch nie leiden.»

«Ihr Anstand ist bei Ihrer Zeugung vermutlich aus Ihrer Mutter rausgelaufen und als nasser Fleck auf dem Bett zurückgeblieben, Sie Wichser.»

«Das Klügste, was je aus Ihrem Mund gekommen ist, war der Schwanz von Sir Aloysius.»

Willkommen im Parlament. Da sage noch mal jemand, die Briten wären ungehobelt. Obwohl es zugegebenermaßen sonst nicht ganz so schlimm zugeht.

«Ich bringe Sie um. Ich bringe Ihre Familie um, und dann verspeise ich Ihren Hund!»

Okay.

Üblicherweise nimmt die Queen lediglich zu Beginn und am Ende des Parlamentsjahres an einer Sitzung teil. Doch angesichts der derzeitigen prekären Wirtschaftslage hat sie höchstpersönlich eine Sondersitzung einberufen. Damit die Kontrahenten zu beiden Seiten einer sehr klar gezogenen Trennlinie ihre Differenzen beilegen können.

Es läuft nicht gut. Der Ton ist rauer denn je. Hauptsächlich, weil auf der einen Seite das Königshaus und die Abgeordneten stehen, die sich tatsächlich einen Deut um das Land scheren ... und auf der anderen Seite ein riesiger Haufen Deppen.

«Ruhe!», rufe ich in die tumultartigen Auseinandersetzungen. «Meine Damen und Herren, um Himmels willen. Wir sind hier nicht im Fußballstadion und auch nicht in Ihrer Stammkneipe. Vergessen Sie nicht, wer Sie sind. Und wo Sie sich befinden!»

Wir stehen in jenem ehrwürdigen Saal, wo einer meiner Vorfahren, König Clifford der Verrückte, einst mit seiner Krone saß – und mit sonst nichts. Weil ihm heiß war. Sein Name wird von uns nicht gern erwähnt.

Schließlich ebben die Rufe ab.

Ich wende mich an den Oberdeppen. «Sir Aloysius, wie ist Ihre Haltung zum gegenwärtigen Stand des Gesetzesvorschlags?»

Er schnieft. «Meine Haltung ist unverändert, Hoheit. Weshalb sollten wir dieses Gesetzespaket verabschieden?»

«Weil das Ihr Job ist. Das Land ist darauf angewiesen.»

«Dann schlage ich vor, Ihre Majestät stimmt unseren Forderungen zu», entgegnet er höhnisch.

Und plötzlich erscheinen mir die Beleidigungen gar nicht mehr so übertrieben. Mit eisernem Blick und versteinerter Miene starre ich ihn nieder. «Das ist kein Kuhhandel, Sir Aloysius. Also schieben Sie sich Ihre Forderungen getrost in den Arsch.»

Vereinzelte Rufe der Zustimmung ertönen und das eine oder andere «Hört, hört!».

Aloysius fährt mich an: «Noch sind Sie nicht König, Prinz Nicholas.»

«Nein. Noch nicht.» Ich sehe ihm direkt in die Augen. «Sie sollten Ihre Stellung auskosten, solange Sie noch können. Denn wenn ich erst König bin, werde ich es mir zur persönlichen Aufgabe machen, dafür zu sorgen, dass Sie Ihren Posten verlieren.»

Mit geblähten Nasenflügeln fährt er zur Königin herum. «Spricht Ihr Enkelsohn für das Königshaus, Majestät?»

Die Augen meiner Großmutter funkeln, und auf ihrem Gesicht liegt ein zufriedenes Lächeln. Sie liebt das hier, auch wenn ihr ein weniger bedeutendes Thema wahrscheinlich lieber wäre. Der Streit, der Kampf, die Konfrontationen – genau hier ist ihre Lieblingsspielwiese.

«Ich hätte wohl weniger vulgäre Worte gewählt, aber ... ja.

Prinz Nicholas hat den Standpunkt des Königshauses recht genau wiedergegeben.»

Wusst ich's doch. Vermutlich hätte sie ihm gern selbst gesagt, wohin er sich seine Forderungen stecken kann.

Die Queen erhebt sich, und alle stehen auf. «Fürs Erste sind wir hier wohl fertig.» Sie lässt den Blick durch den Raum schweifen, sieht jeden Abgeordneten einzeln an. «Unser Land steht an einem Scheideweg. Seien Sie versichert, wenn Sie nicht beweisen, dass Sie in der Lage sind, den richtigen Weg zu wählen, wird Ihnen die Entscheidung zwangsläufig abgenommen werden.»

Wir drehen uns gemeinsam um und verlassen Seite an Seite durch die großen Flügeltüren den Raum.

Während wir zum Wagen gehen, fängt sie an zu sprechen, ohne mich anzusehen: «Das war nicht klug von dir, Nicholas. Du hast dir heute einen Feind gemacht.»

«Er war schon vorher unser Feind. Der Unterschied ist lediglich, dass er jetzt weiß, dass wir es wissen. Ich konnte nicht schweigen.»

Sie kichert. «Du klingst manchmal fast wie dein Bruder.»

«Ab und zu hat er vielleicht nicht ganz unrecht.»

Henry geht es besser. Der Zwischenfall auf dem Schiff liegt nun ein paar Wochen zurück, und er wirkt ... geläutert. Ruhiger. Er hat tatsächlich Olivias Vorschlag aufgegriffen und Kontakt zu den Familien der getöteten Soldaten aufgenommen. Mit ihnen zu sprechen hat ihm offensichtlich ein gewisses Maß an Frieden beschert.

Und deshalb begleitet er Olivia und mich übers Wochenende ans Meer.

Es macht mir nichts aus. Ich meine, ich fahre ein Cabriolet

ohne Verdeck, mit einem Konvoi aus Sicherheitsleuten auf Motorrädern um mich herum; Olivia hätte mir unterwegs so oder so keinen blasen können. Doch kaum ist die erste halbe Stunde unserer fünfstündigen Fahrt vergangen, regen sich ernsthafte Zweifel in mir.

«Nüchternsein ist öde!», ruft mein Bruder von der Rückbank nach vorn. «Mir ist soooo langweilig.» Er richtet sich mit einem Ruck auf, schlingt die Arme um unsere Kopfstützen und streckt den Kopf zu uns vor. «Soll das jetzt die ganze Fahrt so weitergehen? Ihr zwei werft euch Turteltaubenblicke zu? Siehst du den Baum da, Nicholas? Bitte, tu mir den Gefallen. Gib Gas und erlöse mich von meinem Schicksal.»

Wir ignorieren ihn.

Olivia holt das Handy raus und macht ein Foto von einem Felsen, der ihrer Meinung nach aussieht wie Patrick aus *SpongeBob*, um es ihrer Schwester zu schicken. Sie telefoniert oder textet jeden Tag mit Ellie und Marty, um auf dem Laufenden zu bleiben. Gestern Abend erzählte Ellie ihr am Telefon, ihrem Vater «ginge es besser», was Olivia spürbar erleichterte.

«Oh, ja, Ellie», flötet mein Bruder und schielt auf Olivias Handy. «Komm, wir rufen sie an. Ich will wissen, ob sie endlich volljährig ist.»

«Meine Schwester ist für dich tabu, Freundchen», sagt Olivia streng.

Er lässt sich zurück auf den Sitz plumpsen. «Mein Gott, ist das langweilig.»

Das wird eine lange Fahrt.

♛

Auf Anthorp Castle angekommen, ist es überhaupt nicht mehr langweilig. Das Schloss sitzt hoch auf einer Klippe, weit oben über der tobenden Gischt. Henry hat zwar keine Lust auf Schwimmen, dafür will er unbedingt Klippenspringen. Gott sei Dank gelingt es mir, ihm das auszureden.

Olivia und ich verzichten aufs Nacktbaden, aus Sicherheitsgründen und weil ich keine Lust habe, sie mit irgendwelchen Spannern zu teilen. Trotzdem frieren wir uns am Strand tapfer die Ärsche ab und plantschen und toben in den rauen Wellen wie brünftige Delphine – Olivia im türkisfarbenen Triangel-Bikini und ich in Badeshorts.

Das Gute an eiskaltem Wasser ist, dass irgendwann einfach alles taub wird. Und das Beste an uralten Gemäuern sind die riesigen offenen Kamine in allen Räumen. Wir wärmen uns vor dem knisternden Feuer in der großen Halle wieder auf, auf einem Vorleger aus Hasenfellen. Olivia lässt am Feuer ihre Haare trocknen, und ich sehe zu, wie sich die Flammen in ihren Augen spiegeln und sie in tiefes Violett tauchen.

Abends essen wir köstliches Stew und frischgebackenes Weißbrot. Und in der Nacht sitzt Olivia in dem riesengroßen antiken Bett auf mir und reitet mich mit langsamen, lustvollen Stößen. Ich sehe zu ihr auf wie ein Sünder, der Erlösung gefunden hat. Das Mondlicht hüllt ihren nackten Körper in silbrigen Schimmer. *Verdammt*, diese Frau ist so wunderschön! Ich könnte weinen vor Glück.

Aber ich weine nicht, denn es gibt andere und bessere Möglichkeiten, meiner Bewunderung Ausdruck zu verleihen. Ich richte mich auf. Meine Hände streichen sanft ihr Rückgrat hinauf und umfassen zärtlich ihre Schultern. Ich biege sie zurück, so bin ich zwar immer noch ganz und gar in ihr, doch das Gewicht ihres Oberkörpers ruht jetzt in meinen Händen. Ich neige mich über sie und senke die Lippen hinunter zu ihren herrlichen Brüsten – und dann liebkose ich diese zwei wundervollen, weichen Kugeln mit Lippen und Zähnen und Zunge. Bete sie an wie zwei Göttinnen. Olivia fängt an zu wimmern, und ihre Muschi zieht sich noch enger um mich zusammen. Perfekt.

Seit dem Poloturnier hat sich etwas zwischen uns verändert. Was uns verbindet, ist tiefer geworden, reifer, intensiver. Wir spüren es beide, wissen es beide, und doch sprechen wir es nicht aus. Noch nicht.

Olivias Hüften kreisen, sie windet sich auf meinem Schwanz. Ich ziehe sie zu mir, bis wir Gesicht an Gesicht sind. Mit den Händen an ihren Schultern stoße ich hart nach oben, während sie sich auf mich herabsenkt, immer wieder, kraftvoll, in perfektem Einklang. Und dann kommen wir gemeinsam – klammern uns aneinander, stöhnend und keuchend.

Die Akustik hier ist zwar nicht so gut wie im Palast ... aber ziemlich nah dran.

♛

Auf der Rückfahrt machen wir zu einem frühen Abendessen in einem lokalen Pub halt. Eine unauffällige Kneipe, bekannt für ihre Sandwiches und guten Whiskey. Weil der Stopp nicht geplant war, gehen die Jungs vom Sicherheitsteam vor uns hinein, verschaffen sich einen Überblick und bleiben, während wir essen, in unserer Nähe.

Als wir mit dem Essen fertig sind und aufstehen, entdeckt Henry eine kurvige Frau mit rotblonden Haaren. Er presst sich nachdenklich den Finger an die Lippen und zeigt dann auf sie. «Die kenne ich. Woher kenne ich die?»

«Titebottum», sage ich.

«Ja, dass sie einen knackigen Arsch hat, sehe ich selbst. Ich bin allerdings überrascht, dass du es vor Olive erwähnst.»

Olivia sieht mich mit hochgezogener Augenbraue an, und ich muss lachen, weil mein Bruder ein Idiot ist.

«Das ist Lady Van Titebottums jüngere Tochter. Penelope.»

Henry schnippt mit den Fingern. «Wusste ich's doch. Ich bin ihr vor ein paar Jahren bei Baron Fossbender begegnet. Damals war sie auf der Uni.»

In dem Augenblick tritt eine Frau mit langen braunen Haaren und Brille neben sie, und ich füge hinzu: «Und das ist ihre Schwester ... Sarah, glaube ich.»

Auf dem Weg zur Tür entdeckt Penelope meinen Bruder, und ihr Gesicht verrät, dass sie keine Mühe hat, sich zu erinnern, wer er ist. «Henry Pembrook! Das ist ja ewig her. Wie geht es dir?»

«Mir geht es gut, Penelope.»

Sarah und Penelope machen einen flüchtigen Knicks, dann sieht Penelope Henry mit betont strenger Miene an. «Erzähl mir nicht, du warst in der Gegend und hast es nicht für nötig befunden, bei mir vorbeizusehen! Das werde ich dir niemals verzeihen!»

Henry grinst. «Komm mit uns zurück, dann mach ich's wieder gut.»

Penelope zieht eine Schnute. «Ich kann nicht. Mutter hasst die Stadt. Zu laut, zu viele Menschen.»

«Außerdem holen wir gerade Abendessen», mischt Sarah sich mit leiser Stimme ins Gespräch ein. Sie drückt sich ein ledergebundenes Buch an die Brust.

«Was lesen Sie?», fragt Olivia.

Die junge Frau lächelt. «*Sinn und Sinnlichkeit.*»

«Zum tausendsten Mal», knurrt Penelope. «Noch dazu liest sie, als würde sie im letzten Jahrhundert feststecken. Ich habe ihr einen E-Reader zum Geburtstag geschenkt, aber sie benutzt ihn nicht. Sie schleppt ständig einen Beutel voller Bücher mit sich rum, das sind mehrere Kilo.»

«Ein E-Reader ist nicht dasselbe, Penny», sagt Sarah ruhig.

«Buch ist Buch.» Henry zuckt die Achseln. «Sind doch nur Worte, oder?»

Sarah wird tiefrot im Gesicht. Trotzdem schüttelt sie den Kopf und sieht Henry mitleidig an. Sie schlägt das Buch auf und streckt es ihm entgegen.

«Riech!»

Nach kurzem Zögern beugt Henry sich vor und schnüffelt misstrauisch an den Seiten.

«Was riechst du?», will Sarah wissen.

Henry schnüffelt noch einmal. «Es riecht ... alt.»

«Genau!» Sie senkt die Nase ins Buch und saugt genüsslich den Duft ein. «Papier und Druckerschwärze. Das ist einmalig. Das Einzige, was noch besser riecht als ein neues Buch, ist ein altes.»

Hinter der Bar lässt jemand ein Tablett mit Gläsern fallen, und das laute Klirren erfüllt die ganze Gaststube. Sarah Van Titebottom erstarrt, ihre Augen werden leer, und sie ist auf einen Schlag leichenblass.

«Lady Sarah?», sage ich vorsichtig. «Ist alles in Ordnung?»

Sie reagiert nicht.

«Alles gut», flüstert Penelope ihr zu, doch Sarah scheint sie nicht zu hören.

Henry legt ihr die Hand auf den Arm. «Sarah?»

Sie holt keuchend Luft – als hätte sie vergessen zu atmen. Dann blinzelt sie, sieht sich panisch um und hat sich kurz darauf wieder gefasst. «Verzeihung ... ich habe mich ... erschreckt.» Sie drückt sich die Hand gegen die Brust. «Ich warte draußen an der frischen Luft auf dich, Penny.»

In dem Augenblick bringt ein Kellner ihre Bestellung. Penelope bittet ihn, den Karton zum Wagen zu tragen, und wir verabschieden uns.

Auf dem Weg hinaus sagt Penelope mahnend zu Henry: «Und du rufst mich an. Nicht vergessen!»

«Mach ich.» Er winkt ihr zu. Er sieht den Schwestern nach. «Sie ist schon seltsam, oder?»

«Wer?», will ich wissen.

«Lady Sarah. Schade. Sie könnte echt hübsch sein, wenn sie sich nicht anziehen würde wie ein Bettelmönch.»

Olivia schnalzt missbilligend mit der Zunge wie eine große Schwester. «Sie sieht nicht aus wie ein Mönch, du Idiot. Vielleicht hat sie ganz einfach ... anderes zu tun, als viel Zeit auf ihr Äußeres zu verschwenden. Ich kann das gut verstehen.» Sie deutet mit dem Zeigefinger auf sich selbst. «Ich sehe im echten Leben auch nicht so aus.»

Ich lasse den Arm um ihre zierliche Taille gleiten. «Unsinn. Du bist wunderschön, ganz egal, was du anhast.» Ich flüstere ihr ins Ohr: «Vor allem, wenn du gar nichts trägst.»

«Trotzdem», sagt Henry nachdenklich. «Ich hätte nichts dagegen, mal einen Blick unter Miss Sinn und Sinnlichkeits langen Rock zu werfen. Der Nachname ist doch ziemlich vielversprechend.»

21

NICHOLAS

Meine Mutter sagte einst zu mir, die Zeit sei wie der Wind. Sie fegt über dich hinweg, streift über deine Haut, und sosehr du es versuchst, sosehr du es möchtest, du kannst sie weder festhalten noch auf- oder anhalten. Nicht einmal verlangsamen lässt sie sich. Ihre Worte hallen in meinem Kopf wider, als ich in der Stille der Morgendämmerung in meinem Bett liege, Olivia schlafend an meiner Seite.

Vier Tage. Das ist alles, was uns noch bleibt. Die Zeit ist in Windeseile verflogen. Und was für Tage das waren – erfüllt von Gelächter und Küssen, von Flüstern und Keuchen und Stöhnen und von mehr Freude und Glück, als ich mir je zu erträumen gewagt hätte.

Den ganzen Monat über haben Olivia und ich jeden einzelnen gemeinsamen Moment genossen. Wir sind mit den Rädern durch die Stadt gefahren – natürlich mit den Jungs. Die Menschen haben gewunken und gerufen und meinten damit nicht nur mich, sondern auch sie. «Was für ein nettes Mädchen», sagten sie. Es gab Picknicks am See und Ausflüge auf die Landsitze, wo Olivias glockenhelles Lachen von den alten Wänden widerhallte. Ich habe ihr das Reiten beigebracht, auch wenn ihr das Fahrrad lieber ist. Ein paarmal war sie sogar mit Henry und mir Tontauben schießen. Wobei sie sich bei jedem Abschuss auf die ihr eigene, entzückende Art die Ohren zuhielt.

Meine Großmutter und Olivia hatten kaum Kontakt, und wenn es doch dazu kam, war das Verhalten der Queen höflich, aber kühl. Olivia beschloss eines Sonntags, uns Scones zu backen.

Es war das erste Mal seit ihrer Abreise aus New York, dass Olivia buk, und sie hatte tatsächlich wieder Freude daran. Es war eines ihrer eigenen Rezepte, Scones mit Mandeln und Cranberries. Aber meine Großmutter weigerte sich, auch nur einen Bissen zu probieren.

In dem Augenblick hasste ich sie.

Doch dieser eine finstere Moment wird von eintausend anderen, strahlenden, wieder wettgemacht. Eintausend vollkommene Erinnerungen an unsere kostbare gemeinsame Zeit.

Und jetzt? Jetzt ist unsere Zeit fast abgelaufen.

Ich trage schon eine ganze Weile den Samen einer Idee mit mir herum, aber ich habe mir noch nicht gestattet, ihn einzupflanzen und zu gießen. Bis jetzt.

Ich drehe mich auf die Seite, bahne mir mit Küssen einen Weg über Olivias seidenweichen Arm, hinauf bis zu ihrer Schulter, und versenke die Nase in ihrer duftenden Halsbeuge. Sie erwacht mit einem Lächeln.

«Guten Morgen.»

Meine Lippen gleiten zu ihrem Ohr. Und dann gebe ich meiner Idee eine Stimme. Meiner Hoffnung.

«Geh nicht zurück nach New York, Olivia. Bleib bei mir.»

Einen Herzschlag später antwortet sie: «Für wie lange?»

«Für immer.»

Sie dreht sich langsam in meinen Armen zu mir um, ihre blauen Augen suchen forschend meinen Blick, und auf ihren Lippen breitet sich ein Lächeln aus. «Hast du mit deiner Großmutter gesprochen? Willst du … willst du etwa auf die Verlobung verzichten?»

Ich muss schlucken. Mein Hals ist rau. «Nein. Mich nicht zu verloben ist unmöglich. Aber ich habe nachgedacht … Ich könnte die Hochzeit noch ein Jahr aufschieben. Vielleicht sogar zwei. Und diese Zeit hätten wir dann ganz für uns.»

Olivia zuckt zusammen. Und ihr Lächeln erlischt. Aber ich kann jetzt nicht mehr zurück. Ich rede weiter, bedränge sie, versuche, es ihr zu erklären.

«Winston soll die Frauen auf Großmutters Liste durchleuchten. Vielleicht ist eine darunter, der es so geht wie uns. Mit der könnte ich ... ich könnte ein Arrangement treffen.»

«Eine Zweckehe», sagt sie mit nüchterner Stimme.

«Ja, genau!» Ich nehme sie beim Kinn und zwinge sie, mich anzusehen. «Das wird seit Jahrhunderten praktiziert. Weil es funktioniert. Oder ich könnte ... vielleicht könnte ich tatsächlich Ezzy heiraten. Das würde die Dinge entschieden leichter für sie machen ... und für uns.»

Olivia wendet den Blick von mir ab, sieht an die Decke und fährt sich grob durch die Haare. «Gott verdammt, Nicholas!»

Meine Stimme ist rau vor Verzweiflung. «Denk doch bitte wenigstens darüber nach. Du ziehst es ja nicht mal in Erwägung.»

«Hast du eine Ahnung, was du da von mir verlangst?»

Die Enttäuschung verwandelt meine Stimme in Eis. «Ich verlange, dass du hierbleibst. Hier bei mir.»

Und ihre geht lodernd in Flammen auf. «Ja, klar!», ruft sie. «Ich soll hierbleiben und zusehen, wie du der ganzen Welt die Heirat mit einer anderen verkündest! Hierbleiben und zusehen, wie du mit einer anderen auf Partys und Empfänge gehst und mit ihr für die Fotografen posierst. Hierbleiben und zusehen, wie du ihr ... wie du ihr den Ring deiner Mutter ansteckst.»

Ich zucke zusammen.

Olivia versetzt mir einen heftigen Schubs und klettert hastig aus dem Bett. «Gott, bist du ein Arsch, Nicholas!» Sie geht zum Bücherregal, aber ich springe aus dem Bett und bin mit einem Satz bei ihr. Ich schlinge ihr den Arm um die Taille, halte sie fest, meinen Brustkorb gegen ihren Rücken gepresst, meine Hand in ihrem Haar, meine verzweifelte Stimme an ihrem Ohr.

«Ja! Ich bin ein Arsch und auch ein selbstsüchtiger Idiot. Aber ich ... ich ertrage es nicht. Ich ertrage die Vorstellung nicht, dass du einen ganzen Ozean weit weg bist. Die Vorstellung, dass ich dich niemals wiedersehen werde, dich niemals mehr berühren werde.» Ich schließe die Augen, presse die Stirn an ihre Schläfe, sauge ihren Duft in mich auf, halte sie viel zu fest an mich gepresst, aber ich bin zu verzweifelt, um meinen Griff auch nur ein wenig zu lockern. «Ich liebe dich, Olivia! Ich liebe dich. Ich ... ich habe keine Ahnung, was ich tun soll. Ich weiß nicht, wie ich dich gehen lassen soll.»

Sie erbebt in meinen Armen. Schlägt die Hände vors Gesicht und fängt bitterlich an zu schluchzen. Tiefe, erschütternde Schluchzer, die mir das Herz zerreißen.

Ich hätte sie von Anfang an in Ruhe lassen sollen. Ich hätte in dem Augenblick gehen müssen, in dem mir klar war, dass sie ... alles für mich ist. Ich hatte nicht das Recht, sie an mich zu binden. Das wird auf ewig das Grausamste bleiben, das ich mir und einem anderen Menschen angetan habe.

Sie dreht sich zu mir um, presst ihr Gesicht an meine Brust, benetzt mich mit ihren Tränen. Ich halte sie im Arm und streichle ihre Haare. «Nicht weinen, Liebling. Schsch, bitte, Olivia.»

Mit gebrochenem Blick sieht sie zu mir auf. «Ich liebe dich auch.»

«Ich weiß.» Ich streichle ihr Gesicht. «Das weiß ich.»

«Aber ich kann nicht ...» Ihre Stimme zittert. «Wenn ich hierbleibe, wenn ich dabei zusehen muss, wie du ... Es wäre wie Sterben, verstehst du? Stück für Stück, bis nichts mehr von mir übrig ist ... oder von uns.»

Ich kriege keine Luft, es ist, als würde sich eine riesige Schlange um meinen Brustkorb legen und mir jeden Atemzug zur Qual machen. «Es war unfair von mir, dich um so etwas zu bitten, Olivia.» Sanft wische ich ihre Tränen fort. «Bitte hör auf zu weinen. Bitte … vergiss es. Vergiss, was ich gesagt habe. Lass uns einfach …»

«Die wenige Zeit genießen, die uns noch bleibt», flüstert sie.

Mit einem Finger fahre ich über ihren Nasenrücken.

«Abgemacht.»

OLIVIA

Ich warte vor dem privaten Arbeitszimmer der Queen. Christopher, ihr Assistent, hat mir zwar gesagt, sie könne mich heute unmöglich empfangen, aber ich warte trotzdem. Ich muss sie sprechen. Ich muss es zumindest versuchen.

Als sie das Vorzimmer betritt, forsch und effizient wie immer, spreche ich sie einfach an: «Ich muss mit Ihnen sprechen.»

Sie sieht mich nicht einmal an.

«Es ist wichtig.»

Sie geht an mir vorbei zu ihrer Tür.

«Bitte, Majestät!»

Endlich bleibt sie stehen und wendet den Kopf. Mit spitzem Mund und hochgezogenen Brauen mustert sie mich. Offensichtlich kann dieser Christopher Gedanken lesen, denn sie setzt ohne ein Wort oder ein Zeichen ihren Weg fort, aber er streckt den Arm aus und führt mich direkt hinter ihr in das Arbeitszimmer.

Weil ich nicht weiß, wie viel Zeit sie mir zugesteht, fange ich an zu reden, sobald die Tür sich geschlossen hat.

«Nicholas braucht mehr Zeit.»

Sie antwortet knapp und mit harter Stimme: «Zeit ändert gar nichts.»

«Er ist noch nicht bereit.»

Die Queen tritt hinter ihren Schreibtisch und überfliegt die bereitliegenden Unterlagen. «Selbstverständlich ist er bereit. Er ist dazu geboren, im wahrsten Sinne des Wortes.»

«Er will es aber nicht.»

«Und wird es dennoch tun. Weil er weiß, was Ehre ist, und seine Pflichten kennt.»

«Ich liebe ihn!»

Sie hält inne. Ihre Hand schwebt über einem Blatt Papier in der Luft. Langsam hebt sie den Kopf und sieht mich an. Und dann schleicht sich so etwas wie Milde in die Gesichtszüge der Queen. Die Falten um ihren Mund und ihre Augen glätten sich ein wenig, lassen sie freundlicher wirken. Wie die gütige Großmutter, die sie eigentlich sein sollte.

«Ja, das glaube ich. Und er liebt Sie, wissen Sie? Wenn er Sie ansieht ... Es ist genau derselbe Blick, mit dem sein Vater seine Mutter immer angesehen hat. Als wäre sie das achte Weltwunder. Nicholas hat mich in den vergangenen Monaten sehr an seinen Vater erinnert, manchmal hatte ich fast das Gefühl, mein Sohn würde vor mir stehen.» Sie deutet mit der Hand auf das Sofa am Kamin. «Setzen Sie sich.»

Vorsichtig nehme ich Platz, und sie setzt sich in einen gepolsterten Sessel mir direkt gegenüber. «Nach Thomas bekam ich noch ein zweites Kind, eine Tochter. Hat Nicholas Ihnen je davon erzählt?»

«Nein.» All mein gerechter Zorn erlischt in diesem Moment.

«Ein kränkliches, wunderschönes Geschöpf. Wurde mit einem schweren Herzfehler geboren. Wir holten alle möglichen Spezialisten ins Land, Ärzte aus der ganzen Welt. Edward war außer sich vor Trauer. Und ich hätte mit Freuden meine Krone hergegeben, um sie zu retten. Doch es gab nichts, das wir tun konnten. Es hieß, sie würde keinen Monat überleben. Schließlich wurden es sechs.»

Einen Moment lang wirkt sie weit weg, verloren in ihren Erinnerungen. Dann blinzeln die grauen Augen, und sie ist wieder ganz da. Ihr Blick fällt auf mich.

«Damals lernte ich, dass Hoffnung etwas Grausames ist. Ein erbarmungsloses Geschenk. Ehrlichkeit und Endgültigkeit mögen zwar grausam wirken, sind am Ende jedoch eine Gnade.» Ihre Stimme wird zu Stahl. «Für eine Verbindung zwischen Ihnen und meinem Enkelsohn besteht keine Hoffnung. Keinerlei Hoffnung. Akzeptieren Sie das.»

«Ich kann nicht», flüstere ich.

«Sie müssen. Das Gesetz ist eindeutig.»

«Aber Sie hätten die Macht, das Gesetz zu ändern. Sie könnten es tun, für uns. Für ihn.»

«Nein. Das kann ich nicht.»

«Sie sind die Queen!»

«Ja, das ist richtig, und in Ihrem Land gibt es einen Präsidenten. Stellen Sie sich vor, Ihr Präsident würde morgen verkünden, dass künftig nur noch alle acht Jahre gewählt wird? Wie würde die Regierung wohl darauf reagieren? Das Volk?»

Ich mache den Mund auf, doch es kommt nichts heraus.

«Veränderungen brauchen Zeit und guten Willen, Olivia. Und in Wessco gibt es an dieser Art von Veränderung kein Interesse. Und selbst wenn dem so wäre, ist jetzt nicht der richtige Zeitpunkt. Auch Monarchen sind an das Gesetz gebunden. Ich bin nicht Gott.»

«Nein!», sage ich beißend. Ich bin kurz davor, sie anzuschreien. «Sie sind ein Monster. Wie können Sie ihm das antun? Wie können Sie ihn dazu zwingen, obwohl Sie wissen, was er für mich empfindet?»

Sie steht auf, tritt ans Fenster und sieht hinaus. «Als Mutter sein Kind zu begraben ist das Einzige, was einen wirklich dazu treiben kann, sich den Tod zu wünschen – nur des winzigen Hoffnungsschimmers wegen, es auf der anderen Seite wiederzusehen. Beim ersten Mal war es Thomas, der mich durch dieses tiefe Tal geführt hat. Weil ich wusste, dass er mich braucht. Und als ich dann Thomas und Calista begraben musste, waren es Nicholas und Henry, die mich am Leben hielten, denn sie brauchten mich noch mehr. Wenn Sie also unbedingt ein Monster in mir sehen wollen, Olivia, haben Sie natürlich alles Recht dazu. Vielleicht bin ich ein Monster. Aber glauben Sie mir eines. Es gibt nichts – *gar nichts* –, das ich nicht für diese beiden Jungen tun würde.»

«Außer, ihnen ein selbstbestimmtes Leben zu ermöglichen. Sie heiraten zu lassen, wen sie wollen.»

Sie sieht mich spöttisch an und schüttelt den Kopf. «Wenn ich ein Monster bin, dann sind Sie ein naives, egoistisches Gör.»

«Weil ich Nicholas liebe? Weil ich mit ihm zusammen sein und ihn glücklich machen will? Das macht mich egoistisch?»

Sie reckt das Kinn wie eine Dozentin im Hörsaal. «Sie sind eine Bürgerliche. Und das meine ich nicht als Kritik. Leute wie Sie betrachten die Welt durch die Linse eines einzigen individuellen Lebens. In einhundert Jahren wird sich niemand mehr an Ihren Namen erinnern. Sie sind von den anderen Millionen Sandkörnern am Strand nicht zu unterscheiden. Monarchen hingegen betrachten die Welt durch das Prisma ihres Vermächtnisses. Fragen Sie Nicholas. Er wird Ihnen das Gleiche sagen. Was wird von uns bleiben? Wie wird man sich an uns erinnern? Denn ob wir nun verschmäht oder verehrt werden, erinnern wird man sich in jedem Fall an uns. Nicholas ist ein geborener Anführer. Die Menschen verehren ihn, sie folgen ihm ganz selbstverständlich, das haben sicher selbst Sie bemerkt.»

Ich muss an Logan und Tommy und James denken. Daran, wie sie Nicholas beschützt haben. Und das nicht nur, weil es ihr Job ist, sondern weil sie es tun wollten.

«Wenn Nicholas erst König ist, wird er das Leben von Millionen Menschen zum Positiven beeinflussen. Er wird unser Land in ein neues Zeitalter führen. Er könnte tatsächlich etwas bewirken, die Welt verändern, Olivia. Und das wollen ausgerechnet Sie den Menschen vorenthalten? Wofür? Für ein paar Jahrzehnte ihres eigenen persönlichen Glücks? Ja, mein Kind. Nach meiner Lesart macht Sie das zur Egoistin.»

Ich versuche wirklich, mich zusammenzureißen, aber ich bin so unglaublich frustriert, dass ich mir die Haare raufe. Was zum Teufel soll man dagegen einwenden? «Also war's das?», frage ich niedergeschmettert. «Es gibt ... überhaupt keinen Weg?»

Sie ist weder wütend noch gemein oder hart, als sie es sagt. Nur ehrlich. «Nein.»

Ich schließe die Augen und hole tief Luft. Schließlich hebe ich den Kopf und sehe ihr direkt ins Gesicht. «Dann gibt es wohl nichts mehr zu sagen. Vielen Dank, dass Sie mit mir gesprochen haben.» Ich stehe auf und wende mich zum Gehen. Meine Hand liegt schon auf der Türklinke, als sie meinen Namen sagt.

«Ja?» Ich drehe mich zu ihr um.

«Ich habe Sie in den letzten Wochen beobachtet. Ich habe gesehen, wie Sie mit dem Personal umgehen und mit dem Volk, mit Henry und mit Nicholas. Ich habe Sie gesehen.» Aus meinem Blickwinkel, in diesem Licht, scheinen ihre Augen regelrecht zu schimmern. Als würden Tränen darin glänzen. «Ich habe mich getäuscht, damals, als wir uns kennenlernten. Als ich sagte, Sie wären unpassend. Lägen die Dinge anders, als es nun einmal der Fall ist, dann würden Sie, meine Liebe ... Sie würden ganz perfekt passen.»

Mir steigen Tränen in die Augen, und mir schnürt es die Kehle zu. Schon komisch: Lob von Menschen, die sonst damit geizen, scheint wertvoller zu sein, wenn man es dann doch bekommt.

Ich neige den Kopf, gehe sanft in die Knie und vollführe einen perfekten Hofknicks. Ich habe nämlich geübt. Denn was auch immer sie ist – eine Königin, eine Mutter, eine Großmutter –, sie hat Ehrerbietung und Respekt verdient.

Als die schwere Tür leise hinter mir ins Schloss fällt, hole ich tief Luft. Denn mir ist jetzt klargeworden, was ich zu tun habe.

22

NICHOLAS

Die Tage vor dem Sommerjubiläum sind randvoll mit hektischen Aktivitäten und Planungen. In der Luft liegt eine gewisse Anspannung. Die vielen Aufgaben, die nicht weniger zu werden scheinen, erzeugen Hektik und fast so etwas wie Furcht.

Würdenträger und Staatsoberhäupter aus aller Welt werden erwartet und wollen im Palast beherbergt sein. Zudem gibt es zwei offizielle Fototermine mit der Königsfamilie – im engsten und im weiteren Kreis –, außerdem Pressetermine und Interviews. Während der Tag der Abrechnung naht, wächst das organisierte Chaos unaufhaltsam weiter an, so wie Lavablasen und drohendes Grollen den unmittelbar bevorstehenden Vulkanausbruch ankündigen.

Die Vorbereitungsphase habe ich mit der gleichen Taktik durchgestanden wie jedes Jahr: mit fest ins Gesicht betoniertem Lächeln und unausgesprochenen Worten hinter Schloss und Riegel in meinem Kopf. Doch die letzten vierundzwanzig Stunden waren besonders schwer. Ich sage ausschließlich das Richtige, tue alles, was von mir erwartet wird, und fühle mich, als läge ein schweres Joch auf meinen Schultern, das mich beinahe in die Knie zwingt. Es fühlt sich an wie Trauer … wie die Tage nach dem Tod meiner Eltern. Als ich gezwungen war, trotz der zermalmenden Verzweiflung weiterzumachen, weiterzugehen, mit hocherhobenem Kopf, immer einen Fuß vor den anderen.

Trotzdem bin ich fest entschlossen, den heutigen Abend zu genießen, und zwar richtig. Olivia hat noch nie einen Ball erlebt, einen echten Ball, mit mehr Pomp und Glanz und Gloria, als sie sich womöglich vorstellen kann. Ich will ihre Reaktion in mich aufsaugen, ihr Staunen, jedes einzelne Lächeln, jeden ungläubigen Funken in ihren strahlenden Augen. Ich werde all diese Momente einfangen, und dann werde ich die Erinnerungen an heute Abend sicher verwahren, um sie hervorholen zu können, wenn Olivia fort ist.

Ich warte im Morgensalon von Guthrie House auf sie. Olivia wird jeden Moment herunterkommen. Ich werde sie hinüber in den Hauptpalast führen, wo wir von den Zeremonienmeistern letzte Anweisungen erhalten werden, und dann wird der Ball beginnen.

Ich höre das sanfte Rascheln von Stoff an der Treppe, drehe mich um ... und mir stockt der Atem.

Sie trägt ein hellblaues Ballkleid aus Satin und Chiffon mit einem tiefen Ausschnitt, der dezent ihre Brust zur Geltung bringt durch weichfallenden Stoff, der die Arme umschmeichelt und die Schultern freilässt. Das Kleid wirkt altmodisch, ohne nach Verkleidung auszusehen. Über das Mieder ranken sich funkelnde Strasssteine, der Satinstoff schmiegt sich eng um ihre schmale Taille und ergießt sich dort in einen Reifrock, der zwar ausladend, aber nicht übertrieben ist. Der Rock ist auf einer Seite gerafft, wiederum akzentuiert von Strass, und entblößt darunter blassblauen, mit winzigen Edelsteinen bestickten Chiffon. Olivias glänzend schwarze Locken türmen sich auf ihrem Kopf, und dazwischen blinken hier und da kleine Diamantkämme hervor.

Fergus steht neben mir. Der alte Sack fängt regelrecht an zu seufzen. «Sie sieht aus wie ein Engel.»

«Nein», sage ich, als Olivia den Fuß der Treppe erreicht hat. «Sie sieht aus wie eine Königin.»

Sie bleibt vor mir stehen, und einen Augenblick lang sehen wir einander stumm an.

«Ich habe dich noch nie in Uniform gesehen», sagt sie und mustert mich fast hungrig von Kopf bis Fuß, ehe sie mir wieder ins Gesicht sieht. «Das müsste verboten werden.»

«Ich sollte derjenige sein, der Komplimente macht», sage ich heiser. Ich muss schlucken, so sehr will ich sie, und zwar in jedem Sinne. «Du bist atemberaubend, Liebes. Ich kann mich nicht entscheiden, ob ich dich für immer in diesem Kleid sehen will oder ob ich es dir augenblicklich vom Leib reißen will.»

Sie lacht. An ihren Ohrläppchen baumeln schlichte, elegante Diamanten, doch der Hals ist nackt, gemäß den Anweisungen, die ich der Stylistin gegeben hatte. Ich fasse in die Tasche und hole eine kleine, quadratische Schatulle heraus.

«Ich habe etwas für dich.»

Sie errötet, ehe sie sieht, was darin liegt. Und als ich schließlich den Deckel öffne, entfährt ihr ein Keuchen.

Vor ihr liegt eine filigrane, kompliziert gemusterte Schneeflocke, gefertigt aus einhundert winzigen Diamanten und Saphiren. Die Diamanten sind rein und makellos wie Olivias Haut und die Saphire strahlend und tief wie ihre Augen.

Ihr bleibt der Mund offen stehen. «Das ist ... zauberhaft.» Zögernd befühlt sie das Samtkissen, jedoch ohne den Anhänger zu berühren – fast als hätte sie Angst davor. «Das kann ich nicht annehmen, Nicholas.»

«Doch, das kannst du. Ich habe es selbst entworfen. Es ist eine Spezialanfertigung.» Ich nehme das Schmuckstück vom Kissen, trete hinter sie und binde ihr das seidene Band um die Kehle. «Es ist einmalig auf der Welt. Genau wie du.» Ich küsse sie sanft auf den Nacken, dann ein zweites Mal auf die nackte Schulter.

Olivia dreht sich zu mir um, sieht mich an, nimmt meine Hand und senkt die Stimme. «Nicholas, ich habe nachgedacht ...»

«Los jetzt, ihr Turteltauben, wir sind spät dran!», ruft Henry, der in diesem Augenblick, ebenfalls in voller Montur, den Raum betritt, und tippt auf seine Uhr. «Ihr habt hinterher noch genug Zeit, um sabbernd übereinander herzufallen.»

Ich beuge mich zu Olivia hinunter und gebe ihr einen Kuss. «Du kannst den Satz heute Nacht beenden.»

♛

Wir versammeln uns in einem kleinen Salon hinter dem Ballsaal. Von nebenan dringt Musik zu uns herüber. Plaudern und Lachen und Gläserklirren sickern wie Rauch unter der Tür hindurch. Meine Cousins sind ebenfalls hier, Marcus und seine Brut. Nach einer mehr als knappen Begrüßung halten sie sich von mir fern und ich mich von ihnen. Auch von den Getränken in ihrer Nähe ... nur für alle Fälle.

Bridget, meine Sekretärin, klatscht kichernd in die Hände. Sie ist so aufgekratzt wie die Vorsitzende des Festkomitees für einen Schulball. «Ein letztes Mal noch, zur Sicherheit: Zuerst wird die Queen angekündigt, gefolgt von Prinz Nicholas, dann Prinz Henry, begleitet von Miss Hammond.» Sie wendet sich an meinen Bruder. «Im Saal werden sich alle erhoben haben, also führen Sie Miss Hammond an ihren markierten Platz an der Wand und treten dann zum Empfang der Gäste an die Seite Ihres Bruders. Alles klar, ja?» Von nebenan ertönt eine Fanfare, und Bridget fährt fast aus der Haut vor Aufregung. «Oh, das ist unser Signal! Auf die Plätze, Hoheiten, meine Damen und Herren, auf die Plätze!» Neben Olivia bleibt sie kurz stehen und drückt mitfühlend ihren Arm. «Das ist alles so aufregend!», quietscht sie.

Als sie weitergehuscht ist, flüstert Olivia lachend: «Ich mag sie!» Dann nimmt sie den Platz an der Seite meines Bruders ein. Natürlich haben wir das alles besprochen – dass Henry sie in den Saal führen wird, dass es um die Erwartungen geht, um die Tradition. Aber plötzlich kommt mir das alles so sinnlos vor.

Das ist doch völliger Blödsinn. Ich drehe mich um und tippe meinem Bruder an die Schulter. «Hey.»

«Ja?»

«Wir tauschen.»

«Wie, wir tauschen?»

Ich mache eine Handbewegung. «Die Plätze.»

Er beugt sich zu mir und wirft dem Rücken unserer Großmutter einen skeptischen Blick zu. «Du gehst hinter Granny. Du bist der Thronfolger. Zweiter beim Empfang.»

Ich zucke die Achseln. «Sie wird sich nicht umdrehen. Sie merkt es erst, wenn du neben ihr stehst, und dann wird sie es professionell überspielen. Du kannst die Gäste genauso gut als Zweiter empfangen. Ich habe vollstes Vertrauen in dich.»

«Das ist gegen das Protokoll!», stichelt Henry, doch ich weiß, dass er Ja sagen wird.

Ich zucke wieder die Achseln. «Scheiß aufs Protokoll.»

Er kichert und sieht mich voller Stolz an. «Olivia! Du hast aus meinem Bruder einen Rebellen gemacht.» Er tätschelt ihr die Hand. «Gut so!»

Und dann tauscht er den Platz mit mir.

Olivias Arm schmiegt sich an meinen, und ich kann durch die Lagen des Kleides die Wärme ihres Körpers spüren.

«Schon besser.» Ich seufze erleichtert. Denn sie an meiner Seite zu haben fühlt sich an wie immer. Es fühlt sich an, als gehöre sie genau dorthin.

♛

Der Ball mausert sich zu einem rauschenden Fest. Alle amüsieren sich. Die Musik ist nicht ganz so verstaubt wie in den vergangenen Jahren, weil das Orchester es wagt, populäre Stücke zwischen die Klassiker zu mischen. Die Gäste tanzen, essen, lachen – und ich stehe einen kostbaren Augenblick lang allein ein wenig abseits und beobachte.

Beobachte sie.

Was für ein seltsames Gefühl. Diese Freude, die meine Brust bei Olivias Anblick jedes Mal beinahe zum Platzen bringt. Der wogende Stolz, den ich empfinde, weil sie sich mit so viel Selbstvertrauen bewegt, sich ungezwungen mit Botschaftergattinnen, Staatslenkern und allerlei Adligen unterhält, als hätte sie ihr Leben lang nichts anderes getan – als wäre sie dazu geboren. Und dann zwingt mich der unweigerliche Schmerz beinahe in die Knie. Wenn mir wieder einfällt, dass sie gehen wird. Dass sie schon in ein paar Tagen fort sein wird, fort von mir, für immer.

«Alles in Ordnung, Nicky?», fragt Henry mit Sorge in der Stimme. Ich habe ihn nicht kommen sehen und weiß nicht, wie lange er schon neben mir steht.

«Nein, Henry», sage ich mit einer Stimme, die nicht meine ist. «Ich glaube nicht.»

Er nickt, dann drückt er meinen Arm und klopft mir auf den Rücken in dem Versuch, mich aufzumuntern, mir Kraft zu geben. Mehr kann er nicht tun, denn schließlich sind wir, wer wir sind. Genau das habe ich vor ein paar Monaten selbst zu ihm gesagt.

Ich stoße mich von der Wand ab und gehe vor zum Konzertmeister. Er neigt mir den Kopf zu, und ich äußere meinen Wunsch. Er stimmt eifrig zu, und ich begebe mich zu Olivia. Als die ersten Töne durch den Saal schweben, biete ich ihr meinen Arm.

«Darf ich um diesen Tanz bitten, Miss Hammond?»

Ihr Gesicht hellt sich auf, und dann fängt sie an zu strahlen, als sie das Lied erkennt. Es ist der Prom-Song, von dem sie mir einmal erzählte und zu dem sie nie getanzt hat: *Everything I Do.*

Sie senkt den Kopf. «Du hast es nicht vergessen.»

«Ich habe nichts vergessen.»

Olivia ergreift meine Hand, und ich führe sie auf die Tanzfläche. Die Aufmerksamkeit des ganzen Ballsaals ruht ausschließlich auf uns. Selbst die tanzenden Paare halten inne und wenden sich uns zu.

Ich nehme Olivia in die Arme, wir fangen an zu tanzen, und sie flüstert nervös: «Alle sehen uns an!»

Die Menschen sehen mich schon mein ganzes Leben lang an. Eine Tatsache, die ich widerwillig zu akzeptieren gelernt habe, sosehr es mich auch immer wieder stört.

Nur nicht in diesem Moment.

«Gut!»

♛

In den frühen Morgenstunden, kurz vor der Dämmerung, bewege ich mich langsam und lustvoll in ihr, auf ihr. Zwischen uns ist nur unser Atem, und weiß glühende, prickelnde Lust fließt mit jedem gemächlichen, tiefen Stoß zwischen uns hin und her. Wir machen Liebe, im wahrsten, ehrlichsten, heiligsten Sinne des Wortes. Unsere Gedanken, unsere Körper, unsere Seelen gehören uns nicht länger. Sie vermischen sich und verschmelzen zu dem einen großen Ganzen, neu und vollkommen. Ich halte ihr Gesicht zwischen meinen Händen, als ich sie küsse, unsere Zungen vereint, unsere Herzen im Gleichtakt. Prickelnde Funken fließen an meinem Rückgrat aufwärts, ein elektrisch geladenes Knistern, Vorboten eines überwältigenden Orgasmus. Aber noch nicht ... Ich will nicht, dass es schon vorüber ist.

Die Bewegung meiner Hüften versiegt, mein Becken liegt dicht an ihrem, und ich halte inne, tief in ihr geborgen, berühre sie in ihrem Innersten. Ich spüre ihre Hand an meinem Gesicht und öffne die Augen. Sie trägt immer noch die Schneeflocke, sie glitzert im Mondschein, aber nicht so strahlend wie ihre Augen.

«Frag mich noch mal, Nicholas.»

Hoffnung hebt flüsternd ihr Haupt. Gesegnete, herrliche, erregende Hoffnung.

«Bleib.»

Ihre wundervollen Lippen öffnen sich zu einem Lächeln. «Wie lange?»

Fast versagt mir die raue, flehende Stimme. «Für immer.»

Olivia sieht mir tief in die Augen, ihr Lächeln wird weiter, und ihr Kopf senkt sich zu einem kaum sichtbaren Nicken.

«Ja.»

23

OLIVIA

Am nächsten Morgen ist Nicholas fast trunken vor Ausgelassenheit. Wir beide sind es. Kichernd küssen wir uns, können kaum die Hände voneinander lassen. Denn heute ist ein neuer Tag. Ich habe diesen Ausdruck bis jetzt nie richtig verstanden. Schließlich ist doch jeder Tag ein neuer Tag, oder nicht? Aber jetzt kapiere ich es. Denn heute beginnt unsere Zukunft – was auch immer diese Zukunft für uns bereithalten mag.

Nicholas und ich werden sie gemeinsam bestreiten.

Wir frühstücken in seinem Schlafzimmer. Wir nehmen zusammen eine heiße Dusche – *heiß* in mehr als nur einem Wortsinn. Und am späten Nachmittag ziehen wir uns endlich vernünftig an und strecken die Nasen zur Tür hinaus. Nicholas möchte wieder mit mir Fahrrad fahren. Doch unten werden wir von Winston erwartet, dem Boss der Anzugträger, wie Nicholas sie nennt.

«Es gibt eine dringende Angelegenheit zu besprechen, Sir», sagt er, an Nicholas gewandt. Mich würdigt er keines Blickes.

Zärtlich streift Nicholas' Daumen über meinen Handrücken. «Wir sind gerade auf dem Weg nach draußen, Winston. Hat das nicht Zeit?»

«Ich fürchte, nein. Die Sache duldet keinen Aufschub.»

Nicholas seufzt.

«Ich warte so lange in der Bibliothek», sage ich verständnisvoll.

Etwa fünfundvierzig Minuten später bin ich immer noch allein in der prächtigen Palastbibliothek – zwei offene Stockwerke voll glänzender Regale, die nach Zitronenpolitur duften, über und über beladen mit einem alten ledergebundenen Buch neben dem anderen. Ich blättere in einer Ausgabe von *Sinn und Sinnlichkeit*, ohne jedoch wirklich zu lesen.

«Wir sind jetzt bereit für Sie, Miss Hammond.»

Ich fahre erschrocken hoch. Winston schaut mit auf dem Rücken verschränkten Händen auf mich herab.

«Was meinen Sie damit, Sie sind bereit für mich?»

Der Typ hat das Pokerface erfunden, ungelogen. Ziemlich unheimlich, finde ich. Die Lippen entspannt, die Augen völlig ausdruckslos. Im Grunde das Gesicht eines Models. Oder das eines exzellenten, eiskalten Auftragskillers.

«Bitte folgen Sie mir.»

NICHOLAS

Olivia betritt das Zimmer, sie wirkt neugierig und neben Winston winzig. Kurz streift ihr Blick meinen Bruder, der vor dem Kamin in einem Ledersessel sitzt, dann sieht sie mich und lächelt.

«Was gibt es denn?»

Ich mustere forschend ihr Gesicht, durchforste meine Erinnerung auf der Suche nach einem Zeichen, das ich übersehen haben könnte. Irgendwas, das meinen Verdacht hätte erregen müssen. Doch ... da ist nichts.

Olivia presst besorgt die Lippen zusammen, reagiert verwirrt auf meine abweisende Miene.

Winston dreht den Bildschirm auf dem Schreibtisch zu ihr herum. «Die Schlagzeilen der nächsten Ausgabe vom *Daily Star*. Das ist eine Boulevardzeitung.»

DER UNERWÜNSCHTE THRONFOLGER
SEINER ROYAL HOTNESS
KÖNIGLICHE TEENIESCHWANGERSCHAFT
ENDETE MIT FEHLGEBURT – LESEN SIE
HIER ALLE EINZELHEITEN

Olivia verzieht vor Abscheu das Gesicht. «Oh nein! Wie ... wie haben die das rausgefunden?»

«Eigentlich hatten wir uns von Ihnen eine Erklärung erhofft, Miss Hammond», sagt Winston. «Die Informationen stammen schließlich von Ihnen.»

Es war ein Fehler, dass ich eingewilligt habe, Winston bei der Befragung die Führung zu überlassen.

«Wovon reden Sie?» Olivia dreht sich zu mir um. «Nicholas!?»

Winston schiebt ein Blatt Papier über den Tisch. Sie starrt es an, mit konzentriert gerunzelter Stirn. «Was ist das?»

Es ist die Hypothekenaufstellung für Amelia's – für den Coffee Shop und die darüberliegende Wohnung. Beides befand sich noch vor fünf Monaten im Zwangsvollstreckungsverfahren. Die Hypothek wurde letzte Woche vollständig zurückbezahlt. Genau damit konfrontiert Winston Olivia jetzt.

«Ich verstehe das nicht. Ich habe gestern erst mit Ellie telefoniert, sie hat keinen Ton gesagt.» Sie macht einen Schritt auf mich zu. «Nicholas, du glaubst doch nicht ernsthaft, dass ich so etwas tun würde.»

Bei der Vorstellung dreht sich mir der Magen um. Aber der Beweis liegt schwarz auf weiß auf dem Tisch und lacht mir höhnisch ins Gesicht. «Ich beschuldige dich nicht.»

«Ja, klar! Aber du verteidigst mich auch nicht!»

Ich nehme den Bogen Papier in die Hand. «Erkläre es mir. Ich will es verstehen.» Das klingt sogar in meinen eigenen Ohren nach Bettelei. «Erkläre mir, was passiert ist, Olivia.»

Sie schüttelt den Kopf. «Das kann ich nicht.»

Es ist, als würden sich tausend Tonnen Blei auf meine Schultern senken, mich in die Knie zwingen, mir das Rückgrat brechen. «Ich würde dir alles verzeihen, Olivia, weißt du das eigentlich? Alles. Aber ... ich lasse mich nicht belügen.»

«Ich lüge nicht.»

«Vielleicht hast du jemandem versehentlich davon erzählt? Vielleicht hast du es deiner Schwester gegenüber erwähnt? Oder Marty oder deinem Vater?»

Sie weicht zurück. «Jetzt bin also nicht mehr ich der Abschaum, sondern meine Familie?»

«Das habe ich nicht gesagt.»

«Doch. Genau das hast du gesagt!»

Ich werfe die Hypothekenaufstellung auf den Tisch. «Zehn Jahre lang war von der Sache nicht mal der Hauch eines Gerüchts in der Presse. Doch kaum erzähle ich dir davon, steht es ein paar Wochen später in allen Zeitungen, und rein zufällig wird gleichzeitig die Hypothek deiner Familie beglichen? Was soll ich denn deiner Meinung nach glauben?»

Olivia zuckt zusammen, fährt sich mit der Hand über die Stirn. «Ich weiß nicht, was ich sagen soll.»

Ich explodiere. «Sag mir, dass du das nicht warst!»

Sie starrt mich an, sieht mir direkt in die Augen, das Kinn gereckt, mit glühendem Blick. «Ich war das nicht.»

Doch dann, als ich nicht antworte, verliert ihr Gesicht alle Farbe. «Du glaubst mir nicht», sagt sie tonlos.

Ich wende den Blick ab. «Versetz dich in meine Lage.»

«Das versuche ich gerade.» Ihre Unterlippe zittert. «Aber es gelingt mir nicht, weil ich dir glauben würde.» Sie schüttelt den Kopf. «Habe ich dir jemals einen Grund gegeben, anzunehmen, mir ginge es um Geld?»

«Vielleicht ging es Ihnen nicht um Geld. Zumindest am Anfang», sagt Winston wie ein Staatsanwalt im Kreuzverhör. «Doch dann kamen Sie nach Wessco und erlebten den Reichtum mit eigenen Augen. Und als die Abreise immer näher rückte, kamen Sie womöglich zu dem Schluss, dass Sie auch Ihren Teil vom Kuchen möchten.»

«Halten Sie den Mund!»

Olivia macht einen Satz auf ihn zu, doch ich packe sie am Arm und zerre sie zurück. «Es reicht.»

Unsere Blicke treffen sich, flehend sehen ihre großen Augen mich an. Flehen mich an, ihr zu glauben. Und das will ich auch, weiß Gott, wie gerne würde ich ihr glauben. Doch der Zweifel presst mir das Herz zusammen und nimmt mir fast den Atem.

«Ich rufe sofort meinen Vater an», erklärt sie entschieden. «Er wird dir sagen, dass es ein Missverständnis ist.» Sie holt das Handy aus der Tasche, wählt und wartet. Nach einer gefühlten Ewigkeit hebt sie den Blick und sieht mich nervös an. «Es geht keiner ran. Ich probiere es weiter.»

Sie wählt noch einmal, und ich wende mich an Winston. «Woher stammt das Geld?»

«Es ist uns noch nicht gelungen, die Quelle ausfindig zu machen. Wir sind dran.»

«Ich brauche diese Information, Winston. Es ist die einzige Möglichkeit, Gewissheit zu bekommen», sage ich laut und fordernd.

Langsam lässt Olivia das Telefon sinken. Dann sieht sie mich an. Wie einen Fremden. Nein, schlimmer. Sie sieht mich an wie ein Monster.

«Nach allem, was geschehen ist, nach allem, was ich bereit bin, für dich aufzugeben, nach allem, was wir in den vergangenen fünf Monaten geteilt haben … brauchst du mehr Informationen, um zu entscheiden, ob ich zu der Sorte Mensch gehöre, die eines deiner schmerzlichsten Geheimnisse an ein billiges Klatschblatt verhökert?»

Eine warnende Stimme sagt mir, dass ich mit diesem Wahnsinn aufhören muss. Sofort. Jetzt und hier. Das darf nicht noch weitergehen. Die Stimme sagt, es gäbe keinen Grund, ihr nicht zu glauben. Dass sie mir das niemals antun könnte. Nicht die Olivia, die ich kenne.

Aber ich verschließe die Ohren vor dieser Stimme. Denn sie lügt. Ich habe ihr früher geglaubt – immer und immer wieder, als ich noch jung war und dumm und naiv. Aber ich lasse mich nicht mehr täuschen. Nicht bei dieser Sache, nicht bei ihr. Es würde ... es würde mich zerstören.

Mein Gesicht fühlt sich an wie eine Maske. Starr, kalt und hart. Wie Stein. «Ja. Ich brauche mehr Informationen.»

Und Olivia zerbricht. Vor meinen Augen zersplittert sie in tausend Scherben.

«Fick dich!» Sie fährt zurück, schluchzend und fluchend, schüttelt fassungslos den Kopf. «Fick dich und diesen kranken Ort, der dich so gemacht hat. Du bist so dermaßen kaputt, Nicholas. Du bist innerlich verdreht wegen all dieser Spielchen und der Leute hier. Und du erkennst es nicht mal. Ich kann es nicht ertragen ... ich kann es nicht ertragen, dich anzusehen.»

«Dann geh!», schreie ich zurück. «Da ist die Tür, verschwinde! Wenn mein Anblick so unerträglich ist, dann flieh in dein verficktes New York!» Noch ehe die Worte meinen Mund ganz verlassen haben, würde ich sie am liebsten zurückholen. Es war nicht so gemeint. Aber so ist das mit Worten. Sind sie erst gehört, kann man sie nicht zurücknehmen.

Ihr Echo klingt für immer nach.

Olivia schließt stumm die Augen. Sie senkt den Kopf und lässt die Schultern hängen. Als wäre sie ... eine leere Hülle. Als wäre nichts mehr von ihr übrig. Zitternd holt sie Luft, und ohne den

Blick vom Boden zu heben, ohne mich ein letztes Mal anzusehen, dreht sie sich um und geht.

Eine ganze Minute lang sagt niemand ein Wort. Ich stehe da wie ein Idiot und starre den Fleck an, auf dem sie gerade noch stand.

Irgendwann durchbricht Henrys Stimme die Stille. «Du machst einen Fehler. Und das war brutal, Nicholas. Selbst für dich.»

Ich sehe Winston an. «Finden Sie raus, woher das Geld stammt. Sofort!»

Winston verbeugt sich und geht.

Henrys Blick bohrt sich in meinen Hinterkopf, doch ich drehe mich nicht um. Ich habe ihm nichts zu sagen. Er weiß nicht, was ich fühle.

«Hallo?» Er kommt zu mir und klopft mir an den Kopf. «Hallo? Jemand zu Hause? Hey, wer bist du, Nicholas?» Er wirkt irgendwie verändert, größer und älter. Irgendwie ... erwachsen. Ich weiß nicht, weshalb mir das nicht schon früher aufgefallen ist oder warum zum Teufel es mir gerade jetzt auffällt.

«Wovon redest du?»

«Na ja, du siehst aus wie mein Bruder und klingst auch so, aber du bist nicht er. Du bist irgendeine schräge Version von ihm, die, die in Interviews immer diese bescheuerten, vorgefertigten, bedeutungslosen Antworten gibt. Der Blechmann.»

«Ich bin nicht in der Stimmung für deine Spielchen, Henry.»

Er ignoriert mich und redet unbeirrt weiter: «Mein echter Bruder wüsste, dass Olivia so etwas nie tun würde, nicht tun *könnte*. Da drin wüsste er es.» Er piekt mich in die Brust. «Also hast du entweder zu viel Schiss, um deinen Gefühlen zu vertrauen, oder zu viel Schiss, Olivia zu vertrauen. Wie auch immer, jedenfalls lässt du gerade zu, dass das Beste, das dir in deinem ganzen Leben passiert ist, einfach so zur Tür rausspaziert. Tja, und bei dem Leben, das wir führen, heißt das wirklich was.»

Ich muss schlucken. In mir ist alles kalt und taub. Ich fühle … nichts. Meine Stimme ist so hohl wie meine Brust. «Wenn sie es nicht war, wäre das ein unglaublicher Zufall. Ich werde wissen, was zu tun ist, sobald Winston mir die Informationen besorgt hat.»

«Dann ist es zu spät.»

Ich sage nichts mehr dazu. Ich werde nicht darüber diskutieren. Aber mein Bruder ist noch nicht fertig mit mir.

«In meinem Leben gab es schon sehr viele Situationen, in denen ich dachte, Mum würde sich für mich schämen. Aber heute habe ich zum allerersten Mal gedacht … dass sie sich für dich schämen würde.»

Und dann geht auch er.

OLIVIA

Ich gehe in mein Zimmer, ohne zu atmen. Würde ich auch nur einen Atemzug tun, ich würde augenblicklich den Verstand verlieren. Also beiße ich mir auf die Lippe, schlinge die Arme um meinen Leib, gehe vorbei an Wachleuten und Zimmermädchen. Ich nicke ihnen zu, doch sobald ich die Tür hinter mir geschlossen habe, lasse ich los.

Schluchzer brechen sich Bahn, rütteln an meinen Schultern, lassen meine Lungen erzittern. Eine Mischung aus Zorn und Verzweiflung hat mich im Griff, die schlimmste Sorte Herzschmerz, die ich mir vorstellen kann. Wie konnte er nur? Nach allem, was wir erlebt haben? Nach allem, was ich bereit war, für ihn auf mich zu nehmen?

Ich konnte es in seinen Augen lesen – in diesen wunderbaren, gequälten Augen. Er wollte mir glauben. Doch er tat es nicht. Konnte es nicht. Der kleine Docht Vertrauen, der noch in ihm lebendig ist, wurde offensichtlich einmal zu oft abgebrannt.

Hat er mir überhaupt jemals vertraut? Hat er tatsächlich geglaubt, das mit uns könnte Bestand haben ... für immer? Oder gab es von Anfang an einen Teil in ihm, der nur darauf wartete, dass ich ihn irgendwann verraten würde?

Tja. Scheiß auf ihn. Und scheiß auf diesen Palast. Das war's. Ich bin hier fertig.

«Kann ich Ihnen eine Tasse Tee bringen, Miss Hammond?»

Ich fahre keuchend hoch. Ich glaube, mir bleibt das Herz stehen. Es ist Mellie, das für mich zuständige Zimmermädchen. Ich hatte sie nicht gesehen, weil ich die Hände vors Gesicht geschlagen habe, als ich ins Zimmer kam.

Ihr hübsches Gesicht ist voller Mitleid. Aber ich habe es satt, ständig von Menschen umgeben zu sein, ich habe die Nase voll von Wachleuten und Zimmermädchen und ... Twitter-Arschlöchern ... und von Sekretären und Assistentinnen und was weiß ich. Ich will einfach nur allein sein. Ich will mich in eine Ecke verkriechen, wo mich keiner sehen und hören kann, damit ich frei atmen und mir in Ruhe die Augen aus dem Kopf heulen kann.

Ein Schluckauf hindert mich am Sprechen. «N-nein. Nein dadanke.»

Sie nickt, die Augen gesenkt, ganz die brave Dienerin. Diskret schlüpft sie an mir vorbei und schließt leise die Tür hinter sich. So gut erzogen!

Ich schließe ab. Ich trete vor das Bücherregal, hinter dem der geheime Gang zu Nicholas' Zimmer liegt, und schiebe den Riegel vor. Ich gehe ins Bad und drehe die Dusche auf. Heiß. Während um mich der Dampf aufsteigt, streife ich meine Sachen ab und ersticke dabei fast an meinen Tränen. Ich trete unter die Dusche, lasse mich auf den Boden sinken und berge den Kopf auf den Knien. Und während das Wasser auf mich niederprasselt, lasse ich alles raus.

NICHOLAS

Ich habe einmal ein Kinderkrankenhaus besucht, eine Einrichtung, die auf die Behandlung äußerst seltener Krankheiten spezialisiert war. Ich erinnere mich an die Begegnung mit einem kleinen Mädchen, einem winzigen, hübschen Ding mit Verbänden am ganzen Körper. Sie konnte keinen Schmerz spüren. Irgendeine Störung der Kommunikation zwischen ihren Nerven und dem Gehirn. Auf den ersten Blick sollte man meinen, ein Leben ohne Schmerz sei ein Segen. Nie Zahnschmerzen, nie Bauchweh, und ihre Eltern mussten ihr bei einem aufgeschlagenen Knie nie die Tränen trocknen.

In Wirklichkeit aber ist der Schmerz ein Geschenk. Er ist eine Warnung, dass etwas nicht in Ordnung ist und Handlungsbedarf besteht. Ohne Schmerz kann selbst eine geringfügige Verletzung tödliche Konsequenzen haben.

Schuld hat dieselbe Funktion. Schuldgefühle sind das Signal des Gewissens, dass etwas absolut nicht in Ordnung ist.

In den Minuten, die ich allein im Arbeitszimmer bleibe, fressen meine Schuldgefühle mich bei lebendigem Leibe auf. Als ich mich auf den Rückweg in meine Räumlichkeiten mache, schlagen sie ihre Klauen in meine Eingeweide. Als ich mir ein Glas Brandy einschenke, drücken sie mir die Kehle zu und machen mir das Schlucken beinahe unmöglich.

Ich werde Olivias Gesichtsausdruck nicht los, habe ständig ihren letzten Blick vor Augen. Geschlagen. Zerstört.

Es dürfte sich nicht so anfühlen. Ich bin derjenige, der hier verletzt wurde. Ich bin der, der belogen wurde. Betrogen. Hintergangen.

Warum fühle ich mich dann so schuldig, verdammt noch mal? So als würde mir das scharfe Ende einer gebrochenen Rippe in die Eingeweide stechen.

Mit einem Klirren setze ich das Glas ab, stehe auf, gehe zum Bücherschrank und durch den Gang zu ihrem Zimmer. Doch der Schrank am anderen Ende gibt nicht nach, bewegt sich keinen Millimeter.

Ich hatte den Riegel vergessen.

Meine Mutter hat ihn eigenhändig angebracht. Es war das einzige Mal in meinem Leben, dass ich sie mit einem Schraubenzieher in der Hand erlebt habe. Und das einzige Mal, dass ich aus ihrem Munde hörte, mein Vater sei ein Depp. Den Streit hatten sie bald wieder beigelegt, worum auch immer es gegangen sein mochte, doch der Riegel blieb. Und hat offensichtlich soeben seinen Dienst wieder aufgenommen.

Haareraufend laufe ich zurück, durchquere mein Wohnzimmer und gehe über den Flur zu Olivias Tür. Ich rüttle und klopfe, doch es kommt keine Antwort.

Ein junges Zimmermädchen geht grüßend vorüber, und ich grüße automatisch. Selbst halb tot weiß ich noch, was von mir erwartet wird. Ich klopfe noch einmal und habe Mühe, den Zorn und die Frustration im Zaum zu halten, die von Sekunde zu Sekunde weiter in mir anschwellen.

«Olivia! Ich würde gerne mit dir reden!»

Ich warte, aber vergebens.

«Olivia!» Ich klopfe aufs Neue. «Das ... das ist eben ein bisschen außer Kontrolle geraten, und ich möchte gern mit dir sprechen. Könntest du bitte die Tür aufmachen?»

Ein Wachmann passiert den Flur, und ich komme mir vor wie ein Idiot. Mein Gott, wie muss ich aussehen! Stehe in meinem eigenen Haus klopfend und bettelnd vor einer verschlossenen Schlafzimmertür! Wie erbärmlich.

Diesmal schlage ich mit der Faust gegen die Tür. «Olivia!»

Als dreißig Sekunden später noch immer keine Antwort kommt, gehen meine Schuldgefühle in Rauch auf. «Na schön!», zische ich. «Ganz, wie du willst!» Ich stürme die Treppe nach unten und stoße im Foyer auf Fergus. «Lassen Sie den Wagen vorfahren!»

«Wohin gehen Sie?»

«Ich gehe aus.»

«Wann kommen Sie zurück?»

«Spät.»

Er mustert mich abschätzig. «Das scheint mir eine dämliche Idee zu sein.»

«Wie sich rausstellt, hatte ich die letzten fünf Monate lang dämliche Ideen.» Ich trete ins Freie. «Warum sollte ich jetzt damit aufhören?»

OLIVIA

Nach der heißen Dusche ziehe ich mich an – mit meinen eigenen Sachen, einer abgetragenen grauen Trainingshose und einem weißen T-Shirt. Anstatt mir die Haare zu föhnen, binde ich sie zu einem nassen Knoten hoch. Meine Augen fühlen sich verheult und geschwollen an, und ich sehe sicher furchtbar aus. Ich zerre meinen Seesack aus dem Schrank und fange an zu packen. Die Sachen, die Sandrine für mich gekauft hat, lasse ich tunlichst hängen. Sie halten mich sowieso schon für geldgeil, aber ich will verdammt sein, wenn ich ihnen noch zusätzlich Munition liefere.

Als ich fertig gepackt habe, will ich eigentlich in die palastinterne Reisestelle gehen, um mir einen Wagen zum Flughafen und den Rückflug zu organisieren, doch meine Beine haben andere Pläne. Sie bringen mich durch den Geheimgang in Nicholas' Zimmer.

Es herrscht die Art Stille, die einem sagt, dass niemand da ist. Auf dem Tisch steht ein Glas Brandy. Sanft berühre ich es mit den Fingerspitzen – weil er es berührt hat. Dann trete ich an sein Bett – an dieses riesengroße, wunderschöne Bett. Ich drücke das Gesicht in sein Kopfkissen, hole tief Luft, atme seinen Geruch ein – diesen umwerfend männlichen Geruch, ein Hauch Ozean, ein Hauch Gewürze.

Meine Haut beginnt zu kribbeln. Meine Augen fangen an zu brennen. Ich dachte, ich hätte alle Tränen geweint, die in mir waren, aber da habe ich mich wohl getäuscht. Schaudernd hole ich tief Luft und lege das Kissen zurück.

«Er ist nicht hier, Miss.» Plötzlich steht Fergus in der Tür. «Er hat vorhin das Haus verlassen.»

«Hat er gesagt, wohin er wollte?»

«Nein.»

Ich gehe auf den zerbrechlichen, alten Mann zu. «Sie waren immer nett zu mir, Fergus. Ich danke Ihnen dafür.»

Ich wende mich zum Gehen, doch seine Hand fällt schwer auf meinen Arm. «Er ist kein schlechter Junge. Er kann manchmal recht harsch sein, das stimmt, aber er hat seine Gründe. Lassen Sie ihn wieder zur Vernunft kommen. Er liebt Sie, meine Gute. Egal, was passiert ist, er liebt Sie. Laufen Sie jetzt nicht davon. Geben Sie ihm ein wenig mehr Zeit.»

Die Worte der Queen hallen in meinem Kopf wider.

«Zeit ändert gar nichts, Fergus.» Ich beuge mich zu ihm und küsse sanft seine faltige Wange. «Leben Sie wohl.»

Jane Stiltonhouse, die Reisekoordinatorin, sitzt an ihrem Schreibtisch, als ich das Zimmer betrete. «Ich bin zur Abreise bereit.»

Kurz wirkt sie überrascht. Und dann fast beschwingt. «Wunderbar.» Sie erhebt sich, öffnet eine Schublade, nimmt eine schmale Mappe heraus und überfliegt den Inhalt. «Gut. Ich buche umgehend einen Flug erster Klasse nach New York, eine Aufmerksamkeit des Palasts. Ich werde sofort zwei Mädchen nach Guthrie House schicken, die Ihnen beim Packen helfen.»

«Das ist nicht nötig. Ich habe schon gepackt.»

Ihr Lächeln erinnert mich an eine giftige Frucht: süß und gefährlich. «Alles, was Ihnen vom Palast für Ihren Aufenthalt zur Verfügung gestellt wurde, Kleidung, Schmuck et cetera, et cetera, bleibt natürlich hier.»

«Ich wollte nur den Anhänger behalten, den Nicholas mir geschenkt hat.»

Sie klatscht in die Hände. «Genau darum geht es. Der Anhänger bleibt ebenfalls hier.»

Die Worte treffen mich wie ein Schlag in den Magen. «Aber Nicholas hat ihn für mich entworfen.»

«Prinz Nicholas hat das Collier in Auftrag gegeben. Er ist Mitglied der Königsfamilie, also ist das Schmuckstück Eigentum der Krone. Es bleibt hier.»

«Es war ein Geschenk.»

Sie hebt fragend eine ihrer perfekt getrimmten Augenbrauen. «Und bald wird er es womöglich einer anderen schenken. Es *bleibt hier.* Gibt es hier am Ende ein Problem, Miss Hammond?»

Ich würde ihr zu gerne zeigen, wie man da, wo ich herkomme, Probleme löst. Aber ich tue es nicht. Was hätte das schon für einen Sinn?

«Nein, Miss Stiltonhouse, es gibt kein Problem.»

Ihr Gesicht verzieht sich zu einer fabelhaften Imitation von

Bruce, dem Hai, aus *Findet Nemo.* «Sehr schön. Der Fahrer hat dann Ihr Ticket. Vergessen Sie Ihren Pass nicht. Und beehren Sie uns wieder.» Sie mustert mich kühl von oben bis unten. «Sollten Sie je über die nötigen Mittel verfügen.»

Ich kann gar nicht schnell genug von hier wegkommen.

24

NICHOLAS

Diesmal träume ich nicht von meiner Mutter, so wie beim letzten Mal, als ich wirklich besoffen war. Nachdem ich mich einsam und allein in einer Ecke vom Horny Goat bis zur Bewusstlosigkeit betrunken habe und irgendwer mich nach Hause gebracht hat, träume ich von einem Schiff, einem knarzenden, hölzernen Piratenschiff mit einer atemberaubenden schwarzhaarigen Gallionsfigur mit vollkommenen, weißen Brüsten. Ich bin mitten in einem tosenden Sturm. Ich werde hin und her geschleudert, bis eine gigantische Riesenwelle das Schiff erfasst und mich ins Meer katapultiert.

Mein Kopf landet hart auf dem Boden, und ich merke, dass ich nicht auf einem Schiff bin. Das Rütteln und Schleudern war auch kein Traum.

Es war mein kleiner Bruder.

Er hat die Couch angekippt, auf der ich meinen Rausch ausschlief, und meinen armen Hintern auf den Fußboden verfrachtet. Als ich endlich in der Lage bin, die Augen zu öffnen, steht er über mir wie ein Racheengel. Und neben ihm steht Simon.

«Was zum Teufel soll das, Henry?»

«Ich hab dir gesagt, dass du falschliegst. Ich hab dir gesagt, dass Olivia so etwas nicht tun würde.»

Augenblicklich bin ich hellwach. Und stocknüchtern.

Henry sieht Simon finster an. «Sag's ihm.»

Simon sieht blass aus. Und ziemlich zerknirscht.

«Was sollst du mir sagen?», krächze ich.

Er räuspert sich. «Ja ... also, die Sache ist die ... ich will für Barrister's ein neues Geschäftsfeld erschließen ...»

Er verstummt, und ich werde ungeduldig. «Und?»

«Pies.»

Vielleicht träume ich ja doch noch. «Pies?»

«Ja, frisch und tiefgekühlt, weltweiter Versand. Du wirst sehen, Marie Callenders und Sara Lee werden ziemlich alt aussehen neben uns. Du weißt doch, wie gut mir die Pies bei Amelia's geschmeckt haben. Also ... also ich habe Olivias Vater die Rezepte abgekauft. Und zwar alle.»

Mir dreht sich der Magen um. «Für wie viel?»

«Sechsstellig.»

Langsam richte ich mich auf. In mir kocht die Wut hoch. «Und du bist nicht auf die Idee gekommen, mir davon zu erzählen?»

Er reibt sich den Nacken. «Tja. Mr. Hammond wollte es vertraulich behandeln. Er bringt sich in Ordnung, hat das Zwölf-Schritte-Programm absolviert und alles. Er wollte Olivia bei ihrer Rückkehr damit überraschen, dass der Laden schuldenfrei ist und sie sich nicht mehr allein um alles kümmern muss.» Simon windet sich. «Und na ja ... Es fällt mir so schwer, Sachen vor Franny geheim zu halten, und da dachte ich, es wäre am besten, wenn du ...» Er sieht mich an und verstummt. «Nick? Was hast du getan?»

Was habe ich getan? Die Erkenntnis trifft mich wie ein Tritt in die Eier.

Mit einem Satz bin ich auf den Beinen, und während die schrecklichen Dinge, die ich ihr an den Kopf geworfen habe, in meinen Ohren dröhnen, renne ich mit offenem Hemd und barfuß über den Flur.

Doch sobald meine Hand die Klinke berührt, noch ehe ich die Tür geöffnet habe, weiß ich es. Ich kann es fühlen.

Sie ist weg.

Ich stehe in der Mitte von Olivias Zimmer, denn das ist es inzwischen für mich. Nicht *das weiße Schlafzimmer* oder *das Zimmer meiner Mutter.* Nein. Es ist Olivias Zimmer.

Und jetzt ist es Olivias *leeres* Zimmer.

Das Bett ist unberührt. Die weißen Wände und Möbel wirken grau und leblos. Ich gehe ins Bad, ins Ankleidezimmer – ich weiß selbst nicht, warum –, doch dort hängen nur in Schonhüllen verpackte Designeroutfits. Olivias Spuren sind getilgt. Die Shampoos und Cremes und ihre kleinen Haargummis, die ständig überall herumlagen, alles ist fort.

Als wäre sie nie hier gewesen.

Ich gehe zurück ins Schlafzimmer. Ein Funkeln zieht meinen Blick auf sich. Auf der Frisierkommode liegt etwas Glitzerndes. Der Schneeflockenanhänger. Er gehörte ihr, er wurde für sie angefertigt. Ich hatte ihn ihr zum *Geschenk* gemacht.

Sie sollte ihn behalten. Für immer.

Doch vermutlich war selbst das egoistisch von mir. Die Vorstellung, sie würde etwas Greifbares von uns behalten, etwas, das sie berühren könnte, etwas, um sich an mich zu erinnern … später.

Sie hat es hiergelassen.

Deutlicher kann eine Botschaft nicht sein.

Draußen geht ein Zimmermädchen an der geöffneten Tür vorbei, und ich belle sie an: «Schaffen Sie Winston her! Sofort.»

Ich halte den Anhänger noch immer in der Hand, als Henry und Simon – und mit ihnen Fergus – das Zimmer betreten.

«Wann?», frage ich meinen Butler.

«Miss Olivia ist gestern Abend abgereist.»

«Warum wurde ich nicht informiert?»

«Sie haben ihr *befohlen* zu gehen. Ich habe es mit eigenen Ohren gehört. Das ganze Haus hat es gehört.»

Ich zucke zusammen.

«Ich habe nur Ihre Befehle befolgt.» Seine Worte triefen vor Sarkasmus.

Nicht heute, alter Mann.

Winston kommt herein, die Lippen zu seinem immerwährenden, selbstverliebten kleinen Grinsen verzogen. Am liebsten würde ich es ihm aus dem Gesicht schlagen. Das hätte ich schon gestern tun sollen, als er Olivia unterstellt hat, sie hätte ... *Verfluchte Scheiße! Ich bin ein Idiot.*

«Holt Sie zurück.»

«Sie ist inzwischen in New York gelandet», sagt Fergus.

«Dann holt sie aus New York zurück.»

«Sie ist gegangen, Nicholas», sagt Simon.

Und Henry setzt an: «Du kannst nicht einfach ...»

«Bringt sie zurück!», brülle ich so laut, dass die Gemälde an den Wänden erzittern.

«Nicholas! Herrgott noch mal!» Henry packt mich an den Schultern. «Du befiehlst deinen Leuten, Olivia zurückzubringen, und sie tun es, und zwar unter allen Umständen. Und dann können wir deinem Lebenslauf ‹internationaler Kidnapper› hinzufügen. Sie ist kein Möbelstück, Nicholas. Du kannst nicht einfach befehlen, sie holen zu lassen.»

«Ich kann tun, was ich will!», zische ich.

«So eine Scheiße.» Henry schaut mich angewidert an. «Klinge ich etwa auch so?»

Panik. Panik steigt in mir auf wie schwarzer Rauch, bringt mich zum Würgen, lässt mich die Schneeflocke umklammern wie einen Rettungsanker. Jagt mir wilde Gedanken durchs Hirn und bringt mich dazu, idiotische Sachen zu sagen. Denn ... Was, wenn Olivia nicht zu mir zurückkommt? Was soll ich dann tun?

Ohne sie?

Meine Stimme wird zu Asche. «Sie wird mit ihnen zurückkommen. Sie werden es erklären. Ihr sagen, dass ... dass ich einen Fehler gemacht habe. Dass es mir leidtut.»

Mein kleiner Bruder sieht mich an, als hätte ich den Verstand verloren, und das habe ich vielleicht auch.

Simon tritt auf mich zu und packt mich am Arm. «Sag es ihr selbst, Mann!»

Die Kehrseite der Medaille von Verantwortung und Pflichtgefühl ist der Tunnelblick – man verliert das ganze Bild aus den Augen, sieht die Möglichkeiten nicht, weil man selbst nie eine Wahl hatte. Man sieht nur die Spur, auf die man gesetzt worden ist, die Spur, die geradewegs durch den Tunnel führt.

Doch ab und zu springt selbst der verlässlichste Zug aus dem Gleis.

♛

«Prinz Nicholas, Sie können da jetzt nicht rein.» Christopher eilt hinter seinem Tisch hervor und versucht, sich zwischen mich und die geschlossene Tür zum Büro der Queen zu schieben. «Hoheit, ich muss doch sehr bitten ...»

Ich stürme durch die Tür.

Kaiser Himura erhebt sich eilig, und seine Bodyguards greifen zu ihren Holstern. Mit einer Handbewegung gibt der Kaiser Entwarnung. All das nehme ich nur am Rande wahr. Denn meine Augen sind fest auf die der Queen gerichtet. Wenn Blicke töten könnten, wäre Henry in diesem Moment zum Thronfolger befördert worden.

«Die Pressekonferenz wird abgesagt», verkünde ich.

Ohne zu blinzeln, wendet sie sich wieder ihrem Gast zu. «Bitte verzeihen Sie, Kaiser Himura. Ein derartiges Benehmen ist unentschuldbar.»

Der Kaiser nickt. «Ich habe sechs Kinder, Eure Majestät. Solcher Art Unterbrechungen sind mir bestens vertraut.» Er sieht mich an, und automatisch senke ich zum Zeichen des Respekts das Kinn und deute eine Verbeugung an.

Meine Großmutter sieht an mir vorbei zur Tür. «Christopher, bitte führen Sie Kaiser Himura in den Blauen Salon. Ich bin in einem Augenblick wieder bei ihm.»

«Jawohl, Eure Majestät.»

Sobald wir allein sind, lässt meine Großmutter ihre beherrschte Fassade fallen. «Hast du den Verstand verloren?»

«Ich sage die Pressekonferenz ab.»

«Auf gar keinen Fall.»

«Ich fliege nach New York zu Olivia. Ich habe sie furchtbar verletzt.»

«Das kommt nicht in Frage», zischt sie. Ihre stahlgrauen Augen blitzen wie ein frischpoliertes Messer.

«Ich habe immer alles getan, was du von mir verlangt hast! Ich bin der geworden, den du wolltest. Und ich habe dich niemals um etwas gebeten, Großmutter. Aber jetzt bitte ich dich.» In mir zerbricht etwas, und man kann die Splitter in meiner Stimme hören. «Ich liebe sie. Ich kann nicht zulassen, dass es so endet.»

Sie mustert mich schweigend – länger, als angenehm ist –, und als sie das Wort ergreift, ist ihre Stimme sanfter, aber nicht weniger bestimmt.

«Doch. Genau so muss es enden. Hältst du mich für dumm, Nicholas? Glaubst du, ich wüsste nicht, was du denkst?» Ich mache den Mund auf, um zu antworten, doch sie schneidet mir das Wort ab. «Du dachtest, du könntest die Hochzeit noch eine Weile hinausschieben. Und womöglich wäre dir das auch gelungen. Doch das ändert nichts an der Tatsache: Eines Tages wirst du Ehemann und Vater werden. Eines Tages wirst du *König* werden, Nicholas. Und was wird Olivia dann sein?»

«*Mein!*», knurre ich. «Sie wird mein sein!»

Ich sehe sie vor mir – die rosigen Lippen, ihr Lächeln, die Art, wie ihre Augen leuchten, wenn sie mich ansieht. Wenn sie glücklich ist. Wenn *ich* sie glücklich gemacht habe. Ich sehe ihre dichten schwarzen Wimpern vor mir, die auf ihren zarten Wangen ruhen, wenn sie schläft – friedvoll, weil sie es in meinen Armen tut. Ich erinnere mich an ihre sanfte Berührung und an die reine, wundervolle Zufriedenheit, die mich erfüllt, wenn ich einfach nur neben ihr liege.

«Das Wort Mätresse mag heute nicht mehr dieselbe Bedeutung haben wie einst, aber es ist immer noch nicht schön, eine zu sein, Nicholas. Und es gibt keine Geheimnisse, nicht in dieser Welt, nicht mehr. Du hast eine Aufgabe zu erfüllen, eine Bestimmung. Dir werden die Bewunderung und Hingabe eines ganzen Landes zuteilwerden. Und Olivia sein Hohn. Womöglich die Verachtung der ganzen Welt. Du weißt nur zu gut, wie das abläuft. Du hast es oft genug gesehen. Das Kindermädchen des verheirateten Filmstars, das sich mit ihm einlässt, die junge Assistentin, die von einem mächtigen Mann verführt wird. Es ist nie der Mann, der dafür Schimpf und Schande erfährt. Es ist immer die Frau – die *andere* Frau –, die dafür büßen muss.»

Ich habe keine Antwort darauf. Weil ich so weit nie gedacht habe. Die Zukunft spielte in meinen Gedanken nie eine Rolle. Es war nur wichtig, Olivia nicht zu verlieren, sie jeden Morgen küssen zu können, ihr jede Nacht zeigen zu können, wie unendlich wichtig und kostbar sie mir ist.

Meine Großmutter zieht die Augenbrauen zusammen. «Bist du tatsächlich so egoistisch, mein Junge? Ist das wirklich das Leben, das du dir für sie wünschst?»

Das Leben, das ich mir für sie wünsche? Ich wünsche Olivia die Welt. Jeden Winkel davon will ich ihr zeigen, sie gemeinsam entdecken, während ich ihre Hand halte. Ich möchte ihr die Sterne vom Himmel holen – Monde, Planeten, Sonnen und alles dazwischen.

Und einen Augenblick lang habe ich tatsächlich geglaubt, ich könnte ihr all das geben. Ich habe geglaubt, es gäbe einen Weg.

Wie dumm von mir.

Franny hat mich einen Idioten genannt. Einen dämlichen Idioten. Dieses eine Mal hat sie wirklich recht.

Als ich meiner Großmutter antworte, ist meine Stimme hohl und leer, eine verwüstete, ausgehöhlte Imitation meiner selbst. «Nein.»

«Dann lass sie gehen. Wenn du sie wirklich liebst, Nicholas, dann lass zu, dass sie dich hasst. Das wird es ihr leichter machen.» Sie legt mir die Hand auf den Arm und drückt mit einer Kraft zu, die mich überrascht. «Und dir auch.»

Ich reibe mir über die Augen. Ich bin plötzlich so ... so schrecklich müde.

«Christopher hat die Liste. Ich habe sie auf fünf Kandidatinnen zusammengestrichen. Wirf einen Blick darauf. Es sind alles wundervolle Frauen, Nicholas. Und eine von ihnen wird dich glücklich machen, wenn du es zulässt.»

Ohne ein weiteres Wort verlasse ich ihr Büro, völlig benommen. An Christophers Schreibtisch bleibe ich stehen, und er reicht mir die Liste. Eine Seite, fünf Namen, fünf daumengroße, lächelnde Gesichter. Alle gleich. Alle bedeutungslos.

Ich schlucke schwer und gebe ihm die Liste zurück. «Suchen Sie eine aus.»

Er sieht erschrocken von mir zu dem Blatt und wieder zurück. «Ich?»

«Ja.»

«Äh ... welche soll ich aussuchen, Sir?»

Ich habe in meinem ganzen Leben noch nie eine ehrlichere Antwort gegeben: «Es spielt keine Rolle.»

25

OLIVIA

Die Monate in Wessco sind verflogen wie ein Wimpernschlag, ein Fingerschnipsen. Die Zeit vergeht scheinbar immer schneller, wenn man glücklich ist. Die ersten beiden Tage daheim zogen sich dagegen zäh wie Leim, schlichen in scheinbar endlosen, schmerzdurchfluteten Sekunden dahin. Ich dachte, Wessco zu verlassen sei das Härteste, das ich je getan habe. Ich habe mich geirrt. Ein Leben ohne Nicholas ist noch viel härter.

Noch vom Flughafen in Wessco aus rief ich Ellie an, um ihr zu sagen, dass ich nach Hause komme, und um sie zu bitten, mich abzuholen. Doch als ich in die Ankunftshalle kam, war sie nicht da. Sondern mein Dad. Sein Blick war klar, nüchtern und stark. Und voller Verständnis.

Ich sah ihn und fing sofort an zu weinen. Ich versuchte gar nicht erst, mich zusammenzureißen. Er nahm mich in den Arm und sagte mir, dass alles gut wird; dass ich stark sei – stark wie meine Mutter – und dass ich es überleben werde. Er wiegte mich in seinen Armen und hielt mich ganz, ganz fest.

Mein Held.

Trotzdem ist es hart. Ich muss ständig den Drang bekämpfen, mich zu einer Kugel zusammenzurollen und zu weinen, weil mir alles weh tut. Mein Herz liegt mir tonnenschwer in der Brust, in meinem Kopf kreisen die Zweifel; all die Dinge, die ich anders hätte machen können. In meinen Armen und Beinen schmerzt der Drang, Hals über Kopf zu ihm zurückzurennen und die Arme um ihn zu schlingen und ihn nie, nie wieder loszulassen. Mein Magen ist ein einziger Knoten, und mir ist ständig schlecht. So schlecht, dass ich gestern den Bruchteil einer Sekunde lang die Möglichkeit in Erwägung zog, schwanger zu sein, ein flüchtiger Gedanke, der mit Freude und Erleichterung einherging. Es ist der schlimmste Grund, sich ein Kind zu wünschen, aber ein Baby wäre eine Verbindung zwischen uns. Ich hätte einen Grund, zurückzufliegen, ihn wiederzusehen.

Ich weiß, wie verzweifelt und erbärmlich ich klinge, aber das ist mir völlig egal. So ist das eben, wenn einem das Herz aus der Brust gerissen wird.

Für Morgenübelkeit ist es zu früh, und ich weiß sowieso, dass ich nicht schwanger bin. Solche dramatischen Happy Ends gibt es nur in Liebesromanen und Vorabendserien. Im echten Leben kann man sich auf Verhütung verlassen, auch wenn es einem das Herz zerreißt.

«O mein Gott! Sie sind es wirklich! Darf ich ein Foto machen?» Die hübsche Mittzwanzigerin neben mir vibriert beinahe vor Aufregung.

«Nein, tut mir leid, bitte keine Fotos», murmle ich, den Blick auf die schmutzigen Teller in meinen Händen gerichtet.

Das Geschäft brummt. Die Schlange zieht sich um den halben Block. Wegen unserer Pies kommt keiner mehr – mein Vater hat mir noch am Abend meiner Ankunft alles über den Deal mit Simon Barrister erzählt. Er hat ihm die Exklusivrechte an den Rezepten verkauft, und das bedeutet, dass wir endgültig raus sind aus dem Pie-Geschäft. Worüber ich froh bin, wirklich. Ich bin froh, dass mein Vater trocken ist, dass es ihm gutgeht. Froh, dass Ellie ohne Geldsorgen aufs College gehen kann. Ich bin sogar froh für mich. Weil ich jetzt eine Wahl habe, weil ich nicht mehr mein Leben lang meiner geliebten Familie zuliebe etwas tun muss, das ich hasse.

Aber Nicholas hatte recht. Jeder Mensch hat seinen Preis, und alles ist käuflich.

Die Menschen, die Tag für Tag das Café stürmen, sind auf der Suche nach einem Stück von Nicholas. Sie wollen den Tisch sehen, an dem er saß. Ellie hat eine Plakette an die Stuhllehne geschraubt: «Hier saß der königliche Arsch.» Marty hat «Und er war knackig!» daneben ins Holz geritzt.

Ich gebe keine Autogramme und lasse mich nicht fotografieren, aber das hält die Leute nicht davon ab, mich darum zu bitten. Ich habe, seit ich zurück bin, jeden Tag gearbeitet in dem Versuch, mich abzulenken, aber meistens halte ich mich im Hintergrund. Verstecke mich vor den gierigen Blicken und frechen Fragen.

Ich verschwinde in die Küche und werfe die Teller klirrend ins Waschbecken. Das TELLERWÄSCHER GESUCHT-Schild hängt immer noch im Fenster. Der Lärm von vorne ist so laut, dass ich zunächst nicht höre, als jemand hinter mir in die Küche tritt. Erst als ich mich umdrehe und quasi in seinen Brustkorb laufe, bemerkte ich ihn.

Mit sanftem Griff an meinen Ellbogen hilft Logan mir, das Gleichgewicht wiederzufinden. Sofort wird meine Brust eng. Sein Anblick weckt eine Flut von Erinnerungen.

«Verzeihung, Miss Olivia.»

«Was tun Sie hier, Logan?»

Er sieht mich verständnislos an. «Ich habe Dienst. Tommy hat heute frei.»

«Nein. Das meine ich nicht. Ich meine, was tun Sie *immer noch* hier?»

Von Nicholas kam seit meiner Abreise kein einziges Wort – kein Anruf, keine E-Mail, keine SMS. Ich hatte erwartet, Logan und Tommy würden nach Wessco zurückfliegen, sobald klar war, dass ich zurechtkomme. Allein.

Mitgefühl verdunkelt seine Augen. «Prinz Nicholas hat mich beauftragt, Ihr Geschäft zu schützen und auf Ihre Schwester aufzupassen. Solange ich keine neuen Befehle erhalte, werde ich genau das tun.»

«Vielleicht ... hat er vergessen, dass Sie hier sind?»

Logan lacht leise. «Prinz Nicholas vergisst seine Männer nicht. Tommy und ich sind hier, weil er uns hier haben will.»

Ich weiß nicht, was ich mit dieser Information anfangen soll. Ob sich darin ein Hinweis auf Nicholas' Absichten verbirgt oder ob sie am Ende nichts zu bedeuten hat. Jedenfalls fehlt mir die Zeit, darüber nachzudenken. Weil eine Sekunde später die Stimme meiner Schwester zu uns in die Küche dringt.

«Raus jetzt, alle Mann! Auf geht's, Leute, Zeit für die Siesta. Heute Nachmittag ist geschlossen. Hey, Marty, hilf mir mal bitte, ja?»

Logan und ich eilen aus der Küche nach vorne. Ellie hält die Ladentür auf und scheucht sämtliche Gäste ungeachtet der Proteste hinaus, während Marty sie wie ein moderner Schäfer in Richtung Tür zusammentreibt.

«Ihr Geld hilft Ihnen hier auch nicht weiter», sagt er zu einem Typen, der mit mehreren Scheinen wedelt. «Kommen Sie morgen wieder.»

«Was tut ihr da?», rufe ich meiner Schwester über den Trubel hinweg zu.

Ellie streckt den Zeigefinger in die Luft, bis auch der letzte Gast den Laden verlassen hat. Sie sperrt ab und zieht die grüne Jalousie am großen Schaufenster herunter.

«Gleich kommt die Pressekonferenz.» Sie schlittert zum Fernseher hinüber, der auf dem Tresen steht, und schaltet ihn ein. «Ich dachte, du hättest dabei vielleicht gern etwas Privatsphäre.»

Mein Herz ist mir in den letzten Monaten so einige Male in die Hose gerutscht, aber jetzt rutscht es runter bis nach China. «Ich werde mir die Pressekonferenz nicht ansehen.»

«Oh, doch. Das wirst du, du Kleingläubige.» Sie zerrt mich

am Arm zu einem Stuhl direkt vor dem Tresen. «Im Gegensatz zu dir habe ich nämlich immer noch Hoffnung, dass His Royal Hotness seinen dämlichen Schädel aus seinem knackigen Arsch herauszieht und wieder zu sich kommt.»

«Selbst wenn, es spielt keine Rolle. Es ging nur um einen Sommer, nicht mehr. Das mit uns hatte von Anfang an ein festes Verfallsdatum.»

Ellie tritt hinter mich und drückt meine Schultern. «Wenn das stimmt, dann wird dir das hier helfen, damit abzuschließen. Endgültig.»

Ich hasse dieses Wort. Endgültig. Die Bestätigung dafür, dass das, was man fürchtet, tatsächlich wahr ist. Tot ist tot. Vorbei ist *wirklich* vorbei. Für mich liegt darin kein Trost.

«Ich will das aber nicht sehen.» Ich habe Nicholas nicht gegoogelt, ich habe mir kein einziges der Fotos angesehen, die überall und ständig greifbar sind. Das wäre, als würde ich eine frische Brandblase an den heißen Herd halten. Es tut zu weh, als dass man auch nur das kleinste bisschen Hutze ertragen könnte.

Meine Schwester verschränkt die Arme vor der Brust. «Lügnerin.»

Okay. Sie hat recht. Ich will es nicht sehen *wollen.* Ich will ihn nicht vermissen. Ich will ihn nicht brauchen. Ich will mir nicht jeden einzelnen Augenblick jedes einzelnen Tages Mühe geben müssen, nicht loszuheulen, weil ich mir eine Zukunft ohne ihn nicht mehr vorstellen kann.

Aber man bekommt nicht immer, was man will. Eigentlich meistens nicht. Was sagte meine Mutter immer, als wir noch klein waren? *Nimm, was du kriegst, und beschwer dich nicht drüber.* Also sitze ich wie festgenagelt da und grabe mir die Fingernägel in die Hände, während Ellie den Sender sucht, der die Pressekonferenz überträgt.

Ich weiß, was ich gekriegt habe. Jetzt geht es nur noch darum herauszufinden, was Nicholas am Ende bekommen hat. Ich bin nicht die Einzige, die einen hohen Preis bezahlt hat, das ist mir klar. Ich kenne ihn, auch wenn die ganze Sache am Ende fürchterlich aus dem Ruder gelaufen ist. Ich kenne jeden Millimeter seiner Seele. Ich weiß, dass das, was er für mich empfunden hat, echt war – jede Berührung, jeder Blick, jedes Lächeln.

Ich habe mir vorgestellt, wie schuldig er sich fühlen musste, als er schließlich die Wahrheit erfuhr. Ich glaube fest daran, dass er die Dinge ändern würde, wenn es in seiner Macht läge. Ich glaube fest daran, dass er das wollte, mehr als alles andere in seinem Leben.

Aber wir können nicht ändern, wer wir sind. Ob wir nun Königin sind, Prinz oder ein Mädchen aus New York City.

Wie hat er es einmal ausgedrückt ... Mitglied des Königshauses ist man für die Ewigkeit.

Die Kamera ist auf ein leeres Rednerpult auf einem Podest gerichtet. Auf dem glänzenden Holz prangt das königliche Wappen. Ich kenne den Raum nicht. Im Hintergrund sind zwei Fenster zu sehen, umrahmt von üppigen Vorhängen mit Blumenmuster, und dazwischen hängt das Porträt von Nicholas' Eltern. Guthrie House ist es jedenfalls nicht. Vielleicht irgendein anderer Raum im Palast oder in einem der vielen anderen Besitztümer, von denen er mir zwar erzählt hat, die wir aber nie besichtigen konnten.

Plötzlich wird es hinter der Kamera unruhig, Blitzlichter sind zu sehen, und dann ist er da. Er betritt das Podest und stellt sich hinter das Pult. Mir schnürt es die Luft ab, mein Brustkorb wird eng, und der dicke Frosch in meinem Hals macht es mir fast unmöglich, zu atmen.

Gott! Er ist so schön.

Und er sieht absolut fertig aus.

Natürlich sitzt der dunkelblaue Anzug wie angegossen, betont die breiten Schultern, die kräftigen Arme, diese warme, starke Brust. Doch er wirkt hohlwangig, und unter seinen Augen liegen tiefe Schatten. Er sieht ... traurig aus. Und das haut mich endgültig um. Ganz egal, wie das mit uns endete, Nicholas hat es verdient, glücklich zu sein. Ich wünsche ihm das mehr als alles.

An einem Tisch rechts neben Nicholas nimmt Henry Platz, stützt die Ellbogen auf und legt den Kopf auf die Hand. Er sieht müde aus. Simon ist ebenfalls da, noch einen Stuhl weiter, und ich muss an Franny denken.

Wahrscheinlich bin ich für sie jetzt die geflüchtete blöde Kuh.

Dann ergreift Nicholas das Wort. «Volk von Wessco», sagt er und zieht einen Stapel weißer Kärtchen aus der Tasche. «Wir haben einen langen gemeinsamen Weg hinter uns. Ihr habt mit meiner Familie den Tag meiner Geburt gefeiert», ein Mundwinkel zuckt leicht nach oben, «und ich habe gehört, die Partys waren teilweise ziemlich ausgelassen. Ihr habt zugesehen, wie ich meine ersten Schritte machte, ihr habt mich an meinem ersten Schultag begleitet und auf meinem ersten Ausritt auf meinem allerersten Pferd – King war sein Name.» Nicholas räuspert sich und senkt den Kopf. Die dunklen Haare fallen ihm in die Stirn. «Ihr habt mit uns getrauert, als Henry und ich unsere Eltern verloren, habt unseren Schmerz geteilt. Ihr habt uns unterstützt, getröstet, in den Arm genommen, als wären wir eure eigenen Kinder. Und in gewisser Weise sind wir das auch. Ihr wart dabei, als ich das Studium beendete und den gleichen Militärdienst absolvierte, wie ihn jeder Bürger Wesscos absolvieren muss, und ich war stets bestrebt, mit Worten und mit Taten alles zu tun, um mich eurer Gunst und eures Stolzes würdig zu erweisen. Ich war stets bestrebt, zu dem Mann, Anführer und Prinzen zu werden, den dieses Volk verdient hat.»

Einen Moment lang senkt er den Blick auf die Kärtchen in seiner Hand. Er muss sichtlich schlucken.

«So wie alle Mütter hegte auch unsere Mutter viele Träume für uns. Sie wollte, dass wir ein Leben führen, das Bedeutung hat, das erfüllt ist von Erfolgen und ... Liebe. Eine Liebe, wie unsere Eltern sie füreinander empfanden, sucht ihresgleichen. Sie kam einem Wunder gleich, das war für jeden deutlich sichtbar. Unsere Eltern waren füreinander bestimmt, sie haben jeweils das Beste im anderen zum Vorschein gebracht. Und ihr alle habt, genau wie Ihre Majestät, die Königin, darauf gewartet – wenn auch nicht sehr geduldig» – Nicholas gestattet sich ein leises Lächeln, und Gelächter rieselt durch den Raum –, «dass auch mir eine Liebe wie diese begegnet.»

Nicholas sieht aus, als wäre ihm schlecht. Sein Kiefer ist fest zusammengepresst, als müsse er darum kämpfen, gewisse Dinge nicht auszusprechen. Dann sieht er direkt in die Kamera, mit zusammengezogenen Augenbrauen. «Heute hat das Warten ein Ende. Heute endlich werde ich über die Zukunft unserer Monarchie sprechen, über meine Zukunft mit der Frau, die ich ehelichen werde.»

Ich beiße mir in die Wange. Ich glaube nicht, dass ich das aushalten kann. Gott! Warum dachte ich nur, ich könnte mir das ansehen?

«Sie wäre heute gerne hier bei mir, aber ... gewisse Umstände ... haben das unmöglich gemacht.» Er streicht sich mit der Hand durch das füllige, dunkle Haar und senkt den Blick erneut auf die Karten in seiner Hand.

«Und so darf ich nun verkünden, dass ... dass ich ... dass ich ...» Er verhaspelt sich, und ich kann nicht mehr atmen. Mehrere quälende Sekunden lang steht er nur da, sagt kein einziges Wort. Und dann ... fängt er an zu lachen. Es ist ein scharfes, bitteres Geräusch. Er massiert sich die Nasenwurzel und schüttelt den Kopf. «Ich bin ein Idiot.»

Ellie springt auf. «Ich hab's gewusst! Er tut's! Er liebt dich!»

«Schhh!»

«Ich hatte das, was meine Eltern hatten», stößt Nicholas aus, seine Finger krallen sich in die Seiten des Pults. «Ich hielt das Glück in meinen Händen. Die Liebe einer Frau, die keine Adelige ist, deren Charakter dafür nobler ist, als ich mir vorstellen konnte. Diese Frau hat ... alles verändert. Erst die Liebe zu ihr hat mich wirklich lebendig gemacht.» Leises Raunen geht durch den Saal. «Aber ich habe sie verraten. Ich habe an ihrer Liebe und an ihrer Aufrichtigkeit gezweifelt, obwohl ich es hätte besser wissen müssen. Es tut mir leid ...» Jetzt sieht er direkt in die Kamera, die grünen Augen leuchten. Es ist, als würde er mich direkt ansehen, und nur mich. «Es tut mir so unglaublich leid.» Nach einem kurzen Augenblick wendet er sich wieder den Pressevertretern zu, und seine Stimme wird mit jedem Wort stärker und bestimmter.

«Ich werde diese Liebe und diese Frau kein zweites Mal verraten. Ich werde die Träume, die meine Mutter für ihre Söhne hatte, nicht mit Füßen treten, und ich werde nicht ignorieren, wonach meine Seele hungert.» Er schüttelt den Kopf. «Weder für mein Vaterland noch für die Krone.»

Er verstummt, leckt sich über die Lippen, dann spricht er weiter: «Man erwartet von mir, dass ich heute vor mein Volk trete und den Namen jener Frau verkünde, die künftig eure Königin sein wird. Doch das kann ich nicht. Weil ich es vermasselt habe.» Er schnaubt. «Und zwar so was von.» Dann lehnt er sich vor, und sein schönes Gesicht strahlt Sicherheit aus und Zuversicht. «Was ich heute allerdings verkünden kann und was ich hiermit feierlich schwöre, ist Folgendes: Ich werde Olivia Hammond heiraten oder gar keine Frau.»

Im Saal bricht Tumult aus.

Heilige Scheiße!

«Heilige Scheiße!», kreischt Ellie.

Und Marty japst: «Jetzt wirst du Königin, Liv! Genau wie Beyoncé!» Er legt sich theatralisch die Hand über die Augen. «Ich glaube, ich falle in Ohnmacht.»

«Das kann er doch nicht machen.» Ich drehe mich fassungslos zu Logan um. «Oder kann er?»

Logans Mund ist zu einem besorgten Strich zusammengekniffen. Er schaut mich ernst an und schüttelt den Kopf.

Dann erhebt sich ein Reporter, in der Ecke des Bildschirms kommt sein Hinterkopf ins Bild. Laut rufend versucht er, sich mit seiner Frage über den Lärm Gehör zu verschaffen. «Prinz Nicholas! Unsere Gesetze sind eindeutig. Der Kronprinz darf nur eine Frau von adeliger Abstammung heiraten oder eine Bürgerliche, die in Wessco geboren wurde. Auf Olivia Hammond trifft beides nicht zu.»

Wie gelähmt stehe ich da und starre den Fernseher an. Schlagartig ist es still im Saal, und alle warten gebannt auf Nicholas' Antwort.

«Ja. Das ist absolut korrekt», sagt er sanft, den Blick gesenkt. Er reckt die Schultern und hebt den Kopf. «Und deshalb gebe ich, Nicholas Arthur Frederick Edward Pembrook, mit sofortiger Wirkung meinen Platz in der Thronfolge auf und verzichte von heute an auf sämtliche Ansprüche auf den Thron von Wessco. Ab sofort ist mein Bruder, Seine königliche Hoheit Henry John Edgar Thomas, Prinz von Pembrook, der neue Kronprinz von Wessco.»

Der Saal explodiert wie ein brasilianisches Fußballstadion nach einem Tor.

Henry erwacht aus seinem Halbschlaf und hebt blinzelnd den Kopf. «Moment mal. Was?»

Nicholas schlägt ihm mit einem breiten, erleichterten Grinsen auf die Schulter. «Jetzt bist du dran, Henry. Du wirst das Kind schon schaukeln. Ich weiß, du kannst das.» Nun wendet sich Nicholas noch einmal an die Pressevertreter und hebt entschuldigend die Hände. «Keine weiteren Fragen, ich habe eine Menge zu tun. Vielen Dank für Ihre Zeit.» Er steht auf und macht Anstalten zu gehen, doch dann dreht er sich noch einmal um und beugt sich über das Mikrophon. «Eine letzte Sache noch.» Er sieht direkt in die Kamera, und ich spüre seine Blicke auf mir wie eine direkte Berührung. «Du hast einmal um eine Warnung gebeten, Olivia, also hör gut zu. Ich komme dich holen.»

Und der Typ zwinkert mir doch tatsächlich zu. Dann verlässt er das Podium, gefolgt von einer Horde Reporter.

Im Coffee Shop ist es mucksmäuschenstill. Nur die Zusammenfassung des perplexen Moderators ist zu hören. Marty ist, sobald Nicholas das Podium verlassen hatte, nach draußen gegangen. Auf dem Weg holte er sein Telefon raus und murmelte etwas darüber, dass der Typ, den er gerade datet, in puncto romantische Gesten besser ein paar Nachhilfestunden nimmt. Ellie liegt auf dem Fußboden, ich glaube, sie ist irgendwo zwischen «Arthur» und «Albert» zusammengebrochen. Wie in Zeitlupe drehe ich mich zu Logan um.

«Ist das eben wirklich passiert?»

Logan nickt. «Ja, ist es.»

«Ich kann nicht ... Was hat er getan?»

«Er hat ein Königreich für Sie aufgegeben.» Logans dunkle Augen fangen teuflisch an zu glitzern. «Ich wusste schon immer, dass er ein kluger Kerl ist.»

Ich kann's nicht fassen. Allerdings scheint es zu helfen, laut auszusprechen, was da eben geschehen ist. «Er kommt.»

«Das hat er gesagt», stimmt Logan mir zu.

«Er kommt ... mich holen.»

«Das habe ich auch gehört.»

O Gott ... ich habe so viel zu tun ... aber ... ich muss Prioritäten setzen. «Er kommt hierher, und ich habe mir seit Tagen die

Beine nicht rasiert!» Ich springe auf, rase zur Hintertreppe und werfe dabei versehentlich einen Tisch um.

Hinter mir kann ich Logan murmeln hören: «Amerikanerinnen sind echt irre.» Und an Ellie gewandt, sagt er: «Na komm, Opossum, hoch mit dir.»

26

NICHOLAS

Aus dem Parlamentsgebäude rauszukommen ist der reinste Horrortrip. Der Security gelingt es kaum, mir die Menge und die Presse vom Leib zu halten. Im wahrsten Sinn des Wortes – jeder zupft an mir herum, will mir die Hand geben, mich umarmen, küssen. Glückwünsche werden mir zugerufen oder Flüche oder Fragen oder alles auf einmal.

Die Welt ist völlig verrückt geworden.

Und ich kann mich nicht erinnern, je so glücklich gewesen zu sein. So verdammt frei.

Ich fühle mich, als könnte ich mit einem einzigen Satz über die ganze Meute hinwegspringen. Als könnte ich fliegen, wenn's sein muss. Weil jeder Schritt mich ein Stückchen näher nach Hause bringt. Zu Olivia. Ich kann sie praktisch schon auf meiner Zunge schmecken, und ich schwöre, jeder Atemzug duftet nach Rosen und Jasmin.

Draußen auf dem Bürgersteig, direkt neben dem Wagen, packt mein Fahrer mich an der Schulter und brüllt mir ins Ohr: «Die Königin hat Befehl gegeben, Sie unverzüglich in den Palast zu bringen!»

Ich nicke, schlage von unten gegen seine Hand, und der Autoschlüssel fliegt hoch in die Luft. Ich fange ihn auf. «Dann ist es wohl besser, ich fahre. Damit Sie keine Befehle missachten müssen.»

«Sir, bitte ...», stammelt er. «Die Königin ...»

«Wird es überleben. Wir fahren zum Flughafen. Rufen Sie dort an. Ich möchte, dass das Flugzeug bei meiner Ankunft zum Abflug bereitsteht.»

Ich schiebe mich in den umlagerten Wagen. Die Tür steht noch offen, und ein paar Sicherheitsleute umringen mich. Simon ist auch da.

«Der Flughafen wird belagert sein, Sir», sagt einer der Männer.

«Dann kommt ihr besser mit. Kann sein, dass ich vor Ort eure Hilfe brauche.»

Dann versucht es der Nächste: «Sir, Sie können doch nicht ...»

«Doch. Ich *kann!*» Ich fange an zu lachen, fast hysterisch. «Ist das nicht großartig?» Dann lasse ich den Wagen an, und sie hören schlagartig auf zu diskutieren und springen mit rein. Simon sitzt neben mir.

«Wo ist Henry? Haben wir Henry verloren?»

«Das macht der schon», sagt Simon fröhlich. «Er wird gerade mit Fragen bombardiert, aber seine Leute sind bei ihm.»

Vorsichtig steuere ich den Wagen durch die Menschenmenge, und sobald die Straße endlich frei ist, gebe ich Gas. In meine unbändige Freude mischt sich ein Gefühl von Dringlichkeit. Felsenfeste Entschlossenheit gibt mir Rückenwind, verleiht mir Flügel, denn ich kann es nicht mehr erwarten, sie endlich wiederzusehen. Sie in meine Arme zu schließen und sie zu küssen, bis ihr die Knie weich werden. Es endlich wiedergutzumachen. Endlich ein neues, anderes Leben zu beginnen.

Ein Leben mit ihr.

Kurz vor dem Flughafen fange ich an zu hupen, weil der Fahrer vor uns offensichtlich glaubt, er könnte hier seinen Sonntagsausflug machen. Außerdem klingelt mein Mobiltelefon ununterbrochen, seit wir losgefahren sind. Ich muss gar nicht hinsehen, um zu wissen, wer es ist. Ich angle das Telefon aus der Anzugtasche und reiche es Simon.

«Pass bitte darauf auf, bis ich zurück bin, ja?»

Er lächelt mich wissend an. «Und wann kommst du zurück?»

Ich lache schon wieder. «Keine Ahnung?» Was für ein herrliches Gefühl.

«Nimm besser mein Flugzeug», sagt Simon. «Die Queen ist jetzt schon auf hundertachtzig. Wenn du auch noch die Royal One kaperst, schickt sie dir womöglich die Luftwaffe hinterher.»

Wie schön es ist, Freunde zu haben. Noch schöner sind Freunde mit eigenen Flugzeugen.

Als wir den Flughafen erreicht haben, ruft Franny an. Simon stellt den Lautsprecher an.

«Nicholas?»

«Ja, Franny?»

«Ich habe mich noch nie im Leben so gerne in einem Menschen getäuscht. Du bist doch kein Vollidiot.»

«Äh ... danke?»

«Bitte richte Olivia von mir aus, dass ich sie die getürmte Kuh getauft habe und dass ich ihr verzeihe. Und ihr müsst unbedingt zum Essen zu uns kommen, wenn ihr zurück seid. Ja?»

«Verlass dich drauf.»

Eine Stunde später bin ich bereits in der Luft. Auf dem Weg nach New York.

♛

Die Straßen rund um Amelia's sind menschenleer. Langsam gehe ich auf die Ladentür zu. In der Luft liegt Spannung, es ist seltsam still, fast wie bei einer Überraschungsparty; der Augenblick, ehe die Gäste kreischend aus ihren Verstecken springen und dem Geburtstagskind einen Schreck einjagen, der es ein Jahr seines Lebens kostet. Hinter dem Schaufenster sind die Jalousien heruntergelassen, und der Coffee Shop ist dunkel.

Vielleicht hat Olivia die Pressekonferenz gar nicht gesehen? Mir dreht sich der Magen um. Vielleicht ist sie nicht einmal hier.

Vielleicht ist sie ... *ausgegangen.* Meine Eingeweide spielen verrückt bei der Vorstellung, sie könnte mit *einem anderen* ausgegangen sein. Mit einem Mann, der ihr hilft, ihre Trauer zu vergessen und den Kummer zu überwinden, den ich ihr bereitet habe.

Dieser Gedanke führt dazu, dass ich die Tür viel heftiger aufdrücke als beabsichtigt und über die Türschwelle in den Laden stolpere. Der Gastraum liegt nicht völlig im Dunkeln, er ist erhellt von einer einzigen Kerze. Sie steht auf einem Tisch ... und an diesem Tisch sitzt sie. Olivia.

Und mein ganzes Sein atmet auf vor Erleichterung.

Ich sehe sie ein paar Sekunden lang nur an. Himmel, wie ich diesen Anblick vermisst habe! Ich sauge sie gierig in mich auf. Die langen, dunklen Locken, die im Kerzenschein glänzen. Ihre makellose, helle Haut, über die das Licht der Flamme tanzt, ihr herzförmiges Gesicht, die hohen Wangenknochen, die vollen, rosigen Lippen, die mich vom ersten Augenblick in ihren Bann gezogen haben, und diese mitternachtsblauen Augen, die meine Seele in Besitz genommen haben.

Sie sieht mich ebenfalls an, regungslos und ohne ein Wort, und allmählich breitet sich auf ihren Wangen ein sanfter rosiger Schimmer aus – rosig genug, um mich zu der Frage zu führen, welche schmutzigen Gedanken ihr wohl gerade durch den Kopf gehen mögen. Die Tür fällt hinter mir ins Schloss, und ich mache einen Schritt auf sie zu.

«Ein ruhiger Abend», sage ich. Diese Worte fallen mir leicht – im Gegensatz zu dem gewaltigen Rückstau an Entschuldigungen und Geständnissen, die sich in meiner Kehle darum prügeln, als Erstes an die Luft zu kommen.

Olivia blinzelt. Fast, als könne sie nicht ganz begreifen, dass ich echt bin, wirklich hier bin und kein Hirngespinst.

«Logan hat das NYPD mit ins Boot geholt. Sie haben drei Blocks rund um den Laden abgesperrt.»

Ich nicke, ohne den Blick von ihr zu nehmen. Es besteht durchaus die Möglichkeit, dass ich nie wieder die Augen schließe. Schlaf ist völlig überbewertet.

«Ach so ... das erklärt die Absperrung, an der ich vorbeigekommen bin.»

«Ja.»

Ich massiere mir den Nacken und gehe langsam auf sie zu. «Hast du ... hast du die Pressekonferenz gesehen?»

Ihr Gesichtsausdruck verändert sich, der Mund wird weicher, der Blick feuriger.

«Ja.»

Ich mache noch einen Schritt auf sie zu, kann dem Drang kaum noch widerstehen, sie endlich in meine Arme zu reißen und sie an die Wand gelehnt im Stehen zu lieben, auf dem Boden, auf jedem einzelnen Tisch im Raum. Doch ich beherrsche mich, denn vorher müssen noch einige Dinge gesagt werden. Dinge, die sie zu hören verdient hat.

Meine Stimme ist rau. «Olivia, bitte, das, was ich zu dir gesagt habe, an dem Abend, ehe du abgereist bist. Es ...»

«Ist verziehen.» Ihr steigen Tränen in die Augen. Ich mache die letzten Schritte auf sie zu, sie springt auf und wirft sich in meine Arme.

«Ich habe dir ganz und gar verziehen. Schon bei *Idiot* war es um mich geschehen.»

Ich vergrabe das Gesicht in ihrem Nacken, inhaliere wie ein Süchtiger den Duft ihrer Haut, Honig und Rosen und Olivia pur. Meine Lippen bahnen sich den Weg über ihren Hals nach oben, über die sanfte Kurve ihres Kiefers, und ihre Tränen benetzen meine Wange. Und dann begegnen sich unsere Münder, öffnen sich füreinander, forschend und hungrig, wild und leidenschaftlich. Was gerade zwischen uns geschieht, ist keine liebliche Wiedervereinigung aus dem Märchenbuch. Das hier ist rohes, verzweifeltes und unverfälschtes Verlangen. Die Trennung, das Wissen, wie gefährlich nahe ich davorstand, sie für immer zu verlieren, machten mich gröber, als ich sein sollte. Meine Hände graben sich in ihre Haare, krallen sich in ihren Rücken, packen ihren wundervollen Hintern, zerren sie an mich und spüren jeden einzelnen abgehackten Atemstoß, der sie durchfährt. Aber ich bin nicht allein mit meiner Gier. Olivia stöhnt laut in meinen Mund hinein, ich kann ihr Verlangen auf der Zunge schmecken. Sie zerrt an meinen Haaren, schlingt die Beine um meine Hüften, drängt sich mit aller Kraft an mich, als könnte sie mir gar nicht nahe genug sein. Als würde sie mich nie wieder loslassen.

Und alles, alles ist vollkommen und richtig, so, wie es ist.

Nach einer Weile ebbt die Verzweiflung ab. Unsere Küsse werden sanfter, unsere Lippen können einander wieder liebkosend genießen. Olivias zarte Hände streicheln zärtlich mein Gesicht, und sie lehnt die Stirn gegen meine. Wir sehen uns tief in die Augen, atmen dieselbe Luft.

«Ich liebe dich», flüstert sie. Ihre Stimme zittert. Sie hat wieder angefangen zu weinen. «Ich liebe dich so sehr, Nicholas. Ich kann nicht ... ich kann nicht fassen, dass du alles aufgegeben hast. Wie konntest du das nur tun?»

Sie weint immer heftiger. Und mir wird plötzlich klar, dass sie meinetwegen traurig ist. Sie glaubt tatsächlich, ich hätte etwas verloren.

Sanft stelle ich sie auf die Füße, streiche ihr das Haar zurück und wische ihr die Tränen vom Gesicht. «Mir ist noch nie im Leben etwas so leichtgefallen. Als ich dort oben stand, vor den ganzen Kameras, war es wie einer dieser Momente, wenn jemand in Lebensgefahr ist und erzählt, dass das ganze Leben an einem vorbeirauscht. Ich habe dort oben meine Zukunft vor mir gesehen. Und alles, was ich sah, war vollkommen bedeutungslos. Weil du nicht darin vorkamst. Ich liebe dich, Olivia. Ich brauche kein Königreich. Weil die ganze Welt mein ist, solange du an meiner Seite bist.»

«Das ist so wunderschön!» Sie weint schon wieder. «Aber auch total kitschig!» Und da ist es, endlich, dieses umwerfende Lächeln, das mir mitten ins Herz fährt.

Und in meinen Schwanz.

Sie birgt den Kopf an meiner Brust, legt die Arme um meine Taille, und so stehen wir ein paar Minuten lang einfach nur da.

Bis Olivia fragt: «Und was passiert jetzt?»

Ich küsse ihren Scheitel und lehne mich zurück. «Na ja ... ich bin neuerdings arbeitslos.» Ich löse mich von ihr, mache ein paar Schritte rückwärts zur Tür und nehme das AUSHILFE GESUCHT-Schild aus dem Fenster. «Ich hatte gehofft, der Posten als Tellerwäscher wäre noch frei.»

«Hast du schon mal einen Teller gewaschen?»

«Nicht einen einzigen.» Ich gebe ihr einen Kuss. «Aber ich lerne schnell.»

«Und was ist mit uns? Was wird aus uns, Nicholas?»

«Wir können machen, was wir wollen. Jeder einzelne Tag unserer Zukunft gehört uns.» Ich setze mich auf einen Stuhl und ziehe sie auf meinen Schoß. Nachdenklich spielt sie mit meinen Nackenhaaren.

«Ich will mit dir ins Kino gehen. Und ... in den Park. Selbst wenn das heißt, dass die Jungs mitmüssen. Und ich will den ganzen Tag mit dir faul im Bett rumliegen und Essen bestellen.»

«Und splitterfasernackt in der Wohnung rumlaufen», füge ich hinzu.

Olivia nickt. «Und all die anderen ganz normalen Sachen machen, die ein Paar nun mal so macht.»

«Das wäre eine interessante neue Erfahrung für uns.»

Olivias Finger streicheln sanft massierend über meinen Nacken. Es fühlt sich herrlich an. «Also gehen wir es ... langsam an?»

Ich ziehe ihren Kopf zu mir heran und flüstere, ehe ich sie küsse: «Klingt perfekt. Ich mag langsam. Und ich garantiere dir, dass du wirklich genießen wirst, was ich ... *langsam* mit dir anstelle.»

Epilog

NICHOLAS

Acht Monate später

Langsam hat dann doch nicht ganz funktioniert …

«Hiermit erkläre ich euch zu Mann und Frau. Sie dürfen die Braut jetzt küssen.»

Das lasse ich mir nicht zweimal sagen. Behutsam hebe ich den spitzenverzierten Schleier, nehme ihr wunderschönes Gesicht sanft in beide Hände und lege meine Lippen auf ihre. Ehrfürchtig. Zuerst jedenfalls. Dann wird mein Kuss leidenschaftlicher. Hungriger. Ich verliere mich in dem Geschmack, in der Nähe meiner süßen, mir frisch angetrauten Ehefrau.

Olivia fängt an zu kichern. Henry stößt einen unangebrachten Pfiff aus, und Simon hüstelt in dem Versuch, mich zurück in die Realität zu holen. Dann fangen die Kirchenglocken markerschütternd an zu läuten, die Kirchengemeinde erhebt sich, und ich geleite Lady Olivia den Gang hinunter. Sie trägt ein schulterfreies Kleid aus Spitze, um ihre schmale Taille gerafft und mit ewig langer Schleppe, die beinahe den ganzen Gang einnimmt. Sechs kleine Blumenkinder tragen das Ding.

Vor dem Portal empfängt uns die jubelnde Menge mit Fähnchen und Blumen und Schildern. Die Sonne scheint, der Himmel ist strahlend blau, und dann fliegen auch noch weiße Tauben über uns hinweg. Perfekter kann ein Tag nicht sein.

Ich führe Olivia über die altehrwürdigen Steinstufen hinunter zu der offenen, mit Gold verzierten Kutsche, die heutzutage nur noch zu ganz besonderen Anlässen hervorgeholt wird. Sobald sie und ihre gigantische Schleppe wohlverstaut sind, beginnen wir die Fahrt durch die Straßen der Stadt und feiern mit dem ganzen Land.

Und diesmal stören die Kameras mich nicht. Ganz im Gegenteil.

Schließlich erreichen wir den Palast, und ich helfe Olivia aus der Kutsche. Zwanzig Fußsoldaten in ihrer Paradeuniform flankieren uns. Aufs Kommando ziehen die Männer die Säbel und heben sie zu einem gleißenden Silberbogen, den wir durchschreiten. Dann geht es hinauf in den goldenen Ballsaal – wo wir hoffentlich etwas zu essen und zu trinken bekommen, ehe wir tot umfallen.

Anschließend werden wir auf den Paradebalkon des Palastes hinaustreten, wo die Königin uns dem Land offiziell mit unseren neuen Titeln präsentieren wird. Und dann wird sich, wenn alles gutgeht, in erster Linie alles um eine ausgiebige Knutscherei in der Öffentlichkeit drehen.

Meine Großmutter stand Gewehr bei Fuß, sobald sie eine königliche Hochzeit witterte. Weshalb sie nicht einmal eine Sekunde lang Widerstand leistete, als Olivia und ich ihr vor drei Monaten verkündeten, dass wir heiraten würden. Sie bat lediglich darum, die Hochzeitsplanung übernehmen zu dürfen. Angesichts der Tatsache, dass wir uns nicht mal sicher waren, ob wir in der Kürze der Zeit auch nur eine schlichte standesamtliche Trauung auf die Beine würden stellen können, gaben wir dem alten Mädchen grünes Licht. Sie hat sich selbst übertroffen.

Die Presse überschlägt sich in letzter Zeit mit positiven Berichten über das Königshaus. Ich meine, was ist schon rührseliger als eine richtig gute «Thron-gegen-wahre-Liebe»-Geschichte? Das Volk ist außer sich vor Freude. Alle lieben Olivia. Nicht sosehr wie ich, denn das wäre unmöglich, aber beinahe.

Olivia, ihr Vater und ich haben Amelia's in eine Wohltätigkeitsorganisation umgewandelt. Wir haben eine Kette gemeinnütziger Restaurants gegründet, in denen man bezahlt, so viel man kann, wo jeder willkommen ist, sich hinsetzen und eine gute Mahlzeit genießen kann. Die Leute haben die Wahl, ob sie die Rechnung abarbeiten oder so viel Geld dalassen wollen, wie sie können – oder auch gar keins. Wir haben bereits eine zweite Niederlassung in der Bronx eröffnet, und zwei weitere im Stadtgebiet sind noch in diesem Sommer geplant.

Weil die Öffentlichkeit plötzlich wieder geschlossen hinter ihrem Königshaus stand und wir die Medien auf unserer Seite hatten, hat sich schließlich auch das Parlament von Wessco gefügt und die Gesetzesvorlagen abgenickt, für die Großmutter und ich uns eingesetzt haben. Auf dem Arbeitsmarkt setzt bereits erste Erholung ein, die Löhne beginnen sich zu stabilisieren und zu steigen.

Sieht also nach einem Happy End für alle und jeden aus.

Na ja ... fast für jeden.

In einer Ecke des Saals sehe ich meinen Bruder stehen, missmutig und schmollend. Einen anderen Gesichtsausdruck hat er dieser Tage nicht parat, allerdings nicht auf diese selbstzerstörerische Weise wie letztes Jahr, als er nach Hause kam. Er wirkt eher wie ein verzogener Fratz, und im Grunde mache ich mir deshalb keine Sorgen.

«Okay», verkündet Olivia und reicht mir ihr Champagnerglas. «Ehe wir da rausgehen, werde ich mich mal auf die Toilette wagen.»

Wir blicken beide zweifelnd auf die vielen Meter Stoff, die sie hinter sich herschleift.

«Soll ich dir helfen?», frage ich.

«Nein danke, dafür habe ich meine Brautjungfern. Frauen besitzen einen natürlichen Problemlösungsinstinkt. Nur dass ich bis auf Franny keine von ihnen vor heute kannte. Und jetzt pinkle ich vor ihnen!» Sie stellt sich auf die Zehenspitzen und gibt mir einen Kuss. «Mit dir verheiratet zu sein ist seltsam.»

«Aber nie langweilig.» Ich schicke sie mit einem Klaps auf den Hintern ihrer Wege.

Unterwegs kommt Olivia an Marty vorbei. Sie lächelt und reckt beide Daumen hoch. Er zwinkert ihr zu und setzt dann seinen Flirt mit Christopher fort. Der Sekretär meiner Großmutter erwidert die Avancen ungeniert. Ich glaube, bald habe ich als Hauptfigur in Martys Phantasien ausgedient.

Während Olivia beschäftigt ist, trete ich zu meinem Bruder, der immer noch mit verschränkten Armen in der Ecke an der Wand lehnt.

«Gratuliere», sagt er. «Du Mistkerl.»

«Danke sehr.»

«Olivia sieht umwerfend aus. Du Blödmann.»

«Stimmt. Richte ich ihr gerne aus.»

«Ich freue mich für dich. Wirklich. Du Depp.»

Ich muss lachen. «Alles wird gut, Henry.»

Er nimmt einen Schluck aus seinem Flachmann und verzieht das Gesicht. «Du hast leicht reden. Du Schwachkopf.»

Ich drücke seine Schulter. «Wirst du mir jemals verzeihen?»

Er zuckt die Achseln. «Vielleicht. Irgendwann. Natürlich. Wenn ich wieder nüchtern bin.»

«Schon irgendeine Vorstellung, wann das sein wird?»

«Henry, da steckst du ja!», flötet meine Großmutter quer durch den Raum. «Wir müssen dringend über das Memo sprechen, das ich dir habe zukommen lassen ...»

Henry hebt den Flachmann und schüttelt den Kopf. «Heute jedenfalls nicht.»

Ellie Hammond fängt meine Großmutter ab, bevor sie uns erreicht, und stellt sich ihr in den Weg. Beim Versuch, einen tiefen Knicks auszuführen, bleibt sie mit dem Absatz im Saum ihres Kleides hängen und droht der Länge nach hinzufallen. Die Queen versucht, sich mit einem Schritt zurück in Sicherheit zu bringen, doch Ellie greift panisch nach ihr, schlingt Ihrer Majestät die Arme um die Taille und krallt sich an sie, wie ein Babyfaultier sich an seine Mutter hängt.

Christopher eilt seiner Königin zu Hilfe und versucht, sie zu befreien. «Miss Hammond, bitte! Man wirft sich nicht auf die Queen. Das widerspricht dem Protokoll.»

Er rettet Großmutter vor weiterem frevlerischem Körperkontakt, und Ellie tritt zurück, streicht sich die Frisur glatt und vollführt einen weniger ausladenden Knicks. Dann entschuldigt sie sich. Auf New Yorker Art und Weise.

«Tut mir voll leid, Lady.»

O Gott.

«Wir wurden uns noch gar nicht richtig vorgestellt. Ich bin Ellie, Olivias Schwester.»

Meine Großmutter mustert Ellie von weit oben herab. «Ja, mein Kind, ich bin mir durchaus bewusst, mit wem ich es zu tun habe.»

Meine neue Schwägerin ist außer sich vor Aufregung, weil sie offenbar erkannt wurde. «Äh ... ja ... also, ich wollte ... ich wollte eigentlich auch nur Danke sagen für das Kleid und so.» Sie streicht sich über die champagnerfarbene Seide. «Olivia hat gesagt, Sie hätten es bezahlt, und ich meine, das muss ja einen Haufen Kohle gekostet haben.»

«Allerdings.»

Ellie nimmt ihre Brüste zwischen die Hände und drückt sie nach oben. «Und mein Busen sieht da drin echt toll aus!»

Die Queen wendet sich an ihren Sekretär. «Christopher, besorgen Sie mir was zu trinken.»

Mit fliegenden Händen sucht Ellie nach weiteren Worten. «Ach, ich bin einfach so ... ich meine, ich bin so ...»

Und dann wirft sie sich schon wieder auf die Queen. Sie schlingt meiner Großmutter die Arme um den Hals und umarmt sie ungestüm. «Ich kann's nicht glauben, dass wir jetzt echt verwandt sind!»

Hinter Ellies Schulter kann ich das Gesicht meiner Großmutter sehen. Der anfängliche Schock wandelt sich in trockene Zustimmung.

«Ich auch nicht.»

Fanfaren erschallen, die Menge jubelt, und auf dem Balkon werden unsere engsten Familienmitglieder und Trauzeugen und schließlich die Königin selbst angekündigt, bevor sie nach draußen treten. Nur Olivia und ich warten noch. Bridget flattert um uns herum und legt allerletzte Hand an.

«Zähne? Gut, kein Lippenstift. Schleier sitzt gerade, und immer daran denken, nur mit geschlossener Hand winken, ja, gut ...» Sie kämmt mir die Haare aus der Stirn und versucht, mich mit einer Dose Haarspray anzugreifen.

Ich reiße den Kopf zurück, sehe sie drohend an, und sie tritt beiseite.

Olivia kichert. Und ich kichere auch.

«Bist du bereit, Liebes?»

«Absolut.» Ihre behandschuhten Finger gleiten in meine, und dann werden unsere Namen verkündet.

«Prinz Nicholas und Prinzessin Olivia, Duke und Dutchess von Fairstone!»

Wir treten hinaus auf den Balkon. Gleichzeitig regnen zwanzigtausend weiße Rosenblüten vom Himmel. Die Menschen rufen und applaudieren, halten Fotoapparate und Handys hoch und knipsen wild drauflos. Die Luft ist erfüllt von reiner Glückseligkeit, und alles scheint in funkelnde Freude gehüllt. Wir winken und lächeln eine Weile, dann lege ich Olivia zärtlich die Hand auf die Taille, neige den Kopf und küsse sie sanft.

Sie legt die Hände auf meine Schultern und beugt sich zurück. «Ich glaube, daran werde ich mich nie gewöhnen.»

«An den ganzen Zirkus, meinst du?»

Sie schüttelt den Kopf. «Nein.»

«Daran, plötzlich Prinzessin zu sein?»

«Nö.»

«Was denn dann?»

Sie reckt sich und legt die Lippen an mein Ohr.

«Dass ich deine Ehefrau sein darf.»

Das Herz springt mir fast aus der Brust vor lauter Liebe. Zärtlich streichle ich ihre Wange, weil sie so umwerfend ist – und weil sie mein ist.

Dann flüstere ich ihr zu: «Tja, gewöhn dich besser dran. Du weißt ja: Wir sind Royals. Und das bleibt man … für immer.»

ENDE

Leseprobe

Emma Chase

Prince of Passion

Henry

Roman

Rowohlt Polaris

Henry, Thronfolger wider Willen. Und Sarah, Bibliothekarin aus Leidenschaft. Außer ihrer adligen Abstammung haben diese beiden nichts gemeinsam. Deshalb wird ihre Liebesgeschichte auch nicht einfach. Aber einfach ist in Henrys Leben zurzeit ohnehin nichts, wie das erste Kapitel seines Buches bereits zeigt …

Weitere Informationen finden Sie unter www.endlichkyss.de und www.rowohlt.de

1

Henry

«Scheißdreck.»

Ich habe den Ball gesliced.

Zumindest glaube ich, dass das der richtige Ausdruck ist. Gespliced? Gediced? Geminced? Ich bin mir nicht sicher. Ich war nie ein Fan von Golf. Es ist zu langsam. Zu ruhig. Zu verdammt *langweilig*. Ich mag meine Sportarten so, wie ich auch meinen Sex mag – wild, laut und dreckig.

Fußball ist eher mein Fall. Oder Rugby. Voller Körperkontakt. Polo ist auch okay.

Verdammt, im Moment wäre ich sogar mit einem dynamischen Quidditch-Match zufrieden.

«Was meinten Sie, Eure Hoheit?», fragt Sir Aloysius.

Ich reiche den Schläger an Miles, meinen Caddie, weiter und drehe mich forsch zu den Männern um, die für diesen Nachmittag der Folter verantwortlich sind.

«Ich sagte, *Dreck.*»

Der Graf von Pennington, Lord Bellicksbub, was passenderweise fast wie Beelzebub ausgesprochen wird, hält sich hustend die betagte Hand vor den grauen Bart und weicht unbehaglich meinem Blick aus. Weil ich solche Dinge nicht mehr sagen sollte. Es ist *unangebracht.* Unfein. Des Kronprinzen, Erben des Throns von Wessco, nicht würdig.

Kronprinz – das ist der Titel, den mir mein Bruder – der Mistkerl – aufgehalst hat, weil er sich verliebt, auf den Thron verzichtet und seine wunderbare Amerikanerin geheiratet hat. Im letzten Jahr hat man mir bestimmt tausendmal gesagt, dass der

Thronfolger sich *schicklich* verhalten muss. Aber ich war noch nie besonders gut darin, zu tun, was man mir sagt.

Das ist ein Problem.

Vielleicht auch ein Reflex. Wenn man mir sagt, links, gehe ich rechts. Wenn man mir sagt, hinsetzen, dann springe ich. Wenn man mir sagt, ich soll mich benehmen, dann besaufe ich mich und verbringe das Wochenende damit, die drei Nichten des Erzbischofs zu vögeln. Es sind Drillinge. Und wirklich nette Mädchen. Ich frage mich, was sie diesen Freitag machen?

Nein, ich nehme es zurück. Das frage ich mich nicht. Denn das war der alte Henry. Der lustige, sorglose Henry, den jeder um sich haben wollte.

Jetzt muss ich der Henry sein, mit dem niemand rumhängen will. Ernsthaft. Gelehrt. Anständig, selbst wenn es mich umbringt. Und das könnte es definitiv. Meine Großmutter, die Queen, verlangt Schicklichkeit. Es ist das, was das Parlament – Mitglieder wie Aloysius und Beelzebub – erwarten. Es ist das, was mein Volk braucht. Sie alle zählen auf mich. Verlassen sich auf mich. Dass ich sie in die Zukunft führe. Dass ich gut bin.

Dass ich ... ein König bin.

Gott, es dreht mir jedes Mal den Magen um, wenn ich das Wort nur denke. Wenn es jemand laut ausspricht, muss ich würgen. Wenn ich die große Königliche Hoffnung für mein Land sein soll, dann sind wir alle gründlich am Arsch.

«Ein guter Hinweis, Prinz Henry», sagt Sir Aloysius. «Dreck an den Golfbällen macht einen großen Unterschied.»

Er ist ein elender Lügner. Er weiß ganz genau, was ich gemeint habe. Aber so wird in der Politik gespielt. Mit Heucheln und falschem Lächeln und Schlachtermessern, die auf den Rücken des Gegners zielen.

Ich hasse Politik sogar noch mehr, als ich Golf hasse.

Aber das ist jetzt mein Leben.

Mit schmalem Blick sieht Aloysius seinen Caddie an. «Beim nächsten Mal haben wir besser anständige Bälle, sonst werde ich persönlich dafür sorgen, dass Sie nie wieder auf diesem Platz arbeiten. Entschuldigen Sie sich beim Prinzen für Ihre Inkompetenz.»

Der nun bleiche Junge verbeugt sich tief. «Es tut mir schrecklich leid, Hoheit.»

Und wieder dreht sich mir der Magen um.

Wie hat Nicholas das nur die ganzen Jahre lang ausgehalten? Ich habe immer gedacht, er wäre ein Drama-King. Eine Spaßbremse und ein Jammerlappen.

Jetzt verstehe ich es. Ich bin die sprichwörtliche Meile in seinen Schuhen gelaufen – und sie sind voller Scheiße.

Man sollte meinen, ständig den Arsch geküsst zu bekommen wäre angenehm, zumindest ein bisschen. Aber wenn es ein Nest voller Schlangen ist, die versuchen, sich an dir festzusaugen – mit ihren züngelnden, gespaltenen Zungen –, dann ist das einfach nur noch abstoßend.

«Keine Problem», sage ich zu dem Caddie, obwohl ich gern Aloysius anschnauzen würde. Aber ich habe das Gefühl, wenn ich eine große Sache daraus mache, wird der alte Sack es an dem Jungen auslassen.

Die Caddies lassen sich etwas zurückfallen, als wir zum nächsten Schlag gehen.

«Wie denken Sie über das Repatriierungs-Gesetz, Hoheit?», fragt Beelzebub beiläufig.

«Reparti-was?», antworte ich, ohne nachzudenken.

«Repatriierung», wiederholt Aloysius. «Die Erlaubnis für Unternehmen, die wegen belangloser Verstöße gegen das Arbeitsrecht sanktioniert wurden, Auslandsgewinne straffrei wieder nach Wessco zurückzuholen. Das würde ihnen erlauben, Tausende von Arbeitsplätzen zu schaffen. Der Gesetzentwurf hängt seit Wochen im Parlament fest. Es überrascht mich, dass Ihre Majestät es Ihnen gegenüber nicht erwähnt hat.»

Wahrscheinlich hat sie das. Zusammen mit zehntausend anderen Zahlen und Fakten und diesem und jenem an Gesetzen, Informationen und Rechtslagen, die ich längst kennen sollte. Ich bin kein Idiot. Ich kann sogar ziemlich brillant sein, wenn mir danach ist. Ich war immer gut in der Schule. Es ist nur schwer, Interesse für Dinge aufzubringen, die mich nicht interessieren.

Zuerst hat mir meine Großmutter Informationen per E-Mail geschickt. Memos. Aber nachdem wir den Server des Palasts gecrasht haben, hat sie angefangen, sie mir auszudrucken. Wahrscheinlich wartet gerade ein ganzer Wald an Papier in meinem Zimmer auf mich.

Sorry, Umwelt.

In Politik mag ich zwar scheiße sein, aber darin, ein fröhliches Gesicht aufzusetzen und meine Unzulänglichkeiten zu vertuschen, bin ich ein Meister. Darin, meine Rolle zu spielen. So zu tun, als ob.

Das mache ich schon mein ganzes Leben lang.

«Ja, natürlich, Repatriierung. Ich dachte, Sie hätten *Repetrifizierung* gesagt, womit ich mich gerade vertraut mache. Ich glaube jetzt schon sagen zu können, dass dieses Thema mir sehr am Herzen liegen wird.»

Bei ihren verwirrten Mienen verschränke ich die Arme, senke den Kopf und erkläre ernst: «Repetrifizierung ist die Verteilung ausgesetzter Haustiere an Senioren. Ich werde Ihnen ein Memo darüber schicken.»

Lord Bellicksbub nickt. «Interessant.»

«In der Tat», stimmt Sir Aloysius zu.

Und das, Ladys und Gentlemen, ist meine Vorstellung von einem Hole-in-one.

Aloysius nimmt seinen Schläger von seinem Caddie entgegen

und schwingt ihn prüfend, bevor er sich seinem Ball nähert. Während er ihn aufstellt, fragt er mich: «Und was die Repatriierung betrifft: Klingt das für Sie auch nach einer löblichen Bemühung?»

Diesmal versuche ich nachzudenken, bevor ich spreche. Granny wäre so stolz auf mich.

Nach einem Moment nicke ich. «Mehr Chancen für die Arbeiterklasse sind immer etwas Positives. Ich denke, es ist eine gute Idee.»

Beelzebub lächelt langsam, dabei glänzen seine gelben Zähne in der kühlen Nachmittagssonne.

«Ausgezeichnet.»

«Was hast du dir dabei *gedacht*?»

Wie sich herausstellt, ist Granny doch nicht so stolz auf mich.

Sie klatscht die *Sunday Times* auf ihren Schreibtisch, um die Schlagzeile das Reden für sie übernehmen zu lassen.

KRONE ÄNDERT STANDPUNKT – PRINZ UNTERSTÜTZT UMSTRITTENE REPATRIIERUNG

Von meinem Stuhl auf der anderen Seite des mächtigen Schreibtisches der Queen aus zeige ich auf die Zeitung. «Das habe ich so nicht gesagt.»

Schon, als ich zu ihr gerufen wurde, hätte ich wissen sollen, dass etwas nicht stimmt. Ins Arbeitszimmer der Queen zitiert zu werden ist nicht viel anders, als zum Schuldirektor gerufen zu werden – es kommt nie was Gutes dabei raus.

Finster schaut sie auf mich herab. Die Falten um ihren Mund sind schärfer und tiefer, als sie es noch vor einem Jahr waren. Diese Wirkung habe ich auf die Leute.

«Wir haben uns monatelang bemüht, die Verabschiedung dieses Gesetzes zu verhindern. Das Einzige, was für viele Abgeordnete dagegensprach, war unsere ausdrückliche Missbilligung. Und jetzt hast du auf einen einzigen Schlag diese ganze Arbeit zunichte gemacht.»

Meine Haut fühlt sich zu eng unter meinem Anzug an. Ich fahre mir mit der Hand durchs Haar, das, wie mir gesagt wurde, einen Haarschnitt nötig hat. Und genau deswegen reicht es mir beinahe bis zu den Schultern.

«Ich habe gar nichts zunichte gemacht! Das war eine beiläufige Bemerkung. Smalltalk.»

Die Königin stützt die Hände auf den Schreibtisch und lehnt sich nach vorne. «Du bist der Kronprinz. Du hast nicht den Luxus, ‹beiläufige› Bemerkungen zu machen. Du sprichst für das Haus Pembrook, und jedes deiner Worte, jede Handlung und jeder Atemzug haben das Potenzial, von einer Seite, die das nützlich findet, verdreht und wiederholt zu werden. Wir haben das doch schon diskutiert, Henry.»

Ich war mal Grannys Liebling. Wir hatten eine besondere Beziehung. Sie war immer amüsiert über meine Eskapaden und Abenteuer. Das löste sich an dem Tag in Rauch auf, an dem ich zu ihrem Nachfolger ernannt wurde. Jetzt ist sie nicht mehr amüsiert über mich. Verdammt, ich glaube, sie mag mich nicht mal mehr.

«Hast du dir überhaupt die Mühe gemacht, dich mit unserer Haltung zu diesem Thema vertraut zu machen? Ich habe dir schon vor Wochen durch Christopher ein entsprechendes Memo zuschicken lassen.»

Christopher ist der Privatsekretär der Queen, ihr Lakai. Ich habe den Verdacht, dass er in seiner Freizeit mit einem Ballknebel mit ihrem Foto drauf im Mund rumläuft.

«Ich hatte noch nicht die Zeit dazu.»

«Du hast dir noch nicht die Zeit dazu *genommen*.»

Wenn Ausreden versagen, ist Ablenkung immer das Mittel der

Wahl. «Du warst es doch, die darauf bestanden hat, dass ich an dieser blöden Golfpartie mit Arschloch eins und Arschloch zwei teilnehme.»

Ihre Worte sind hart und schnell – wie Automatikfeuer aus einem Maschinengewehr. «Weil ich törichterweise dachte, du wärst mit dem Prinzip ‹Kenne deine Feinde› vertraut. Wie dumm von mir.»

Ich blähe die Nasenflügel. «Ich habe um nichts von alldem hier gebeten!»

In diese Position gebracht zu werden. Diese erdrückende Verantwortung aufgebürdet zu bekommen. Ich wollte die Schlüssel zum Königreich nie haben – ich war zufrieden damit, einfach nur durch die verdammte Tür rein- und rausspazieren zu können.

Meine Großmutter richtet sich auf und reckt das Kinn. Ungerührt und unerschütterlich.

«Nein, du warst auch nicht meine erste Wahl.»

Autsch.

Ein Tiefschlag von einer achtundsiebzig Jahre alten Dame sollte mir nicht allzu viel ausmachen. Aber von einer Frau, die ich bewundere, die seit meinem zehnten Lebensjahr einer Mutter für mich am nächsten kommt? Das tut weh.

Also reagiere ich so wie immer. Ich lehne mich auf meinem Stuhl zurück, lege einen Knöchel über das andere Knie und grinse von einem Ohr zum anderen.

«Nun, wie es aussieht, sitzen wir im selben Boot, Granny. Wir sollten den Palast von Wessco umbenennen. Bevorzugst du Titanic oder Hindenburg?»

Weder zuckt sie zusammen, noch blinzelt sie, und ganz sicher lächelt sie nicht. Ihre grauen Augen sind so scharf und funkelnd wie die Klinge einer Guillotine.

Und genauso tödlich.

«Du machst Witze. Wenn dieses Gesetz verabschiedet wird,

kippt es Arbeitsschutzregelungen für Niedriglohnarbeiter. Setzt sie ungerechten und möglicherweise gefährlichen Arbeitsbedingungen aus. Denkst du, sie werden dann über deine Witze lachen, Henry?»

Verdammt, sie ist gut. Mütter sind seit Anbeginn der Zeit gut darin, Schuldgefühle als Druckmittel einzusetzen. Aber Königinnen heben diese Methode auf eine völlig andere Ebene. Das Grinsen ist mir vom Gesicht gewischt.

«Ich werde ein Statement abgeben, in dem ich erkläre, dass ich von Sir Aloysius irregeführt und meine Worte aus dem Zusammenhang gerissen wurden.»

Sie schüttelt den Kopf. «Damit zeigst du der Welt nur, dass du ein Narr bist, den man leicht irreführen kann.»

«Dann werde ich ein Statement abgeben, dass ich noch mal über die Angelegenheit nachgedacht und meine Meinung geändert habe.»

«Was zeigen wird, dass man deinem Wort nicht vertrauen kann, dass deine Überzeugungen schwach sind und du nicht meinst, was du sagst.»

Gott, es ist wie bei einer chinesischen Fingerfalle, je mehr man sich anstrengt, desto stärker hält sie einen fest. Ich rauche nicht, aber im Moment könnte ich eine Zigarette gebrauchen. Oder ein Glas Whiskey.

Eine Pistole wäre vielleicht auch eine Möglichkeit.

«Was zum Teufel soll ich dann tun?»

«Nichts», zischt sie. «Ich werde das in Ordnung bringen. Du wirst nach Guthrie House gehen und dort bleiben. Du wirst mit niemandem sprechen, keine Gäste einladen. Du ... Lies einfach, Henry. Bilde dich. Um unser aller Willen.»

Und so schickt eine Queen einen Prinzen auf sein Zimmer.

Sie dreht sich um und schaut aus dem Fenster, die kleinen, runzligen Hände fest hinter dem Rücken verschränkt.

Ich stehe auf und strecke die Hand nach ihr aus, weil ich … irgendetwas sagen möchte. Eine Entschuldigung oder ein Versprechen, es besser zu machen. Aber nach einem Augenblick lasse ich meine Hand wieder sinken. Weil es keinen Unterschied machen würde – ich wurde bereits entlassen.

♛

Entschlossen gehe ich durch die Tür von Guthrie House, der historischen Residenz des Thronfolgers und meinem Heim während des letzten Jahres. Trautes Heim, Gefängnis allein. Immer zwei Stufen auf einmal nehmend, laufe ich die Treppe zu meinem Schlafzimmer hoch. Es fühlt sich gut an, ein Ziel zu haben, eine Richtung, einen Plan.

Und mein Plan ist es, zu trinken, bis ich meinen verdammten Namen vergesse. Alle vier.

Die Papiere, die die Wände pflastern, flattern wie Vogelflügel, als ich ins Zimmer rausche. Es war kein Witz, als ich sagte, meine Großmutter hat mir einen ganzen Wald an Dokumenten geschickt. Ich habe sie überall im Zimmer an die Wände geklebt, damit ich sie lesen kann, während ich mich anziehe, einschlafe, morgens wieder aufwache. Ich muss inzwischen die Augen zumachen, wenn ich mir einen runterhole – Regierungsmemos sind ein echter Stimmungskiller. Insgeheim hoffe ich, die Informationen durch bloße Nähe in mich aufzunehmen. Bis jetzt hat es nicht funktioniert; Osmose ist scheiße.

Ich schlüpfe aus meinem marineblauen Anzug, ein einengendes, unbequemes Ding. Obwohl mir gesagt wurde, dass ich darin sehr beeindruckend aussehe, ist das nicht mein Stil. Jedes Mal, wenn ich den Anzug anziehe, fühlt es sich an, als schlüpfte ich in die Haut von jemand anderem.

Ich weiß noch, als ich fünf oder sechs war, habe ich mal einen von Dads Anzügen anprobiert. Mum hat ein Dutzend Fotos gemacht und darüber gelacht, wie niedlich ich bin. Ich frage mich, ob sie noch irgendwo auf dem Dachboden sind oder, was wahrscheinlicher ist, im Besitz des königlichen Historikers, der sie nach meinem Tod veröffentlichen wird. Um zu beweisen, dass Prinz Henry vor langer Zeit einmal ein richtiger Junge war.

Ich habe meinen Vater vergöttert. Er wirkte immer so groß auf mich ... überlebensgroß. Er war weise und sicher, es gab keine Aufgabe, der er nicht gewachsen war – aber er hatte auch einen verspielten Zug an sich. Ein Regelbrecher in gewisser Weise. Er ging mit Nicholas und mir zu Konzerten und in Vergnügungsparks, obwohl die vom Security-Team davon graue Haare bekamen. Es machte ihm nichts aus, wenn wir rangelten oder uns schmutzig machten. Einmal verließ er ein Treffen mit dem Premierminister, um bei einer Schneeballschlacht mitzumachen, die wir im Hof veranstalteten.

An manchen Tagen fühlt es sich so an, als würde ich immer noch den Anzug meines Vaters tragen. Und egal, wie sehr ich mich auch anstrenge ... er wird nie passen.

«Was machen Sie denn da?», fragt mein mürrischer Butler Fergus mit einem finsteren Blick hinunter auf den zerknitterten Anzug auf dem Boden.

Ich ziehe mir ein verwaschenes T-Shirt über den Kopf und knöpfe meine Lieblingsjeans zu. «Ich gehe ins Goat.»

Er schnaubt wie erwartet. «Die Queen hat Ihnen gesagt, Sie sollen bleiben, wo Sie sind.»

Ich habe zwei Theorien darüber, wie Fergus immer alles zu wissen scheint: Entweder hat er den ganzen Palast mit Mikrophonen und Kameras verwanzt und beobachtet alles von einem geheimen Kontrollraum aus, oder sein Schielauge verleiht ihm übernatürliche Fähigkeiten. Eines Tages frage ich ihn vielleicht –

obwohl er mich als Antwort wahrscheinlich nur einen Schwachkopf nennen wird.

Ich schlüpfe in ein ausgetretenes Paar Lederstiefel. «Genau. Und wir wissen beide, dass ich beschissen darin bin, zu tun, was man mir sagt. Lassen Sie den Wagen vorfahren.»

MIX
Papier aus verantwortungsvollen Quellen
FSC® C083411

Das für dieses Buch verwendete Papier ist FSC®-zertifiziert.